经济学家的茶话会

贾　卉◎著

中国铁道出版社有限公司
CHINA RAILWAY PUBLISHING HOUSE CO., LTD.

图书在版编目(CIP)数据

经济学家的茶话会 / 贾卉著. -- 北京 : 中国铁道出版社有限公司, 2025. 11. -- ISBN 978-7-113-32408-7

Ⅰ. F0

中国国家版本馆 CIP 数据核字第 202517KY04 号

书　　名:经济学家的茶话会
JINGJIXUEJIA DE CHAHUAHUI

作　　者:贾　卉

责任编辑:巨　凤　　**编辑部电话:**(010)83545974

封面设计:宿　萌

责任校对:刘　畅

责任印制:赵星辰

出版发行:中国铁道出版社有限公司(100054,北京市西城区右安门西街 8 号)

网　　址:https://www.tdpress.com

印　　刷:三河市国英印务有限公司

版　　次:2025 年 11 月第 1 版　2025 年 11 月第 1 次印刷

开　　本:880 mm×1 230 mm　1/32　**印张:**10.5　**字数:**280 千

书　　号:ISBN 978-7-113-32408-7

定　　价:69.00 元

推荐序一

学一点经济学有什么用?

有一个比喻可以很好地回答这个问题:如果不了解经济学就进入市场,就如同士兵不带武器就上战场打仗。

这个比喻十分生动形象。毕竟我们每个人都生活在经济社会中,所有日常工作生活都参与了市场行为。这时如果我们能懂一点经济学知识,就可以将自己好好武装起来,在面对变幻莫测的市场时做到得心应手。所以对于任何人来说,学一点经济学都会很有裨益。

经济学提供了非常深刻的智慧,它探讨人们的行为准则和社会运行机制,对各种实际问题做出解答。懂一点经济学能让我们更好地理解社会,理解自己和他人的行为。

《经济学家的茶话会》就是这样一本很有裨益的经济学书籍,它提供了经济学的深刻见解,从人们关心的实际问题开始娓娓道来,帮助读者从经济学的角度理解生活中的现象和自身的行为决策。难得的是,这本书介绍了很多实用的经济学知识,但不涉及冗长的理论陈述和公式,而是在书中采用了大量现实生活中的案例和真实资料,做到了让读者真正从实际的生活中理解经济学。对于必要的知识解释,书中采用言简意赅的方式表述,阅读体验可谓十分畅快。

自改革开放以来，我国引进了大量西方的经典经济学译著，这些译著胜在原汁原味，但往往是以西方社会作为基础进行介绍，读者在阅读时可能会感到陌生。所以，这本书的另一个特色是，它对于经济学的介绍完全基于我国本土的经济形态，并且紧跟我国经济发展前沿。我国百花齐放的区域发展、新兴的数字经济模式、独有的市场周期和工业化进程，等等，均是这本书探讨的内容。介绍这些本土案例有助于读者更轻松地理解经济学知识，从其中总结出适用于我国经济社会的理念和经验，从而让读者毫无障碍地将这些知识应用在生活和工作中。

希望读者可以从《经济学家的茶话会》中领略经济学的智慧！

南开大学数字经济交叉学科研究中心主任
天津市社联兼职副主席

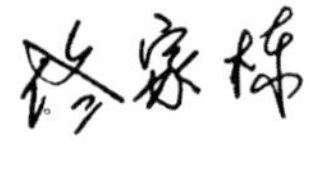

推荐序二

经济学理论的产生与发展，是在对经济社会发展规律的总结与归纳基础上，又融入了自然科学对事物发展规律预期的体系方法，从而形成了独具特色的具有自然科学属性的社会科学。本书把经济学的发展、规律与方法以通俗易懂的方式呈现在读者面前，不仅能够使高中生、大学生和对经济学有兴趣的读者入门经济学，也能够满足不同层次读者对经济学系统了解的基本需求，是一本面向多层次读者的经济学科普书籍。

面对20世纪30年代的大萧条，凯恩斯提出了一套认为市场可以不出清的宏观理论，打破了新古典经济学下市场永远出清的理论局限。保罗·萨缪尔森的著作《经济分析基础》(*Foundations of Economic Analysis*)，把凯恩斯主义的宏观理论和新古典经济学的微观理论结合起来形成了新古典综合学派，同时也把数学的逻辑推理范式引入了经济学研究之中。英国经济学家约翰·希克斯在其著作《价值与资本》(*Value and Capital*)中建立了消费者需求理论。美国经济学家肯尼斯·阿罗和法国经济学家杰拉德·德布鲁在论文《竞争经济中的一般均衡存在性证明》(*Existence of an Equilibrium for a Competitive Economy*)中证明了一般均衡的存在性，为现代经济学奠定了重要基础。美国经济学家约翰·纳什和罗伊德·沙普利分别建立了非合作博弈论和合作博弈论，解释了不同个体行为影响下最优选择理论，即博弈论。弗里德里希·哈耶克在论文《知识在社会中的运用》(*The Use of Knowledge in Society*)中提出了机制设计理论,以解释给定结果下的规则设计,弥补了给定规则求结果的博弈论思想的局限性。

近年来,经济学理论发展不断完善,也呈现出了越来越复杂的发展趋势,在细分领域方面拓展出了实验经济学、行为经济学、贫困经济学和女性经济学等不同领域,市面上的教材和读物也随之复杂,使得大众读者与经济学知识的距离越来越远。正是在这样的趋势下,十分需要一本简明易懂的经济学读物,让大众读者能够更容易了解和入门经济学知识。

当前,中国经济社会发展依然面临人口下降和投资低迷引起的需求收缩、全球要素价格波动和产业链割裂导致的供给冲击,以及大众悲观预期和缺乏新动能导致的预期转弱等多重经济难题,这不仅需要经济学家建立复杂的模型去解决,也需要更多的受众了解经济学、运用经济学,共同推动中国经济的高质量运转。本书通过经济学知识的普及,可以吸引更多的群体推动并落实“新质生产力下经济高质量发展”的伟大目标,可以吸引更多的读者喜欢和学习经济学,继而为建设中国特色经济学理论体系作出重要的贡献,具有重要的价值。

基于以上的多重考虑,我们联袂向读者隆重推荐这本《经济学家的茶话会》!

西安交通大学国际经济与贸易系
主任

山东大学国际政治与经济系
齐鲁青年学者、研究员

前　言

人类社会积累而得的各种智慧中，经济学无疑是最“明码标价”的一种。它总是在衡量成本与收益、衡量价值，以及衡量人们的选择利弊。对于生活中的一切，经济学都想放在天平上称一称。

这样一称，就称出了许多深刻的洞见——理性人假设、供求定律、价值本质、竞争与垄断的演化、贫富分化的趋势、社会的周期起落……这些概念精确而优雅地描述着人类行为的机制，解释着我们的生活和我们自己。

例如理性人假设，它解释了人的行为——人们一切行为的出发点是利己的欲望。

又如对于价值本质的探讨，经济学的回答是价值来自稀缺。淡水不贵，但沙漠中的淡水却极其昂贵；阳光没有价格，但在高楼林立的都市中，采光好的楼房往往标价很高——人们为稀缺性而付钱。

再如社会的周期起落，经济学家能将周期精确计算到年、月甚至天，但经济学家也认为周期一定处于循环之中，有过怎样的繁荣和辉煌，就会诞生怎样的黯淡和低谷，而低谷之后又一定会重归繁荣。

这就是经济学提供的智慧——现实的智慧。理解了这些智慧，我们就理解了现实，理解了社会，理解了自己。

不过，这些智慧尚不是经济学的全部。那么经济学的全部还有什么呢？

除了现实的智慧，经济学家追求着更远大的目标——利用这些现实为人类创造更多的福祉。在经济学家的努力下，利己的欲望可以转化为整个社会的繁荣，价值的天平能够协助我们走上最合适的发展道路。解决贫富分化纵然要面对千般险阻，但经济学家仍旧毅然向前。危机爆发时，经济学家总会挺身而出，设法让经济安全着陆，最终重回上行。

这是一代又一代经济学家提供的另一份智慧——面对现实的智慧。拥有了这些智慧，我们便可直面现实，拥抱现实，创造更好的现实。

本书旨在为读者介绍这些有用的智慧，让读者能够用经济学的思维进行生活中大大小小的决策，辨析生活中稀缺的资源，为自己选择更好的人生道路。读者也会理解市场的运行规律，理解竞争中的生存之道；还会从本书中学到周期的辨别和应对，了解经济危机的来龙去脉，观察时代的大潮并展望未来前景。

另外，本书还会利用少许篇幅介绍为我们留下这些智慧的经济学家们，介绍他们如何提出了这些真知灼见。因为真理的诞生总伴随着妊娠的阵痛，而这些经济学家面对问题时展现的决心、勇气与毅力必能为读者提供有力的支持，成为读者遇到艰难险阻时不可或缺的力量。从某种意义上来说，孕育出智慧的力量或许比智慧本身更加稀缺，更加值得获取。

最后，本书的结尾用了短小篇幅做了一份记述，讲述了经济学这项智慧中最重要的主角——千家万户的人。这份记述是一个完整的故事,也是经济学存在的意义。它将为读者提供一份独有的精神体验。

本书诞生于燕山脚下的天津市蓟州区。那一年冬天,千年古城蓟州迎来了一场几十年不遇的大雪,但雪中的蓟州并不寂静。文昌街夜市上,车辆与行人往来穿梭不停,热闹的吆喝声洋溢在街道两旁。烤山芋、糖堆儿、冰糖烤梨、麻辣烫、碗坨、袜子、雪鞋、冬衣、旧书、摆件,一切市井之物应有尽有,从街头的鼓楼为起始,一个个摊位延绵数里之长,讲述着从明代至今不变的繁华。

而鼓楼另一侧,古老的武定街上同样热闹。朝九晚五的通勤者往来穿行,推车叫卖的农户络绎而来,四面八方的游客流连于此。川流不息的人群走过李白题匾的千年古刹独乐寺,穿行于街头巷尾的商铺摊位,眺望着北方隐约的燕山山脉,驻足于几十年不遇的大雪之中。人声与古寺飞檐上悠扬的铃声交织在一起,最终汇成了经济社会最真实的人间烟火。

而两百多年前，经济学这门学科就诞生于这样的人间烟火。1776 年 3 月，经济学开山之作《国民财富的性质和原因的研究》于伦敦首次出版，将英国工业革命时期的面貌娓娓道来。市集上的面包师与屠夫为晚饭而进行的交易，工厂中十八位工人分工制针的场景，精心刻于贵金属货币上的铸币公印，往来于伦敦与爱丁堡之间的六人货船，这一切如同画卷一般展示着经济社会的真实图景，一如雪中车水马龙的蓟州街市。

我想，穿梭于十八世纪英国市井之间的经济学之父亚当 · 斯密所见的一切烟火，与今日蓟州街市的烟火并无不同，斯密在如此烟火之中开创了经济学这门学科，我们就必能从相似的烟火中理解这份智慧，这就是本书的灵感来源。我期待用这样一个复杂而美丽的市场作为基础，结合一代又一代经济学家的洞见，为读者呈现一个精彩的经济学世界。

衷心祝愿读者从本书中获得所需的智慧与财富，用经济学的思维方式为自己增添一种不同的人生态度，走向更为明晰而充满愿景的生活。

本书包括大量实践内容，如制作手账、绘制决策表格、进行问答游戏、制作市场地图等。希望它们能帮助读者不止读到经济学，而且在生活中真正用上经济学。为方便读者使用，这些内容均提供电子版资料，后续还将有电子版扩展内容，关注微信公众号 tea_kitchen 可了解更多。

本书的写作得到了许多专家学者和专业人士的支持和帮助，包括南开大学佟家栋老师、蓟州区文联胡艳梅副主席、外交学院徐坚

老师、西安交通大学王增涛老师、山东大学李石老师、中国新闻社赵娟老师、共青团天津市蓟州区新媒体文化传媒行业团工委书记苏梦柳老师、南开大学郭金兴老师、天津商业大学王俊老师等,仰仗他们的支持与助力,本书的写作得以完成,并能以最好的状态面世。在此向诸位专家学者和专业人士表示最诚挚的感谢,是你们成就了本书。

本书的写作也得到了许多专业出版人士和朋友的大力帮助,感谢林霖老师、画师邓雅祺、青年企业家李响,尤其感谢中国铁道出版社的巨凤老师和各位专业审读老师,没有你们就没有本书的诞生。

贾　卉

2025 年 7 月

目　录

第一篇　个人成长的经济学

第二篇 理解世界的经济学

第一篇

个人成长的经济学

第1章 用经济学思维做决策

所有行为都有成本,一切收益皆需付出。

1.1 机会成本:你付出的比你想象的更多

1. 成本构建的世界

在经济学家看来,所有行为都是有成本的。

举个例子,在日常生活中,人们的衣食住行都会明码标价,这个价格就是最容易看到的成本。

不过经济学的成本不只是这点钱。我们为了获得衣食住行,总会花一些心思,费一些时间,付出一点精力。这些心思、精力、时间都是经济学计入的成本。

看,经济学上的成本是指人们进行一个行为时,为此付出的一切。

成本思维如此重要,值得放在全书开篇,作为我们建立经济学思维的基石。接下来让我们用这块基石分析一个人人都会面对的问题——如何进行生活的决策?

2. 新知识! 机会成本

生活中,人们每时每刻在做决策。小到早餐吃什么,大到高考选哪个学校,毕业后在哪个城市定居。决策总是伴随着人们的一举一动,一天又一天。

所以人们总是面临着一个问题:这些决策怎么做最合适?

在经济学家看来,想做出合适的决策,可以利用一种特别的成本思维,它叫"机会成本"。

机会成本指的是人们做出一个决策时,为此放弃的其他机会。

- 从一篮水果里挑了一个橘子吃,这个橘子的机会成本就是篮子里剩下的其他水果。
- 高考时选了某一所学校,为此付出的机会成本就是这个分数能考进的所有其他的学校。
- 决定了在某一个城市定居,机会成本就是所有其他可以定居的城市能带来的每一天的生活。

这就是机会成本的分析方式——做出决定,你得到一些东西,但你必定要放弃另一些。放弃的东西即是你的机会成本。

3. 机会成本揭示的秘密:我们究竟放弃了什么

机会成本是一种反直觉的分析方式。选择一件事之后,比起得到的收益,机会成本更关注你为此失去的东西。一旦习惯了用机会成本来思考,你会发现,有时一个选择虽然看着不错,但它的成本其实远比预想的要高。

来看看我生活的小城中最近发生的一件事吧。

我生活的小城里最近发生了一桩大事，一家国内十分有名的大农企要来小城建一座超大规模的现代化养鸡场。

这是一件大好事，因为修建一座超大规模的养鸡场能带动小城的建筑业，能给谷农和饲料厂带来稳定的销路，还能拯救小城里那六七家濒临破产的纸盒厂和包装厂，还会提供大量的工作岗位和高额的纳税。小城中，听到这件事的人都欢欣鼓舞。但有一个人例外。

在我工作的小城学校里，一个学生——经营着一家小鸡舍的灵芝，她自从听到这件事后就一直闷闷不乐。因为这对她的鸡舍是个重大打击。

“这座大鸡场一旦建起来，我的鸡舍就做不下去了。”灵芝说，“人家什么都是自动化的，养的鸡特别多，能有几十万只。要是这样，人家的蛋价得多便宜？”

“那你家的鸡蛋能跟他们一样便宜吗？”我问。

“不可能的。我就是在我家的后院养鸡，总共那么大地方，也就能养八九百只。虽然所有的活我都是能自己干就自己干，但是饲料、水电、各种挑费的成本摆在那里，我不可能按人家的价格卖。我应该是……得想办法转行了。”灵芝说。

“转行，你确定吗？”我问，“我记得你家的鸡舍是你姥姥建的，到你这里已经是第三代了。你确定不做了？”

“我确定。”灵芝说。

灵芝说这些话时挺平静的，但可以想象她是经历了怎样的煎熬才做出了这个决定。必须承认，她的选择合情合理。一旦那座超大规模的养鸡场建起来,她的鸡舍不可能活下来,这就是残酷的市场竞争。

人生的岔路口主动迎上了灵芝,接下来的选择会决定她未来几年甚至十几年的生活。灵芝坐下来,认真地跟我说她之后的打算。

“我想过两条路。”灵芝说,“一条路是,我可以把我的鸡舍卖给养鸡场,然后去养鸡场里工作。”

说着她掏出计算器,敲给我看。“我的鸡舍一共有 897 只小母鸡,可以全都卖给大养鸡场。另外,我虽然不懂大养鸡场的那些自动化设备怎么用,但我天天和鸡打交道,和鸡熟悉,大养鸡场说我可以去做杂活,勤快一点,一个月能挣六七千元钱。这样算下来,我一年能挣大概八万元。”

看来这是灵芝的第一条路。“那另一条路呢?”我问。

“另一条路是,我可以把鸡舍拆了,把地耕一耕,改成玉米田。咱们小城的土和别的地方不一样,微量元素含量很高,种出的玉米特别有营养。要是把我这几亩地都改成玉米地,一年兴许能赚四万元，和我现在自己开鸡舍赚得差不多。这两条路你觉得哪个更好?”灵芝问。

“这……”我想了想，有些疑惑。因为答案显而易见。

灵芝的问题，不管从哪个角度看都很好回答。

从账面收益来看，卖掉鸡舍去养鸡场工作，收益是一年八万元，而且旱涝保收；但如果拆掉鸡舍改成玉米地，收益是一年四万元，灵芝自负盈亏。显然，去养鸡场工作更赚钱。

从机会成本来看，打工要付出的机会成本是玉米地的收益——每年四万元。而玉米地的机会成本则是打工的收益——每年稳定八万元。显然，去养鸡场工作的机会成本更低。

机会成本分析表		
灵芝的两个选项	 去工作	 种玉米
收益	八万元	四万元
哪个收益高	√	
机会成本	放弃四万元玉米收入	放弃八万元打工收入
哪个机会成本低	√	

不管怎么分析，灵芝都该选择去养鸡场打工。她完全不用犹豫。可灵芝偏偏就是犹豫了。这意味着什么？意味着一定还有一些账面上没计入的东西，暗中影响着灵芝的判断——也就是隐藏的机会成本。

探索时间：试试用机会成本做决定

生活中，人人都会面临各种选择。当你不知如何选择时，不妨用机会成本的方式来帮助自己做出决定吧。

下面提供了一份机会成本的表格，请试着填一填，看看做选择是不是更容易了？

机会成本分析表		
你的两个选项		
收益		
哪个收益高	□	□
机会成本		
哪个机会成本低	□	□

如果这个方式帮你做出了选择，那你可以庆祝一下；但如果填完之后你还是犹豫，那就说明你也和灵芝一样，还在被暗中的机会成本影响着判断。

没关系，先放任自己纠结一会儿，请跟我来看看如何辨别隐藏的机会成本。

4. 发现隐藏的机会成本

生活中，隐藏的机会成本很常见，尤其是我们对着一些好事莫名犹豫时，往往就是藏起来的机会成本正在偷偷拽我们的衣角，盼我们再多想想要不要放弃它。这是一种来自机会成本的善意的提醒。

像灵芝，如果她选择去打工，放弃的就真的只是改建玉米田后的四万元收入吗？

恐怕不是。她一定还有别的不想放弃的事情。

我决定再追问一下灵芝。

“这两个选项看着很好选。但我想多问一个问题：如果去养鸡场里工作，你是不是有什么别的顾虑？”我问。

“嗯……还真有。”灵芝说，“我问过养鸡场，他们说如果去那里工作，需要一年十二个月全年无休，三班倒盯着鸡舍。那我就不可能来城里的夜校上课了。”

我恍然大悟。小城的大学是我工作的地方，这里也开设成人夜校课程，灵芝是其中一名学生。她白天打理完鸡舍，晚上就会来上课，每个月能来十几天。她很珍惜在夜校上课的时间，笔记做得很认真，听讲时也一直聚精会神。

她似乎不想放弃这个上学的机会。

“但如果能把鸡舍改成玉米田，我就能继续来学校上课。”灵芝补充道，“玉米田一年就种两茬，春夏一茬，夏秋一茬，只有这两段时间我会忙。三伏天和冬天我都能闲下来，就都可以来上学，还能报名白天的课程多学点东西。”

“那，你想多上课是打算学点什么呢？”我又问。

“我想学现代化的养鸡技术。”灵芝毫不犹豫地回答，“等我学会了，我也开一家大养殖场，养几十万只鸡，也卖好吃便宜的蛋。我不输给他们。”

答案明了了。灵芝去养鸡场里工作，要付出的机会成本包括改建玉米田后的每年四万元收入，包括她现在拥有的农闲时来小城学校上学的机会，或许还包括一个能够建起一座现代化大养鸡场的未来。

这一切比起她去养鸡场工作的八万元的年收入，哪个更值得呢？

机会成本分析表		
灵芝的两个选项	 去工作	 种玉米
收益	八万元	 四万元 上学的机会
哪个收益高	?	
机会成本	放弃四万元 放弃上学的机会 	放弃八万元工作收入
哪个机会成本低	?	

灵芝自己的人生，只能由她做出选择。暂且先让灵芝思考一会儿，我们来看看从她的抉择中可以得出的规律：

首先，隐藏起来的机会成本不会直接显示在账面上。但无论我们能否发现它们，它们都会在我们做出选择后，被我们连着原本的选项一起选中或者一起放弃。

其次，隐藏起来的机会成本往往是我们已经拥有的，甚至习以为常的东西。所以才容易被忽略。

最后，无论我们选择什么，都意味着要放弃另一些事。这是机会成本告诉我们的道理——有得必有失。

探索时间：习以为常的隐藏机会成本

我们对选项感到犹豫时，很可能是还有隐藏的机会成本没被发现。

曾经我从山清水秀的小城搬到了热闹拥挤的大都市上班，期待着成为金光闪闪的都市白领，享受成功人生。但只生活了几个月后，我便发现，小城中随处可得的风景——连绵的树线，起伏的山影，有鹰翱翔的高远天空，从不堵车的街道，还有仅仅走几步路就能来到田间，坐在地头看大片麦苗、听虫鸣鸟叫的快乐感，大都市全都没有。

这种缺失让我陷入了焦虑，也让我意识到原来小城的田园生活对我这么重要。它们是隐藏的机会成本，当我做出搬家的选择时，完全忘记了这些习以为常的事情，结果就把它们全放弃了。

最终，为了这些隐藏的机会成本，我又辞去了好不容易得来的大城市工作，拖着箱子从大都市搬回了小城，一来一去好不折腾。不过这之后，我倒是更喜欢原本的小城生活了——发现了这些隐藏的机会成本之后，我便感到小城生活比我原以为的更有价值，更值得珍惜。

现在再来重新考虑一下你刚刚填过的那个机会成本表格吧。你找到了全部的机会成本吗？有没有一些你其实舍不得放弃，但还没发现的机会成本藏起来了呢？

5. 无法估值的机会成本，该如何衡量

把明面上的和隐藏起来的机会成本全部找到之后。接下来要做的是将收益和全部的机会成本进行比较,从而做出判断。

而这时,又有一个问题出现了:有些机会成本是没有明码标价的。尤其是那些隐藏起来的机会成本,它们往往是一种经历,一份期待,一个机会,一种也许会兑现但也许不会到来的未来。它们可能是我们非常舍不得的事情,但就是无法像超市货架上的商品那样,把价签贴得明明白白。

像灵芝,她要衡量上学的机会和去养鸡场工作的收益。工作有精确的工资收入,但上学的机会很难衡量未来价值。经济学家有时会用毕业后的预期收入作为上学的估值,然而未来具有不确定性,我们不能保证几年后的收入一定是现在预估的收入。

另外,也不是每个选项都像上学这样能大概估计出毕业后的预期收入。比如婚姻,比如搬迁和定居,这些就不可能有精确的估值。

该怎么衡量这些无法估值的机会成本呢?

经济学家有个简单又实用的方法:排序①。

具体而言,我们要按照自己心里“舍不得”的程度,为每个选项排出优先级先后顺序。更舍不得哪个选项,我们就把它放在前面,比较舍得的就往后排。排着排着,最舍不得的那一个就会自然而然地显现了。

---

① 专业的经济学教科书中会有大段的数学证明,论证排序法的科学性。它的专业名称叫序数效用论,由意大利经济学家维尔弗雷多·帕累托(Vilfredo Pareto)提出,英国经济学家约翰·希金斯(John Hicks)发扬光大。当然,我们无须从头了解这些数学方法,失眠时倒是可以尝试。

最后来看看灵芝的决定吧。

加入了上学这个机会成本后,灵芝这两个选项的价值变得模糊了起来。灵芝试着给这两个选项排先后顺序。

她拿出了两张纸,分别写上“四万元+上学的机会”和“八万元”。拿着纸,灵芝左看看,右看看,翻来覆去半天,终于停下来扔掉了其中一张。

我看了看她手里留下的那张纸,上面写着“四万元+上学的机会”。

“决定了?”我问。

“决定了。”灵芝答。

探索时间:正在填报志愿的李皮特

对于机会成本的思考方式中,最难的步骤就是发现隐藏的机会成本。它们总是在和我们捉迷藏。

不过,只要多多练习,我们就能在捉迷藏中越来越熟练,越来越容易找到这些藏起来的“小淘气”。

灵芝的邻居李皮特刚刚参加完高考，他在填报志愿时十分犹豫，于是做了这样一个机会成本表格：

机会成本分析表		
李皮特的两个选项	 清华大学	 小城夜校
收益	清华大学本科学历	夜校毕业证 能去网吧打游戏 能回家吃饭
哪个收益高	我考不上清华，选清华的收益是0 0<<<<<<选夜校的收益	
机会成本	夜校毕业证没有了 去网吧打游戏的快乐没有了 回家吃饭的幸福没有了	机会成本是零 因为我考不上清华
哪个机会成本低	我考不上清华，放弃清华的机会成本也是0 0<<<<<<放弃夜校的机会成本	

可以看到，李皮特把机会成本的分析方式用得很好，他立刻就发现了所有选项的机会成本，而且通过排序一下就找到了他的心仪选项。

但是天不遂人愿，李皮特做出了这个表格之后，家里一通鸡飞狗跳。李皮特不得不捂着红肿的屁股，在爸爸的监督下又重新做了一次分析：

机会成本分析表		
李皮特的两个选项（重新思考版）	ABC 省会大学外语系	 省会大学工程系
收益	不用学数学 去外国餐厅能看懂菜谱	学会一门手艺 可以去爸爸的工厂工作
哪个收益高	?	
机会成本	痛失一门手艺 没法在爸爸的工厂里工作	压力大，头发掉得多 去外国餐厅看不懂菜谱 不会点菜
哪个机会成本低	?	

李皮特的例子说明了机会成本可以让获得和失去变得更加清晰，但最终的选择仍旧取决于决策者心中的偏好。换句话说，机会成本试图用另一种方式帮助我们认识自己，让我们思考究竟要过什么样的生活。

看完了李皮特的例子，你对机会成本的分析是不是更熟练了？下次遇到选择的时候，就这么试一试吧。

1.2　沉没成本：真的能说放下就放下吗

1. 新知识！　沉没成本

讨论决策时，除了机会成本，经济学家也常常提到“沉没成本”这个概念。

沉没成本的意思是已经失去了而且再也收不回来的成本。正如电影《泰坦尼克号》结尾，年迈的海伦放手将海洋之心扔进大海，沉下去，它就再也捞不回来了。

沉没成本在生活中十分常见。怀着憧憬开了一间属于自己的小店，却因为种种原因经营不下去，不得不关门，那前期的选址、装修、家具、进货和雇工等所有投入就全部成了沉没成本。有的店主会把还能卖的桌椅板凳、电灯风扇等资产打骨折价转卖，剩下那些无论如何也卖不出去的，就是彻彻底底的沉没成本了。

我生活的小城的商业街上，时而能看到这样的店家。春天开业大酬宾，夏天关门大甩卖，来去如风，十分之快。也因为总有这些来去如风的店主，小城商业街上最赚钱的是一家门面装修公司。一边给新开业门面装修，一边低价收购关门店家的沉没成本，两头赚钱，十分惬意。

2. 心里都懂，可就是放不下

做决策时，沉没成本可以帮我们下定决心。一旦发现有些事已经沉没了，我们就该果断舍弃它们。用大白话说就是：要不了的就别要了。但我们真能做到当断则断吗？

我生活的小城的商业街上，有一家鞋店的店主堪称放弃沉没成本的楷模。

她这家店是春天开业的。开业当天店里打折大酬宾，我买到了一双八折的凉鞋，穿着很舒服。两个月后的大夏天，我穿着这双凉鞋又去她店里逛，结果她正在关门转让大甩卖，这双凉鞋只卖四折。

我脚上顿时开始不舒服了。我便问店主，怎么刚开店就要关门，店主豪爽地说，反正鞋卖不出去，又正好是暑假，不如关门回家带孩子出门旅游。我又问她，这些店面装修和积压的存货怎么办。她再次豪爽地说，装修钱肯定就砸这里了，剩下的鞋能卖出去就卖，卖不出去就送亲戚。我越听越钦佩她的果决，便问她知不知道“沉没成本”这个词，她先是摇摇头，听我解释之后就哈哈大笑。

“全打水漂了，不就是这个意思吗？”她说，“可是还能咋办嘞？我不是做生意的材料。不如趁早不干了，耗一天还多一天水电费呢。”

这个鞋店的店主确实非常想得开。但不是人人都像她这样，说沉就沉。有的人是因为前期投入太多，实在沉不起；有的人则是放不下。

像前两天，灵芝告诉我，她拆鸡舍改建玉米田时遇到了点困难。但她觉得这个困难有点可笑——她舍不得。

“你看，我把种子、化肥全都买好了，农机也开回家了，钱都付了，就等着鸡舍一拆直接开工犁地。可我对着鸡舍坐了一整天，竟然狠不下心来拆它。”灵芝说，“你说可笑不可笑？”

“不可笑，其实很多人都这样，我也非常理解你的心情。”我对灵芝说，“但你没有别的地可以种了，只能拆鸡舍对吧？”

“对，可我真的舍不得。鸡舍是我姥姥一块砖一块砖搭起来的，我从来没见过我姥姥，可我现在却要把她亲手搭的鸡舍拆了？而且这 897 只鸡都是我从小喂到大的，我和它们有感情。我说了你都不信，这 897 只鸡虽然只是咱们本地的山野鸡，个个头大身子小，一个比一个圆滚滚，一个比一个能吃……但每一只我都分得出来谁是谁！但是、但是我又非拆不可啊！”

“非拆不可？”我问。

“非拆不可！”灵芝抹着眼泪说。

灵芝下定决心要改种玉米，她不该被沉没成本困住。我连忙拉她坐下，给她讲沉没成本是什么，为什么要必须舍弃。说到最后，我自觉已经把自己都说服了，甚至打算去劝学校校长把我们学校里那座一直用不上的破楼也拆了改成玉米地算了。但我费了这么大劲，灵芝还是摇摇头。

“可我就是舍不得。”灵芝搓着裙子说，本来很好看的麻布裙子变得一团褶。

“你再努努力，使劲舍一下。”我说，“鸡舍现在已经是沉没成本了，就是该舍弃的。伟大的经济学家认为人人都能成为完美的理性人，都能及时止损。所以你就狠狠心拆了吧？”

“可能我不够理性。”灵芝小声说，“但要换成你，你从小把这些鸡养大，每天睁开眼就是照料它们，刮风下雨打雷下雹子你们都是一块扛过来，高兴不高兴你都是对着它们说话，听它们咕咕叫，看它们下蛋，靠着它们养活了你好多年……”

“拆它们家不如把我自己家拆了。”我脱口而出。

“你看！”灵芝说。

面对沉没成本，小城的鞋店店主和灵芝是两种不同的态度。

鞋店店主知道，舍不得放弃沉没成本反而会给她带来更大的损失，多拖一天就要多损失一天的投入。“耗一天还多一天水电费”属实是一针见血。所以她做出了非常爽快的决定——立刻关店。

灵芝和 897 只小母鸡天天生活在一起，真是宁可和它们一起耗下去，耗到一起沉入海底，再也浮不上来。

我们的日常生活中，舍不得沉没成本的情况也很常见：

- 冰箱里的食物过期了，妈妈看到了舍不得扔，姑且吃两口吧。
- 家里的健身器闲置很久了，除了积灰没有别的用，可爸爸还是舍不得丢了它，就先在那里放着吧。
- 大学四年学了完全不喜欢的专业，可毕业之后彻底转行就等于放弃了这四年的投入，还是凑合找个对口工作，忍一天算一天吧。
- 创业项目实在做不下去了，继续维持只是赔钱赔时间。但投入的钱和心血无论如何都割舍不下，只能尽力维持。

如果问爸爸妈妈是否知道沉没成本，是否知道沉没成本越快割舍越好，他们会说“能理解，都知道，但就是放不下”。再问问坚持了四年的学生，问问尽力的创业者，他们也会说，投入了这么多，不是说放下就能放下的。

放不下，这才是大多数人面对沉没成本时自然而然出现的心理。这可怎么办呢？

探索时间：看看你的性格是洒脱还是恋旧

面对沉没成本，你能做到说放下就放下吗？

不妨来做个小练习。放下本书，看看你身边有没有长期用不到的闲置物品？它们就是一份沉没成本。

再打开冰箱看看，里面有没有吃剩但不舍得扔的隔夜菜？有没有过期了但一直没想起来吃的零食？它们也是一份沉没成本。

如果你是一位父亲或母亲，你有没有遇到过给孩子报了兴趣班，但孩子就是不想去的情况？那些为了兴趣班而买的东西——画材、乐器、衣服、体育用品，还有退不回来的课程费，它们都是沉没成本。

再仔细想想，你的生活中还有什么已经失去了意义，但就是舍不得断舍离的事情？它们也都是沉没成本。

现在想象你正在一艘大船上，周围是一望无际的大海。你怀里抱着一大堆沉没成本——包括闲置的物品，吃不完的食物，包括你给孩子买了但孩子看都不看一眼的那些衣服、玩具、画材和乐器。你愿意松开手，任这一大堆东西沉入大海再也不见吗？

3. 我们为什么放不下沉没成本

面对沉没成本，每个人有不同的态度。

或许你是个很洒脱的人，如同那个来去如风的鞋店店主，从不会被沉没成本困扰。如果你是这样的性格，那么恭喜你，你已经很擅长处理沉没成本了，别人需要向你学习。不过，作为时常考虑收益的经济学家，我建议你参考一下小城商业街上那个做装修门面生意的店主,尽量找找那类生意来做。

或许你更像灵芝,这些大小道理你心里都明白,可就是放不下。为什么呢?

经济学家认为,人有追逐利益的本性,人们也厌恶失去利益。甚至,哪怕失去的东西不是利益,而是对自己无用甚至有害的东西,人们也不愿面对失去的过程。这个本性让人们在面对沉没成本时往往十分犹豫。为了更好地说明这个本性,不妨来做一个小游戏。

假设你是一位年轻父母,家中有一两岁的小孩子,你可以拿一个小孩最喜欢的玩具放到他/她手里。然后你要趁着这个小孩子玩得正开心的时候,突然把这个玩具从他/她手里拿走。这时小孩会做何反应呢?

自然是号啕大哭,因为他/她失去了这份利益。

人类刚刚来到这个世界,就能展现出追逐利益、厌恶失去的本性。而提到割舍沉没成本时,我们也正如这个小孩,对失去的感觉十分痛恨,乃至不愿割舍。

而且,虽然沉没成本这个概念是经济学家发明的,但经济学家也做不到说放弃就放弃。

2017 年的诺贝尔经济学奖得主理查德·泰勒曾经受邀撰写一本经济学的书籍,在最终成稿时,他发现有很多段落需要删掉。这些段落或是偏题了,或是在编辑看来不够好,或是字数太多了,总之必须删掉。对泰勒而言,这些投入时间精力写出来的段落就变成了沉没成本。

作为经济学家,泰勒非常清楚,他不该被沉没成本困扰,哪怕多难过一分钟都是浪费了一分钟的情绪。但泰勒又发觉自己根本舍不得删掉这些段落，而且好几次试图把它们再改改，以便让它们继续留在书里。面对曾经投入的心血，经济学家自己比谁都舍不得放弃。

4. 如何处理沉没成本？ 经济学思维的再次反转

不愿放弃沉没成本，这是人的天性使然。

发现这一点后，经济学家也想到了一个应对之策——既然我们不愿意失去利益，那就在割舍沉没成本的同时，主动创造一些利益如何？

再来看看那个一两岁的小孩子，他/她被你拿走了正在玩的玩具，忘情地号啕大哭。你要怎么才能让小孩不哭呢？

或许你会把这个小孩子抱起来努力哄。但更有经验的父母一定会告诉你，费什么劲儿啊，你把那个玩具再放回孩子手里，孩子不就不哭了吗？

但这个玩具可是沉没成本，非得放下不可。

那你再给孩子塞个别的玩具呗。拿个新的，拿个更好玩的，一个不够拿两个，不就完事了吗？

就这么简单。

人类厌恶损失，同时也喜欢追逐利益。如果能在使之抛弃沉没成本时，让人看到其中的利益，人们就不会那么舍不得了。

- 冰箱里的过期食物舍不得扔？

没关系，扔掉了就可以腾出空间来买新鲜食物，还能省下吃坏肚子去医院看病的钱。这就是获益了。

- 家里的健身器闲置很久了，除了积灰没有别的用？

没关系,隔壁的大哥喜欢健身。把健身器租给大哥,借给大哥,甚至爽快送给大哥。这样健身器在大哥家里能够发光发热,自家和大哥的关系也变好了,多了一个好朋友,何乐而不为呢?

- 大学四年学了完全不喜欢的专业,毕业之后彻底转行,实在可惜了四年时光?

没关系,连不喜欢的专业都能坚持下来四年,锻炼出了如此坚韧的性格,那如果转行到自己喜欢的专业,岂不是能靠着这样坚韧的性格如鱼得水,一飞冲天?

- 创业项目实在做不下去了,但投入的钱和心血无论如何都割舍不下?

如果这个项目真的一点希望也看不到,继续投入只会赔钱,那就找一个更好的替代项目,或者畅想一下放下这个重担后的轻松生活。比起被过去拖累,更值得拥有全新的未来。这个过去既然已经如此糟糕,那么未来至少不会比这个更差。

探索时间:用成本最低的方式处理沉没成本

经济学家找到的这个处理沉没成本的方式,一言以蔽之,就是"利诱自己"。

也有人觉得,这种利诱的方式实在是太费心思了,还不如狠下心直接扔了,虽然会痛一下,但痛一下也就过去了。

这样可行吗?

当然可行。莫不如说,如果你是那种洒脱的性格,面对沉没成本真能做到狠下心直接放弃,那你就根本不需要使用经济学家提出的这种方式。因为对你而言,"狠下心"的那一下消耗的情绪成本,要比花心思利诱自己消耗的情绪成本更低。

这也是成本思维的思考模式——不同的人对于成本的评估是不同的。有人觉得失去的痛苦太强烈，他们需要费一点心思说服或者利诱自己；有人则觉得与其花这么多心思，倒不如把沉没成本直接放弃掉更轻松。不管你是哪一类人，对你而言，成本最低的那种方式就是最合适的。

5. 极度厌恶损失，又该怎么办

但是，假设你是个特别缺乏安全感的人，你一生的追求就是什么都不丢弃，不管多大的利益放在你面前都没用。哪怕掉了一根头发没捡到，你晚上都会睡不着觉抱着被子哭，给你万两黄金你也不会多看一眼。

这种情况下，如果你遇到了必须要舍弃的沉没成本可怎么办呢？没关系，经济学家为你找到了一个方法，这正是上面提到过的诺奖经济学家泰勒提出的。

在认真反思之后，面对那份一个字都舍不得删的书稿，泰勒想出了一个方法——既然一个字都不愿意删，那就先把这些字“挪”到一边。

这个做法的妙处，就在于泰勒故意模糊了“失去”的概念，只把这个行为称作“挪到一个更好的地方”。并且泰勒还信誓旦旦地告诉自己，这些挪开的字在将来一定能用上——也就是说这些字只是短暂地和自己分开一会儿,未来一定会重归自己的怀抱。

具体而言,泰勒新建了一个名叫"删除内容"的文件夹,把需要删掉的段落全都放了进去。然后他告诉自己,这些段落并不是被删掉了,而是等书出版以后,这些段落可以全都传到他的个人网站上,让人随意阅读①。

事实上,泰勒心里也很清楚,他将来会把多少删除的内容上传到网站上,根本就说不好。最大的可能是到时候他一个字都不会上传,而是直接把整个文件夹拖进回收站。但仅仅是这个文件夹的存在,就让泰勒在删除段落时再也不觉得痛苦了。他写作的效率突然变高了。

这就是经济学家为这种极端情况找到的解决方式:你可以告诉自己,你并不是失去了这些沉没成本,只是为它们找了个地方先放着,它们将来一定能回到你身边。这样,你就绕开了失去的过程,同时也"挪走"了那些对你已经没有意义的东西。它们也不会再拖累你了。

让我们再来看看灵芝的那群小母鸡吧。

为了帮灵芝处理沉没成本,我把泰勒的方法告诉了她。我对她说,她可以先把鸡舍拆掉,再把她的小母鸡"临时租借"到别人家的鸡舍里,然后时不时去看看它们。等到将来有条件再开鸡舍时,灵芝就可以把它们接回来了。

"当然了,将来你可能慢慢就忘了,或者不想把鸡买回来了。但现在你先这样安置它们,至少能下决心把鸡舍拆掉。"我说。

---

① 这本书叫《"错误"的行为》,泰勒在第 8 章机会成本中详细描述了他写作时的心路历程和特意为此而建的文件夹。

“好像是个办法。”灵芝说，“但如果我把我的母鸡租了出去，却忘了买回来，我会觉得非常对不起它们的。”

“如果解决不了现在的问题，那就无法谈将来了嘛。”我说。

灵芝接受了这个方法。她联系了一百多千米外的另一座小城的一家鸡舍，问他们能不能接下自己的一院子小母鸡。对方问清母鸡的饲养情况和健康情况后，很痛快地答应了。派货车来接母鸡的那天，灵芝抱着自留的小母鸡站在小城的国道路边，目送货车渐行渐远。

6. 八卦时间：成本的意义是衡量付出——诺贝尔奖经济学家理查德·泰勒

本质上，衡量成本是在比较付出和得到的价值。

说到最擅长应对“付出”的经济学家——或者至少是理论上最擅长的经济学家，芝加哥大学商学院教授，2017 年诺贝尔经济学奖得主理查德·泰勒当属其中一位。

与很多坐在图书馆和扎在论文堆里的经济学家不同，泰勒的大部分研究都在实验室里进行——是的，你没听错，经济学也有实验室。这个实验室叫“行为经济学实验室”。这里的实验和心理学、社会学的实验有些类似，需要招募志愿者进行一些集体活动，观察他们行为和做出的选择。

在泰勒尝试的多种关于经济行为的实验中，一个最经典的实验是关于付出和得到。

这个实验里，受试者会被分为两组，其中一组每人得到一个标价 6 美元的马克杯，每个人都清楚地知道杯子的售价。另外一组每人都得到一些美元代币。分组之后，泰勒会分别询问两组成员“愿意以多少钱出售刚刚得到的马克杯”和“愿意以多少钱购买对方的马克杯”。如果恰好有能匹配上的售价和买价，交易就能成功进行。

这个实验的结果非常有趣：得到马克杯的人往往不愿意出售马克杯，并且会报出比 6 美元更高的期望售价；而得到代币的人往往也不愿意购买马克杯，并且会报出比 6 美元低的期望买价。卖方的报价是买方报价的两倍多一点。

接下来，泰勒又把这两组人进行了调换，原先领到钱的小组里每人领到一支价格明确的圆珠笔，原先得到马克杯的小组则每人得到美元代币，然后两组成员再次报价。这一次，得到圆珠笔的人同样不愿意出售圆珠笔，而且会报出更高的期望售价。得到代币的人也同样不太愿意购买圆珠笔，并会报出较低的期望买价。卖方的报价仍旧是买方报价的两倍多一点①。

从马克杯试验中，泰勒总结出了三个结论：

其一，人们不愿意放弃已经拥有的东西。

其二，如果找不到特别充分的理由，人们也不愿意用已有的东西换取别的东西。如果非要换，人们希望能换回 2~2.5 倍价值的东西，这样才会感觉得到了足够的补偿。换句话说，“损失的痛苦”是“获得的快乐”的 2~2.5 倍。

---

① 关于马克杯实验的细节，可以参见泰勒所著《“错误”的行为》第 16 章：从代币实验到马克杯实验。

其三,人们更钟爱自己拥有的东西。如果一件东西人们没有,人们就会觉得这件东西不怎么值钱,也不愿意报价太高。但一旦他们真的拥有了它,他们就会觉得“天啊,这东西真好”!

除了这个付出与得到的实验,泰勒还进行过一个关于心理价位的实验。他采访了一些喜欢喝啤酒的人,问他们愿意花多少钱在一家社区小卖部买一瓶自己爱喝的啤酒,又愿意花多少钱在一家开在海边沙滩上的豪华大酒店里买一瓶同样牌子的啤酒。

而人们的回答十分符合人之常情:纵然两家店卖的啤酒是一样的,但如果让他们在社区小卖部里买,他们给的心理价位就便宜了几元;而如果让他们在海边沙滩上的豪华大酒店里买,他们的心理价位就自然而然地上调了几元,好像豪华大酒店里的啤酒就应该贵一点似的[①]。

泰勒很喜欢这样的采访结果,因为这符合常人的想法。但是传统经济学并不喜欢这个结论。传统经济学假设人们是绝对理性的,面对社区小卖部和豪华大酒店里一样的啤酒,人们应该绝对理性地给出一模一样的心理价位。可如果问我们自己,我们多半也会得出和那些受访者一样的回答。

这类与传统经济学基本假设不符的实验,泰勒做过很多。也因为他常常对传统经济学进行挑战,泰勒在芝加哥大学的职业生涯十分热闹,今天和这个老师辩论,明天和那个主任“打嘴仗”,后天和院长相约“论剑”,完全停不下来。戏剧性的是,经常和泰勒争论的芝加哥大学经济学教授尤金·法玛(Eugene Fama)在2013年荣获

① 关于啤酒实验的细节,可以参见泰勒所著《“错误”的行为》第7章:这笔交易到底值不值?

诺贝尔经济学奖(下简称“诺奖”),但泰勒以他在行为经济学领域的贡献在四年后也得了诺奖,他们实在不分伯仲。

泰勒获奖后,在学校的致谢演讲上说的第一句话就是:

“这绝对是头一次,院长、教务处主任、系主任他们头一次在提到我的时候,没有说我是椅子上的那块‘针毡’,对此我十分感激。但这肯定不意味着他们从此再也不这么说了。”①

荣获诺奖之后,泰勒是否还能经常从同僚口中听到如此雅称,暂时不得而知。不过如果你想一睹这位经济学家的真容,可以看一部叫《大空头》(*The Big Short*)的电影。在这部电影中,泰勒倾情出演他自己,为片中另一名角色解释了 2008 年的美国次贷危机到底是怎么发生的。可惜的是,这次本色出演没能让泰勒拿到当年的奥斯卡小金人,泰勒对此一直深感遗憾。

1.3 边际收益:精确衡量你该投入多少

1. 为一个选择投入多少最合适

机会成本帮助我们在不同的选项中做出决定,沉没成本则帮助我们下定决心,舍弃需要舍弃的。不过当我们下定决心选择某个选项之后,又会面临一个新的问题——在这个选项上投入多少比较合适?

有人认为,这个问题无须回答。比如选择了热爱的事业,又或是选定了一生的伴侣,我们就不会考虑投入多少。答案是一直

① 网上可以找到这段演讲的视频——《塞勒获诺奖后演讲:弥补落选奥斯卡的遗憾》。

投入下去。

但如果我们考虑的是一些以营利为目标的事情，比如下面这些：

- 一项投资前期该投入多少，后续又该追加多少？
- 一门生意的成本怎么控制比较合理？
- 一件以获益为目标的事情，要投入多大的精力比较合适？

像以上这些事情，我们确实需要考虑到底该投入多少，毕竟时间和预算是有限的。那么，投入到什么程度最合适呢？为了解决这个问题，经济学家发明了一个概念，叫“边际收益”。它可以帮助我们衡量投入的程度。

2. 新知识！ 边际收益

边际收益，指的是我们持续增加同一项投入时，从每次投入中能获得的价值。

举个例子，小城有一位自媒体从业者运营着一个公众号，每天发布一篇生活小知识。渐渐地，这个公众号有了不错的阅读量，带来了可观的广告收入。这位从业者赚到钱了。

不过他并不满足于此，于是招了一名新员工，两个人每天一共发布两篇生活小知识。持续运营一段时间后，他发现读者翻倍了，广告收入也翻倍了。

尝到了甜头后，他决定做得更大一些，于是，他一口气又招了八名新员工，一共有十个人一起运营这个公众号，每天一共发布十篇生活小知识。他希望十篇生活小知识能带来十倍的读者和十倍的广告收入。

但他没想到的是，自从公众号开始每天更新十篇文章，阅读量不升反降，广告收入也降了下来。原本赚钱的公众号变得入不敷出。

为什么？答案是，后面招的八个员工带来的边际收益太低了。

事实上，这个公众号每天发两篇生活小知识时确实吸引来了更多的读者，也说明这名新员工带来的边际收益确实很高。

公众号每天发十篇文章，但没有哪个读者会每天阅读足足十篇生活小知识，这只会让读者看得头晕眼花，最后干脆不看，甚至有的读者直接取消了关注。这说明第二次扩招新员工的行为带来的边际收益是非常低的。

还有一个问题，公众号只由一两个人每天发布一两篇小知识的时候，质量可以非常有保证。但公众号每天由十个人发十篇生活小知识时，很难做到每篇小知识的质量都能保证。

同时，这个自媒体从业者的工作内容增加了很多，每天都要花时间管理九名员工，还要给他们发工资，成本一下增大了。这样一来，公众号变得入不敷出也是理所当然。

这就是边际收益想要告诉我们的事情：多投入不一定好，少投入也不一定不好。关键是找到“刚刚好”的那一点，适量为妙。

3. 自然达到的最优点：《长恨歌》中的经济学

边际收益的思考方式促使我们去寻找“刚刚好”的那一点进行投入。那么，刚刚好的那一点在哪里？

经济学家的回答是，如果有精确的成本和收益数值，你可以敲计算器算算这一点在哪里；如果没有，那你就一点点地试，试着试着就找到了。

这个回答好像什么都没说,但事实上,现代企业在寻找自己的最佳投入点时,就是使用这两种方式,没有别的捷径。像前面提到的自媒体从业者,他可以尝试一个一个地雇新人,逐渐试出最合适的员工数量,而像那些成本可以计算得很精确、收益也很直观的企业,譬如化工厂,他们会聘请专业人士精确计算出这个刚刚好的点。

有趣的是,从古到今,人们一直在下意识地寻找这一点,这是一种本能般的行为模式。像唐代大诗人白居易曾经写过一句名诗"遂令天下父母心,不重生男重生女",揭示的就是古代家庭在面对生儿育女的决策时,如何本能般地寻找出刚刚好的这一点。

在古代家庭中,重男轻女的现象非常普遍。这是由古老的农耕生产方式导致的。农活多是重活,多生一个男丁就意味着多了一份农耕劳动力,家里就有望多收获一些粮食。

另外,在尚未开化的古代,很多纠纷是由最原始的暴力来解决的。你家修了一块河堤,挡住了流向我家羊圈的河水;我家的羊吃了你家刚种下的麦苗,但羊在回家的路上又把珍贵的粪肥施到了他家;他家的玉米被施过肥后长得很高,又挡住了原本照到你家的太阳。这些太平常不过的纠纷有时根本讲不清道理,而在落后的古代,解决方式往往十分简单:谁家打得赢其他家,谁家就占理。

那么要怎么才能打赢呢?落后的古代社会的回答是:男丁多就打得赢。

这些简单直白的原因最终造就了古代家庭对男丁的重视。人们盼着多生几个男丁,对整个家庭都好。

不过男丁也不是生得越多越好，因为每生一个男丁的边际收益是不同的。

假设有一个普通的古代农耕家庭，拥有十亩地和一个男丁。在生产力低下的古代，一个男丁想要照料十亩地相当吃力，垦地、插秧、挑水和收获都是他一个人干，十亩地的潜力很难完全发掘出来。而一旦发生了理不清的邻里纠纷，一个男丁也显得势单力薄，很难在讲理过程中占到上风。

但如果这个家庭再生一个男丁，情况就不一样了。这时候，有两个男丁同时照料十亩地，一年下来收获的粮食能比之前多不少。发生纠纷时，两个男丁的优势当然也更大。对这个家庭来讲，多生一个男丁带来的边际收益是相当可观的。

但假如这个家庭生了两个男丁后觉得效果不错，决定继续生下去，生到十个男丁，情况就又不一样了。

要知道，十亩地的产量是有上限的，一旦达到了上限，投入再多的劳动力也没意义，还会多了好几个人吃饭。而区区十亩地又很难喂饱足足十个男丁，到了需要处理纠纷时，这十个饭都吃不饱的男丁能带来多大的优势也未可知。

更麻烦的是，等这十个男丁长大成人，他们会自己成家，每人都得分一块地走。这个家庭会变成十个家庭，每家只有一亩地。这十个男丁不仅没有带来更多的收益，还可能让这个原本条件尚可的家庭变成了十个贫穷的小家。

对于古代的农耕家庭来讲，男丁不是生得越多越好。而“不重生男重生女”的反常情况也会出现——如白居易《长恨歌》中描述的情景。

依照《长恨歌》的故事，唐玄宗在缔造开元盛世后不思朝政，却积极地寻找漂亮女子纳入宫中。杨玉环就被这样选中，成为集三千宠爱于一身的后宫佳丽之首。得益于唐玄宗的恩宠，杨玉环的家人也跟着纷纷受封，整个家庭兄弟姐妹都是出人头地，十分光彩。

这样来看，在《长恨歌》的故事里，想要让家庭生活变好，相比于为十亩地生十个男丁，倒不如生几个女儿，盼着她们能成为下一个杨玉环。如果真的成功了，这一个杨玉环为这个家庭带来的边际收益实在是比生十个男丁要大得多。

这就是古代农耕家庭生儿育女的决策中“刚刚好”的那一点。

在《长恨歌》的故事里，当古代农耕家庭发现生女儿的边际收益比生男丁高时，就会出现“重生女”的现象。人们在自然而然地寻找刚刚好的那一点。

所以，对于古代农耕家庭来说，最佳的生育方案是什么呢？依照边际收益的思考方式，最合适的生育方案就是按照家里的耕地面积生育“数量刚刚好”的男丁，同时持续生育女儿，直到生出一个杨玉环为止。

4. 边际收益的另一份妙用：平衡你的多巴胺

对于边际收益的思考方式还可以用于更广义的情形，比如用来调节自己的快乐和痛苦。

一个经典的例子是吃包子。一个饥肠辘辘的人吃下第一个包子时，获得的快乐感是最强烈的。接下来再吃几个，他就会觉得包子没有一开始那么好吃了，每个包子带来的“边际快乐感”正在下降。再接着吃下去，一直吃到饱，他打着饱嗝对包子的感受又会发生变化——这会儿，多吃一口包子都会让他觉得痛苦，每一口包子带来的“边际快乐感”彻底变成负数了[①]。

中彩票的“边际快乐感”也是同理。偶然中一次彩票会使人非常兴奋，但如果一个人超级幸运，天天买彩票而且天天都中，他的快乐就会变得越来越平淡，“边际快乐感”会随着一次次中奖逐渐趋近于零。

而父母给考试成绩优秀的孩子发奖励的做法正如中彩票般的情绪刺激。偶然的奖励可以激励孩子努力学习，但如果频繁地在孩子做的每件事上都给予奖励，奖励带来的“边际快乐感”就会变得平淡，乃至失去效果。所以父母的最佳奖励方案是偶尔给予孩子一些奖励，让边际快乐不要消减得太多。

有趣的是，快乐的感觉会随着重复逐渐消减，而痛苦的感觉也可能随着重复而消减。譬如，刚开始锻炼的人会经历一些气喘吁吁和腰酸腿麻的不适感，但日复一日锻炼下来，这些负面感受就会逐渐减轻[②]。这个现象可以帮助我们克服痛苦，养成一些好习惯。

下面是一份李皮特的“边际痛苦打卡手账”，他想要通过这份手账培养自己不去网吧玩，而是老实待在家里背英语单词的习惯。

---

① 按照严格的经济学定义，边际收益指的是厂商每销售一单位产品获得的收益。而“情绪的感觉”另有一个名字叫边际效用，指的是消费者每消费一单位产品获得的满足感。这两个概念的思考方式是相似的。

② 这里只是举一个贴近生活的例子，实际的锻炼建议请听从专业人士和医生的指导。

任务:养成每天背英语单词的习惯	
开始日期:今天	
边际痛苦感	成就
第一天 痛不欲生,吃不下饭,看什么都难受	5个
第二天 还是痛不欲生,还是吃不下饭,还是看什么都难受	6个
第三天 持续痛苦,但是饿了,妈妈炖了排骨真好吃	6个
第四天 继续痛,但是妈妈又烧了铁锅炖大鹅,怎么能不吃	7个
第五天 背单词好像不是那么痛了,不就是坐十分钟吗	7个
第六天 有点习惯了,坚持再坚持	8个
第七天 我就是英语高手李皮特,我真棒	8个

随着一天一天重复背单词的行为,李皮特的“边际痛苦”逐渐递减,成功养成了每天背8个英语单词的习惯。日积月累地重复下去,李皮特每天背的英语单词应该很快能突破两位数。

我们也可以用类似的方式记录培养习惯时的感受。坚持记录下去,你或许会惊喜地发现,原来“边际痛苦”可以递减得这么快,习惯的养成又可以如此自然而然。

探索时间：做一个“边际痛苦”打卡手账

看过了李皮特的边际痛苦打卡手账，你也可以用同样的方式培养一个“略带痛苦的好习惯”。

做一份类似的手账，拿起笔，每天记录一点点，看看养成好习惯时的边际痛苦是不是一天天在消失，而你的成就感一天天在增加？

本书也为你提供了一份电子版空白手账，公众号 tea_kitchen 可获取下载，现在就行动起来养成好习惯吧。

小剧场：边际愧疚递减

李皮特：我明白了，同一件事重复的次数越多，产生的感觉就越平淡。

灵芝：好像是哦。

李皮特：那，如果是一件很愧疚的事，重复得越多，愧疚感会不会也越少？

灵芝：你做了什么愧疚的事？

李皮特：我昨天逃课去网吧玩游戏了。那时我的内心是非常愧疚的，拿着鼠标时我的手都在抖。

灵芝：看，你玩也没玩痛快，课也没上成。不要这样了呀。

李皮特：但如果边际的感受会越来越平淡，那我第二次逃课去玩游戏的时候，我就不会那么愧疚，手也不会抖了吧？

灵芝：???

李皮特：然后第三次、第四次、第五次……只要我逃课去玩游戏的次数足够多,我就总有一天再也不愧疚了。是不是这个道理?

灵芝:……这个道理可不太妙啊!

李皮特:但我已经去过一次了,我的边际愧疚已经开始下降了,这可怎么办?

灵芝:看来只能让你爸爸把你关在家里了?

李皮特:不,我想到办法了。我就待在网吧里连玩七天七夜,把玩游戏的边际快乐也降到没有,然后我就能戒掉游戏瘾啦。

灵芝:……还不如一开始就不要去啦!

1.4 最重要的一份投入:生命中度过的每一天

本章我们讨论了经济学中的一个基石思维:成本思维。其中,机会成本帮助我们斟酌取舍,沉没成本提示我们当断则断。而边际收益的分析看似是在讨论收益,但本质上是从“投入多少最合适”的角度来考虑的,它还是在分析成本。

为什么我们一直聚焦于成本?比起得到,人们更害怕失去,所以成本才这么引人注目——它是我们做事时必须失去的东西,而我们希望所有的失去都有所值。

不过,经济学并不是为了让人们斤斤计较自己的失去。成本思维的真正意义也不是这样。

让我们把失去视为一种投入,而投入的目的是生活。那么,在人们为生活付出的各种投入中,最重要的一份投入是什么呢?

如果让经济学家来回答的话,最重要的投入一定是最稀缺的那一份:时间。因为世界上每个人的一天都是 24 小时,一秒都不多,一秒都不少。任何人做任何事都要投入24小时中的一部分,也就是说一天里的每件事都会让这24小时逝去一点。

有限的生命,如此有限的时间,我们应该怎么使用呢?

每个人的做法不一样。有人用每分每秒努力工作赚钱,有人觉得闲暇才是时光的意义,有人会放下繁重的日常工作,为偶然看到的一朵小花驻足;也有人会为了自己热爱的事情投入一生。

不管是在做什么,它们的机会成本是什么呢?

选择用一段时间做这件事,就放弃了能用这段时间去做其他的事情,放弃了没被我们选择的所有可能性。这件事的机会成本就是再也不会回来的每一分每一秒,以及没有被我们选择的所有可能。它的代价远比我们想象的要昂贵得多。

既然如此,选择做一件事之后,我们就没有理由不为之全身心地投入,否则就对不起为此放弃的所有可能了。

珍视生命的每一分钟,热爱我们选择的每一分钟。这是成本思维的真正意义所在。

第 2 章 瞬息万变的市场和不变的经济法则

市场的迷雾中，供求变化是脚下的道路，信息是引路的灯。

2.1 供求定律的正确使用方式，究竟是什么

1. 理解了供求，就理解了经济学

供求定律，这可能是经济学里最经典的定律，是整个经济市场运行的最底层逻辑。

提到供求定律的重要性，有些经济学家会开玩笑说，当你理解了供求，你就成了经济学家。而有些经济学家非常不同意——因为他们认为这个说法不是玩笑，而是真的！

让我们一起看看这个经典定律吧。

2. 新知识！ 供求定律

供求定律，它表达的意思十分简洁：一样东西如果有很多人能

提供,但没有多少人需要,这样东西的价格就会变低。但如果能提供它的人很少,想要它的人又很多,它的价格就会变高。

反之,如果一样东西的价格很高,愿意掏钱买它的人就会变少,但愿意提供它的人会变多。而如果这样东西的价格很低,愿意买它的人就会很多,但愿意提供它的人就少了。

简而言之,供求决定价格,价格又会影响供求。

经济市场之所以会呈现出这样的供求定律,正是因为我们在第一章提到的人类天性——人们喜欢追逐利益,厌恶损失。高利润面前,人们想成为卖家赚到这份钱;低价格面前,人们又想多多买进。

3. 今日市场的供求结构:供远大于求

在生产力爆炸的今天,很多市场都面临着供远大于求的局面。

譬如全球原油市场。2016 年时,全球原油就已经出现了供大于求的情况。那一年全球生产了 331 亿桶原油,而全球对原油的需求量是 317.7 亿桶,有 13.3 亿桶原油生产出来没使用。到 2020 年时,全球的原油产量是 314.9 亿桶,需求则只有 298.3 亿桶,这一年有 16.6 亿桶原油没使用。

而根据国际能源署(IEA)的估计,到 2030 年时,全球一年能供应高达 416.1 亿桶原油,但那时全球人民对原油的需求预估只会有 386.9 亿桶。届时会有 29.2 亿桶石油①无处使用,懒洋洋地躺在地上晒太阳。

像原油市场这样供应十分充裕的市场还有很多。全球范围内,

① 原油数据来自国际能源署 IEA:Oil 2024 Analysis and Forecast to 2030,本书按一吨原油等于 7.33 桶计算。

钢铁、锂矿、半导体、低端芯片、茶叶、虾、葡萄酒,乃至货运集装箱……都存在供大于求的情况。这些行业有十分充足的生产力,但需求相对匮乏,“买的没有卖的多”是它们面对的难题。

4. 供大于求的市场中,需求藏在哪里

供大于求的情况会让生意变得艰辛。因为这时经营利润会极其微薄,销售也十分困难。有时商家甚至赔本卖都卖不出去,因为根本找不到消费者。

但这不意味着我们无法在供大于求的行业中找到生存空间。需求总是存在的,关键在于能否找到这些需求。

来看一件小城中发生的有趣事情吧。

我居住的小城里,有很多希望在事业和家庭中寻求平衡的年轻妈妈。她们因为需要带孩子,不便做朝九晚五的上班族,有些年轻妈妈就会攒一些存款,尝试自己开一家实体女装店,在整洁敞亮的橱窗里摆上好看的模特和最新款的衣服,再在店里的货架上挂起一排排漂亮的小衫和裙子。天一亮,她们就带着孩子来到店里,将店铺打扫得窗明几净,而后沐浴着阳光开始营业。这些年轻妈妈之中总有人做得挺不错,能以独特的款式、稀有的眼光、上乘的衣服质量和热情体贴的服务在小城市场中赢得一席之地。再加上她们开店时总是带着可爱的孩子,女性顾客进了店,一边选购衣服,一边和这些年轻妈妈店主们聊聊天,逗逗小孩,交流一下育儿心得,忠实的客户群体就慢慢形成了。

在过去十几年里,这个选择挺不错的。我曾经敲计算器估计过小城女装的市场,算上小城十几家大大小小的商场、十几条商业街,

街头巷尾的女装店，再加上早市和夜市上的女装摊位，以及定期开的农村大集市上的摊位，小城一共有600多家实体女装铺面。再考虑到女装需要按季换新，保守地按一共500家女装商户计算，每家每季新上200件衣服，一年换季4次来算，小城所有女装店面和摊位一年总共会有40万件女装摆上货架。这就是小城每年的女装供应了。

而小城的女装需求很稳定。小城人口大约80万，其中女性40万。如果所有女士——包括刚出生的1个月大的“女士”和年迈的99岁的女士——每人每年买一件衣服的话，能恰好买空小城一年的女装供应。当然，1个月大的“女士”和99岁的女士不会真的加入这个市场，所以其他年龄段的女士要多买几件衣服。比如过年时多买几件，换季时再买一件半件的，这样算下来也差不多。

这样来看，小城的实体女装市场处于一个既有竞争，也有前景的状态——女装店数量不少，但需求也不错。只要一家女装店价格合适，款式喜人，面料优良，服务热情，理应能在小城中找到一片市场空间。

但到了网购时代，小城的女装市场变得十分不同。抖音、淘宝、拼多多、京东……上的女装店通过网络涌入了小城市场，瞬间将原本的500家实体女装店的40万件供应变成了不知多少万家店的以亿计数的供应。但小城的女装需求却没有变化，小城中的女士还是大概40万人，买衣服的人总是那么多。

于是，随着越来越多的快递员穿梭在大街小巷之中，小城中的女装店一家接一家地变冷清了。年轻妈妈们仍旧带着孩子迎着日出来到店里，仍旧将店铺打扫得窗明几净，仍旧在店里一坐就是一天，但登门的顾客寥寥无几。进来的顾客只看不买，看了的顾客又掏出手机对比网上价格，成交十分惨淡。也有一些年轻妈妈选择加入网络面向全国市场进行销售，但小城的传统纺织业相较于全国那么多纺织大城，竞争力还是不够，网络销售难以力挽狂澜。最终，一些年轻妈妈们带着孩子回到了村里的老家，店门上则挂起了转让的牌子。

但这并不是小城实体女装行业的结束。网购大潮中，年轻妈妈们开的女装店铺仍旧不乏成功者。

她们是怎么做到的呢？答案是局部市场。

小城有两个非常有趣的局部女装市场。其一是小城民政局所在的那条小巷子，那里开着一排女装店，有十几家。这些女装店同样是年轻妈妈们带着小孩一边照顾孩子一边经营，每家生意都挺好。

而这些店经营的奥秘就是小巷子里的民政局——因为总有新人来这里领结婚证。小两口领了证，开开心心地出门，在小巷子里的十几家女装店一家家地逛过去，买几件新衣服，实在是喜气洋洋，喜上加喜。在网购时代，小城这条民政局小巷是一个局部需求非常充足的市场。

另一个有趣的局部市场也是年轻妈妈们在网购的冲击下发掘出来的——小城的冬装市场。

这要归功于小城独特的地理环境。小城地处北部，背靠山脉，冬天的风不仅大，而且沉重。冬季较冷的那几个月，沉重的风吹过来，人就是结结实实地砌进了风里。但普通冬衣根本挡不住这样的风，非得是织得特别密的沉甸甸的衣服才行。袜子、手套、围巾、帽子这些配件也一样，必须得结结实实地把人裹起来。不然沉重的大风就会像一堵冰墙，稳稳地透过衣服纤维贴上皮肤，实在是顶不住。

这样的气候下，小城的女装冬装卖得总是特别好——它们是本地纺织厂生产的应对小城冬风的厚衣服，别的地方很少能买到。而网购这时就失去了优势，因为网购看不到面料。人们无法判断网上的衣服能不能挡住小城冬天的重风，他们就更愿意去实体店里亲自挑选试穿。

小城的年轻妈妈们在网购大潮中迅速发现了这一点。她们改变了备货策略，夏衣少量进货，冬衣备货充足，连同厚袜子、厚手套、厚围巾、厚帽子、厚滑雪服，乃至军大衣军帽……全都足量备货。一些年轻妈妈们还请本地纺织厂专门设计款式，生产出来的冬衣又暖和又好看。这些女装店就完全不怕网购的冲击。

更让年轻妈妈们欣喜的是，小城还拥有几个非常著名的景点，其中还包括几家滑雪场。这些景点人流量充沛，全国各地的游客都会来玩。但冬天的游客有时会低估小城的气候，他们穿着轻便蓬松的冬衣来到小城，一出门就被大风吹了个透心凉，这些游客得赶紧买小城当地的冬衣来穿才行。这样，旅游景点周围的女装店也随之繁荣了起来，连着周围的童装店、地摊和男装店也跟着热闹了。这些店的生意也做得非常好。

这就是小城女装行业在网购冲击下创造的两个繁荣的局部市场。

在当今的网购潮流冲击下，这样的局部市场需求会越来越明显。如果我们也想加入一个行业，或许可以尝试寻找这样的局部市场进行经营。

探索时间：供过于求的市场是否该削减生产

在生产力爆炸的工业时代，供过于求的情况非常常见。不过在诸多供过于求的市场中，有一个市场显得非常反直觉——就是全球的食物供应市场。

是不是有点意外？

但这是真的。全球的食品市场也是供过于求的，而且早在20世纪80年代就出现了供过于求的情况。

一般来讲，一个成年人每日所需的能量是2 000~2 500卡。但在1983年时，全球一个人每日供应的能量就突破了2 500卡。到2021年，全球一个人每日供应的能量达到了2 959卡①，地球上每天生产出来的食物已经超过了地球上所有人类需要消耗的总额。

不过，这意味着我们应该削减食物生产吗？

如今的国际新闻中，局部地区的饥荒消息仍旧屡见不鲜。根据联合国的评估，在2023年时全球大约有7.33亿人面临饥饿。也就是说，全球每11人中就有1人食不果腹。而非洲的情况更加严峻，每5人中就有1人面临饥饿问题②。对于这些人来说，食物供应远远谈不上过剩，反而是十分短缺。

事实上，供过于求的市场并不意味着人人都能获得充足的供应。比起削减生产，如何让每个人都能获得足够供应，才是问题所在。

---

① 数据来自 Our world in data. *Daily Supply of Calories per Person*，1卡=4.186焦。

② 数据来自联合国《世界粮食安全和营养状况》报告(2023)。

5. 我们真能利用好供求定律吗

供求定律是市场运行的基本法则。当我们开始理解供求，也就意味着我们开始理解了市场。但市场上并非人人都在赚钱，总是有赚有亏。如果你要问亏钱的人是否理解供求定律，他们肯定会说都知道也都懂，但还是会亏钱。

小城某年就发生过一次“小黄瓜悲剧”，城里城外全是卖不掉的小黄瓜，连沟里渠里都倒满了。问农户为什么这么做？他们异口同声地说，因为种的人太多了，卖得太便宜，不如直接倒了。

看，农户们心里其实很清楚，小黄瓜悲剧的根源就是供求。但既然大家都清楚供求定律，为什么还是没能在一开始就避免这场悲剧呢？

农业是生产周期最长的行业之一。春种夏收，春种秋收，夏种秋收，秋种春收，总之东西种下去了得等一段时间才能收获，然后才能拿到市场售卖。

所以当农户刚把种子撒在地里时，他们是无法知道几个月后长出来的东西在市场上的价格的。农户可以预估一个价位，但直到农品摆上货架的那一天之前，都无法确定真正的售价。

小城中的农户深知这个道理，因此在一年劳作之后的晚秋和寒冬，农户们也不能直接休息。他们会忙着打听两件事：今年谁家种的东西卖得好，谁家的东西没卖上价。秋收之后直到春耕之前，这两件事人人关心，人人打听。

那年的“小黄瓜悲剧”就是这样发生的。一家位于小城西北一隅的农户引进了可以当水果吃的小黄瓜。他搭了大棚种了一年，卖得意外地好，来收购的蔬菜商根本不问量，直接买光了他棚里的所有小黄瓜。蔬菜商还向他打听知不知道谁家还种，有多少收多少。当年冬天这个农户家里就盖上了新房。

喜气洋洋的消息传遍了小城，家家户户都在谈论着种小黄瓜的农户和他家新盖的大房子。第二年夏天，一家家的大棚里也都长出了小黄瓜，个个绿得喜人。

到了秋天，小城如约等来了收购小黄瓜的蔬菜商，但这一年的小黄瓜价格从一开始就一落千丈。秋收刚开始时，小黄瓜卖200元一卡车——这已经是惊人的低价了，因为小黄瓜需要人工采摘，雇人去地里摘小黄瓜的一日工钱都比200元钱多。然而人们还没来得及琢磨明白请人摘黄瓜到底值不值，没过几天，小黄瓜的价格就变成了一卡车50元钱。

这一下，人们连琢磨都不想琢磨了。大棚的盖帘卷了起来，地里没摘的小黄瓜晾在了露天喂鸟；已经摘下来的小黄瓜搬出了冷库，一车车倒进了地沟。农户们说，忙活半年一车黄瓜才卖50元，他们气得宁可倒了；来收购的蔬菜商则说这50元钱还不够自己开车到地头的油钱，自己之所以愿意来收购，只是因为他哪怕赔钱也得维护这些老客户关系罢了。

“不光你们赔，咱周围所有六个小城都在种小黄瓜，六个小城全在赔钱。这一带种的小黄瓜加起来，全省每个人每天吃，足够吃三年。”蔬菜商走的时候说。

小城的“小黄瓜悲剧”符合供求定律吗？非常符合。

小城的农户懂得这个定律吗？懂得。夏种之后就有农户说今年恐怕种多了，卖不上去年的价。

然而这个悲剧有挽回的余地吗？当家家户户的大棚搭起来，小黄瓜种子被种下去的时候，基本就没办法了。前期已经投入进去，再挖掉种别的又是一大笔开销，不是每家都能承担得起。更甚，农业生产争分夺秒，播种季节其实就那么几天。错过窗口期，再想改种别的作物就已经来不及了。

现在把这个问题交给你：如果你是农户，那一年面对春耕的新田时，你有没有办法避免这场悲剧，或者起码减少一些损失？问题的答案在下一节揭晓。

探索时间：高考志愿的大小年

高考报志愿时，经常会出现同一所学校前一年的分数线极高，但第二年的分数线极低的情况。这就是俗称的“志愿大小年”。

大年里，报考这个学校的学生特别多，分数线就一下拉高了；而第二年的学生看到去年这所学校的分数这么高，个个都不敢报，学校缺乏生源，最终的分数线又会变得特别低。有些分够却没敢报考的学生因此落下了遗憾。

填报志愿的学生是因为不懂供求定律，错失了原本可以考上的学校吗？

当然不是。低得出乎意料的分数线公布时，学生和家长都能当场反应过来今年这所学校其实没人报。但不是人人都敢冒这个险尝试报考。

不只是高考，考研、考公和考编全是如此，人人都知道报考人数多或少会导致分数线变动，但没人能保证自己能在知晓结果前恰好做出最合适的决策。

6. 八卦时间：经济学之父——亚当·斯密

供求定律是经济生活中最基础的定律，有经济行为的地方就有它的身影。在供求定律的作用下，人们一次又一次地进行议价，最终达成交易。有人成交，有人失败，有人黯然离场，也有人频繁获益。从这样迷人的市场行为开始，整个经济都繁荣起来，形成了琳琅满目的商品世界。

现代经济学的开山之作《国民财富的性质和原因的研究》（简称《国富论》）中仔细地解释了市场和价格的机制。这本书于 1776 年问世，作者正是现代经济学之父，大名鼎鼎的亚当·斯密。

与今日充斥着数学公式的经济学教科书不同，《国富论》是一本文字书，洋洋洒洒地展现了刚刚进入工业时代的英国的经济生活。书中，斯密详细记录下了他在日常生活中亲眼看见的各类经济行为，诸如面包师和屠夫将自己生产的面包和牛肉互相交换，两人就都可以享用到面包和牛肉，这揭示了贸易带来的互通有无。

斯密也详细记录了现代生产方式——分工生产的场景。制针厂中，几名工人将制针的十八道工序进行分解，每人只做其中几道工序，就能一日生产几万根针。这是分工生产的震撼效率。

在今日看来，面包师和屠夫的贸易或者制针厂的分工生产早已平平无奇。但在斯密生活的时代——人类刚刚从农耕文明走入工业文明的时代，贸易和分工给当时的人们带来的震撼感，不亚于今日的互联网和人工智能给我们带来的震撼。斯密记录下了这样的震撼感，剖析其中原理，最终留下了《国富论》这本经济学开山之作。在《国富论》中，经济学家几乎可以找到今日所有经济理论的雏形。

斯密出生于十八世纪的苏格兰,父亲在他出生之前即已去世,斯密成为一个遗腹子。年仅四岁时,斯密就遭遇了一场人口贩卖。在去祖父家玩耍的路上,他被人拐走,幸而被热心路人在一片树林里找到,送回了母亲身边。大难不死必有后福,十年后,十四岁的斯密取得了英国格拉斯哥大学的入学资格,乐呵呵地背起书包去上学了。三年后,斯密又取得了牛津大学的入学资格和高额奖学金,他就骑着马从苏格兰的家里上路,一路颠簸到了位于英格兰的牛津大学。在牛津食堂,斯密吃的第一份晚餐是一块巨大的牛肉。十八世纪的苏格兰农业并不发达,土地荒芜,牲畜也瘦弱矮小。从未在家乡见过如此大块牛肉的斯密深深地为之震撼,盯着这块肉看了很久。

但斯密在牛津大学的学习生涯并不像这块巨大的牛肉一样美味。在牛津时,斯密时常泡在图书馆里读书,但因为太过刻苦损害了健康,身体经常出现一些问题。其后,他又因为读了当时的"敏感"书籍——大卫·休谟的《人性论》而被牛津大学处罚。至于牛津的教学氛围更是让斯密大失所望。教师们"只是谈论大学杂务、托利党的内部斗争、个人逸事和私人丑闻等等①",根本不把教学放在心上。多年后,斯密执笔写作《国富论》时记下了自己在牛津的经历,他提到,多年来,牛津里这些教授最伟大的成就是他们终于不再"假装自己在教学生"——他们现在连装都不装了②。由此看来,斯密在牛津大学求学的经历实在称不上愉快。

---

① 见[英]约翰·雷:《亚当·斯密传》第20页,商务印书馆,2014年。

② 见 Eamonn Butler: *Adam Smith at Oxford*. Adam Smith Institute. 英文原文为:"In the University of Oxford," wrote Smith, "the greater part of the public professors have, for these many years, given up altogether even the pretence of teaching."

亚当·斯密

英格兰·牛津大学食堂

♥ 妈妈，发小十年没见，牛津校友圈，AAA苏格兰幸福牛肉店

妈妈：多香啊，多吃点！
发小十年没见：这不顺丰一个给兄弟尝尝？
牛津校友圈：给苏格兰小弟开开眼😁
AAA苏格兰幸福牛肉店：牛津的牛吃啥长这么大？

从牛津离开后，斯密回到了苏格兰，开始了他作为大学教授的职业生涯。在斯密生活的年代，英语被视为“土话”，中上层阶级使用法语或拉丁语。但斯密在英国大学中担任教职时，开设了用英语授课的课程。因为他认为教育不该是少数阶级的特权，而英语这种“土话”作为教学语言更为普及，从而有机会将知识传播给更多的人①。斯密的授课笔记在当时的学校里也成为抢手的流通商品，其中一份流传至今。

多年之后，一位英国贵族为斯密开出了高昂的年薪，希望他辞去学校的教职担任贵族家孩子的家庭教师。于是斯密辞去教职来

① Court FE. Adam Smith and the Teaching of English Literature. History of Education Quarterly. 1985;25(3):325-340. doi:10.2307/368272.

到贵族家里教学。晚年时，斯密成了苏格兰海关官员，这是一份极其高薪的工作，一年的薪水相当于当时几百个农民的年收入，足以让斯密享受一个极为优渥的晚年生活。

斯密还留下了很多传闻逸事。因为沉迷思考，斯密曾经把黄油和面包当成茶叶放进茶壶里泡着喝，入口后才觉得味道不对。他还曾经大半夜穿着睡衣在街上溜达，一边走一边琢磨着不知什么事，直到小镇上的钟楼响起整点报时的钟声，他才突然被惊醒。参观制革厂时，斯密和朋友们走在工厂里，前一秒他还和身边的人热烈地说着话，下一秒人们都不知道他去了哪儿。人们左右张望，最后抬头又低头，才在地上晾皮革的水坑里发现了斯密，朋友们赶紧把他捞了上来①。这位经济学开山鼻祖亲身体验了一次做皮革的感觉。

关于斯密的长相，人们也是众说纷纭，普遍共识是斯密大概长相平平。斯密则笑言，只有在他写的书里，他才显得英俊一些②。后世的经济学家不知这些说法是真是假，试图寻找当年斯密留下的画像，因为那时并无相机。但一番搜寻后，人们失望地发现斯密留下的唯一一张画像是一张特别标准的侧脸。斯密的真实长相到底如何就成了一个谜团。

---

① Powell, J. (n. d.). *Brilliant but Absent – Minded Adam Smith*. The Foundation for Economic Education(FEE).

② 英文原文为"'I am a beau in nothing but my books,' was the way Adam Smith once described himself, proudly showing off his treasured library to a friend."见 Heilbroner, R. L. (2011). The worldly philosophers: The lives, times and ideas of the great economic thinkers. Simon and Schuster.

斯密一生未婚,一直与母亲住在一起。斯密母亲去世的六年后,1790 年,斯密因患病离开人世。2007 年,英国将斯密的侧脸画像印在了新版 20 英镑的纸币上。

2.2 破解供求的关键:观测市场信息

1.“小黄瓜悲剧”:如果我早知道……

“小黄瓜悲剧”发生的那一年冬天,小城中听得最多的一句话是“如果早知道……”

小城中有人早知道了吗?有的。

小城中有一家经营大棚温控设备的商户。早春时,店主发现光是他的店就卖出去了三千多套小黄瓜用的温控设备。他自然而然地得知了小城今年起码有三千多个大棚在种小黄瓜。从上游供货商那里补货时,他又听说周边好几个小城的农户也在种小黄瓜,他想补货得提前订,而且还不一定保证能拿到货。

知道了这些情况后,这名经营温控设备的商户做出了判断——今年的小黄瓜肯定是种多了。他立刻开始担心自家的老叔,因为这个老叔在开年时一口气承包了几十亩地,要种小黄瓜。

于是这个商户就去了老叔家里,劝说老叔把这几十亩地分开种不同的作物,比如种点大黄瓜、小番茄、西瓜、草莓等,总之别全种小黄瓜。他的老叔一开始不听,还觉得这个商户拦着他赚钱。但商户劝了好几次,老叔最终听了劝。那一年商户的老叔是小城里少有的没赔钱的农户,分出来种小番茄的大棚成功弥补了小黄瓜的损失。

这名商户能让他的老叔在“小黄瓜悲剧”中止损,正是因为他真的早知道了。

这就是破解“小黄瓜悲剧”的关键:市场信息。

2. 新知识！ 市场信息

市场信息是由市场发出来的各种提示,警示人们前方的市场到底是有盈利机会,还是需要谨慎避险。

我们前面提到的大棚温控设备的销量就是一个经典的早期市场信息。经销商能够根据这个信息估测出种小黄瓜的棚数,从而估测出将有多少小黄瓜一起成熟上市。当然,如果人们直接去各个村子里看看大棚,也可以得知这个信息。当人们发现一棚接一棚、一村接一村种的都是小黄瓜时,就是市场信息向人们亮起红灯,告诉人们要小心了。

市场信息如此重要,我们怎么才能获得需要的市场信息呢？答案很简单:主动搜集。

3. 主动搜集市场信息

主动搜集市场信息听着或许有点麻烦,但很多人其实天生就会做。

我所在的小城曾经有一家新汽车店开业,为了吸引客流,开业当天,这家店在门口摆了一个好几层的巨大蛋糕,只要客人进店,就可以免费领一块蛋糕。结果那天恰逢周五下午,附近有很多刚放学的小孩子和家长一起路过,领蛋糕的长队一下子排出去好几百米。

后面来的人根本不知道前面在干什么,看到排队就情不自禁地跟着排,场面好不热闹。

但也有那种想得多一点的小孩家长,他们又怕错过什么好事,又觉得这队伍未免太长了,不知道值不值得等。家长就先排在队尾,然后让小孩从人缝中钻过去看看前面到底在做什么。大约十分钟后,小孩顶着挤成鸡窝的头发出来,大声和家长说:“里面在排队领蛋糕!还剩十几块!”

这一下,后面排队的几百个人一哄而散。这个市场信息传出来,大家就明白投入时间排队是不值得的——因为等他们排到,蛋糕早就没了。

而那个让小孩钻进去打听消息的家长也很有趣,她大声地说了一句:“这么一大帮人,瞎排!”然后拉着小孩走了。对于前面那些不知道搜集市场信息就跟着排队的几百号人,这位家长显然非常替他们着急。

效仿这位家长,我们也可以用“过去看看”的方式主动搜集市场信息。

无论是大城市、小城市还是乡镇乡村,小卖部都是必不可少的。总有人走在路上需要买瓶水、买包纸或是买袋方便面。只要有人生活的地方就有小卖部。

假设你是一名手里有一些闲置资金的小小投资者,想在你家周围投资开一家小卖部。你也很理解经典的供求规律,知道如果周围小卖部太多了,每家生意都不会好做。但如果周围没什么竞争者,你的投资前景就很好。

为了评估在你家周围开小卖部的投资前景,你应该做的第一件事是什么呢？

当然就是出门转一圈，看看家门口有多少家小卖部。

你住的小区里有小卖部吗？开在哪里？小区外的街上有小卖部吗？又开在哪里？都看看。这叫“研判小卖部行业的市场供给侧”。

除了了解供给侧，需求侧的情况也得调查，因为市场价格受供需双方影响。现在可以在你家周围转第二圈，看看有多少小卖部行业的消费者。假如你生活在城市，你的小区的所有居民是一批消费者，马路对面的小区又是一批消费者。如果你居住在乡村，村里的每家每户和村头村尾路过的车辆人流就是消费者。如果你家门口有学校或者医院，消费者就会更多。

转完这两圈，你就收集到了足够的小卖部行业市场信息，对小卖部行业的供给侧和需求侧也有了初步了解。你也会发现小卖部往往开在小区门口、村中主道边、村中大队旁、学校门口或医院门口。因为这些地方的人流量更大。

交通也是分割小卖部“势力范围”的重要因素。在比较大的城市里，你家小区和你家马路对面的小区往往各有至少一个小卖部。因为每个小区里的人口密度都很高，人们买东西时也懒得过马路。但如果你生活在规模比较小的县城、乡镇、村落，可能会出现一个小卖部覆盖周围一大片区域的情况，多开一家都经营不下去。

转完这两圈后，依据你收集到的市场信息，你觉得在你家周围投资小卖部行业是一个好主意吗？

如果你真的出了门，进行了上面所说的小卖部市场信息调查，那你在增进了对市场信息的理解的同时,往往还会发现一个遗憾的事实——你家周围的小卖部行业已经达成了供求平衡,有大量客群的地方早已有了小卖部,没有小卖部的地方则没有足够的客群。作为一个准备加入市场的小小投资者,你家周围已经没有合适新开小卖部的地方了。

不用沮丧,本书并不是要让人人都开一家小卖部。重要的是,你可以利用这个转两圈的机会亲身体验市场信息的获取过程。当然,如果你在这个过程中真的发现了一处有着足够消费者群体,但还没有小卖部入驻的地方,或许真可以考虑进行一次小小的投资呢。

探索时间:画一画市场信息地图

实体商店的经营严重依赖于地理位置,做这类市场调查时,地图是必不可少的工具。

下面是一张我家周围的小卖部行业的市场调查地图它记录了我家周围小卖部的位置。你也可以自己制作一张地图,记录任何一种实体行业的调查情况。

2.3 真实又残酷的市场竞争：信息差带来的麻烦

1. 市场信息的潜在隐患：你知道的是真实吗

市场信息是宝贵的财富。它可以帮助生产者做出合适的市场决策，也可以帮助消费者找到最物美价廉的产品。

不过，依靠市场信息进行决策有一个很重要的前提：我们得知的信息必须是真实正确的。

如果无法保证市场信息是真实的，情况会变成什么样呢？答案是这个市场会“变坏”和“发酸”，像柠檬一样让人难以下咽。这种市场的名字就叫“柠檬市场”。

2. 新知识！ 柠檬市场

柠檬市场指的是由信息差造成的劣质市场。比如，“无法保证真实信息”的二手车市场就是一种柠檬市场。购买二手车时，人们很难确认一辆车到底行驶了多少千米，有过什么样的事故。因为行驶记录可以造假，车体也可以重新喷漆掩盖划痕。由于几乎不可能得知真实信息，人们购买二手车时普遍会给出较低的报价。

假设有一位好卖家，他的车行驶里程很短，车也保养得很好，他希望能把这辆车卖贵点。但由于他无法向别人证明这些信息是真的，也只能也按市场上的低价出售这辆高质量的二手车。由于卖不上价，好卖家最终会退出市场，市场上只剩下了隐瞒真实信息的坏卖家。

对于买家而言,现在市场上充斥着不可信的劣质二手车信息,买家的报价因此变得更低,好卖家更不愿意加入这样的市场。由此,买家和卖家形成了恶性循环,整体市场变得非常糟糕,交易的宗旨不是一分钱一分货,而会变成“钱也赚不到,货更不怎么样”。

正如吃新鲜柠檬时人们都会酸得龇牙咧嘴,买家和卖家看到这种市场也会露出这种表情。

3. 经典的柠檬市场:小城的中央空调

不只是二手车市场容易出现让人龇牙咧嘴的柠檬市场,全新的商品市场上也有柠檬市场出没。现在来看一个小城的柠檬市场吧。

大概二三十年前,小城出现了一次商业潮,各种店铺如雨后春笋般出现。小城的中央空调行业随之兴起,夜以继日为各家商铺安装中央空调。

中央空调是一种很特别的商品,装上以后会用很多年,没人会闲着没事换新的中央空调。所以中央空调的市场需求是非常固定的。面对有限的需求市场,供应商之间的价格竞争异常残酷。各家都在想办法压成本,抢市场份额。

这样竞争了一阵之后,中央空调的利润被压得非常微薄,几乎没有了降价空间。这时候有家“脑子灵活”的经销商想到了一个别出心裁的压价点——中央空调的施工队。

和普通家用空调不一样,中央空调的安装很麻烦。一台空调覆盖一整栋楼,水电布线和通风等都要提前设计好,在整栋楼装修之前整体安装进去。因为装起来这么麻烦,中央空调的经销商出售空调时,一定是连着施工服务一起打包销售的。

而这家“脑子灵活”的经销商打的就是施工队的主意——空调机器本身没有压价空间了,那装空调时用的建材、管线,乃至人工费能不能省一点点?

他想得很美好,也真是这么干的。这里的电线省一截,那里的管子用点便宜料,风道稍微做糙点,天花板封顶的时候买点便宜材料糊上,工人请点不专业的自家小辈。这么精打细算下来,这家经销商的卖价就比别家便宜了一些,顾客纷纷登门。

要知道,整个小城的商铺就那么多,一家商铺装完了中央空调,别家的经销商就切切实实地失去了一笔生意。渐渐地,有其他空调经销商开始效仿,也有实在昧不下良心的经销商被迫退出市场。一个春天过去,新开的商铺都用实惠的价格装好了中央空调,还在经营的空调经销商们个个盆满钵满。

然后就到了夏天,小城的夏天炎热又十分多雨。

那年夏天有很多商铺的装修出了问题,下雨时空调漏水严重。一开始商户以为是装修出了问题,人们找到装修队,生了气,吵了架,请了师傅来铺子里,把装修材料全都拆开。这一拆,连装修师傅带商户一起傻了眼。根本不是装修的问题,是中央空调的管道漏了水。夏天空调天天开,漏的水把装修材料慢慢泡坏了。一天天过去,直到小城夏季的暴雨如约而至,泡烂的建材就顶不住了。

我们学校也遭遇了这个问题。新盖的一座教学楼也是在那年春天装的中央空调,夏天下雨教室里全是水,投影仪和电脑短路了好几台。更糟糕的是,教学楼里的资料室也被泡了,很多老教师几十年的心血全成了一摊烂纸。老校长气得颤巍巍半天说不出话,只剩颤抖着手擦资料柜。

收拾完一片狼藉，空调还得重装。然而这时大家却发现，小城里只剩下这几家便宜没好货的无良经销商。不愿意在施工上克扣的良心经销商已经全部关门了。

二十多年前的小城中央空调市场，用经历过这件事的老生意人的话讲，“市场彻底做烂了。”①

小城的中央空调市场是一个典型的柠檬市场。卖方掌握着所有的信息，包括偷工减料的信息，但他们不会主动告诉买方。而买方自己能得知这些信息吗？

显然不能。中央空调在装修之前就得装进楼里，各种管线会被之后的装修挡住，买家是看不到的。就算装空调时在现场盯着看，买方也不一定看得懂施工队的操作，不一定分得清施工队用了什么材料，不知道管线设计是否合规。这一柠檬市场上，买方几乎不可能得到真实信息。这就造成了小城中央空调市场上的一片狼藉：买方吃过柠檬之后，再也不愿意买了。

探索时间：“劣币驱逐良币”与硬币锯齿边的诞生

如果你家里有早年的1分、2分和5分钱硬币，可以把它们找出来，摸摸硬币边缘。你会摸到一圈锯齿。

如果你没有这样的硬币，也可以出门去趟银行，用1元钱换一个新版的1元硬币。看看这枚硬币的正面，它有一圈凸边。

这些设计是为什么呢？

在遥远的古代，在硬币还是用金银铸成的时候，很多人都会把

① 这个有趣的案例是由天津强盛智云集团创始人兼董事长李响提供的，经过了一定的艺术加工。

过手的金币银币剪下一小圈边，再把缺边的金币银币按照原本的币值花出去，把剪下来的小边当作贵金属收藏起来。人们也会主动把没剪过边的完整金币银币收起来不花，因为这样的金币银币显然更值钱。

这样做的人多了，人们逐渐发现，市面上完整的金币银币越来越少，剪边的金币银币越来越多。最终，市场上只剩剪边的金币银币在流通，完整的金币银币却不见踪影。远在公元前400年的古希腊戏剧中就提过这样的情况："铸造精良的金币和银币，我们从不使用它们①。"

这个现象叫"劣币驱逐良币"，也是柠檬市场的经典案例。

现在再看看你手中的硬币，你能理解锯齿边和凸边的意义了吗？

硬币的锯齿边和凸边是一种非常明显的"信号提示"。给硬币加上锯齿和凸边之后，哪怕是再轻微的剪边，人们也能一眼看出来。这样人们就能当场拒收劣币，银行也能迅速发现劣币，及时回收。

---

① 见 *The Frogs. Translated into English Rhyming Ferse. by Aristophanes*; *Murray, Gilbert*, 1866-1957. (2008, February 1). Internet Archive.

锯齿边展示的信息透明而直观，硬币的市场就不再是柠檬市场了。

顺便，或许出乎你的意料，给硬币加锯齿边的方法是牛顿发明的（被苹果砸头的物理学家牛顿），是他在担任英国皇家铸币局总监时想出来的。

4. 柠檬市场的结局：买卖双输

消费者和厂家其实都不喜欢柠檬市场。消费者无法买到合格的产品，厂家看到柠檬市场上极低的交易价格，也会敬而远之。

至于小城的中央空调市场，厂家和消费者已经身处其中，他们该怎么应对呢？

学校的空调漏水，导致整座新盖的教学楼都得重新装修，空调也要重买重装。

问题是，小城这几家经销商全是偷工减料卖便宜货的，还要再找他们吗？要不请专业的装修师傅来盯着他们买装修材料，装空调的时候也盯着他们？

老校长拒绝了这个提议。他气鼓鼓地说："不行，咱们去别的小城买空调，请他们带他们的施工队过来安装，路费住宿吃喝咱们出！"

这是我们学校校长做出的决定。宁可远道去一百多里之外的其他小城买，也不在本地经销商这里再装了。好巧不巧，其他商户也都是这么想的。暴雨结束后，在雨中受灾的商户开始了热火朝天的装修。这次大家不约而同地找了外地经销商，请了外地施工队。而本地这几家经销商没生意。

而且这事传开了。新开张的商铺也不再找本地经销商装空调,都是远赴其他小城买。本地中央空调经销商的生意一落千丈,到第二年春天,有两家已经关门了。剩下几家则苦苦盼着夏天的到来,盼着能有人懒得折腾去外地买空调,而找到他们来装。

但愿望在第二年夏天结束时彻底落空了。商户们宁可去别的小城请人,也不愿再找本地经销商。

第三年春天,小城的中央空调行业倒下了。大部分经销商关了门,只剩两家平时主卖其他家电的商户捎带着做中央空调生意。问他们的中央空调卖得怎么样,他们也就笑笑。

“我们反正不是主卖这个的。咱们城里谁要是来买,我就上外地取货,请外地施工队来。”他们是这么说的。

小城二十余年前的中央空调市场最终形成了买方与卖方的双输。买方被迫花更多成本和精力去寻找优质商品,以次充好的卖方则彻底退出市场,一分钱也赚不到。这样的结果其实人们都不想看到。

每个柠檬市场都会这样一片狼藉吗?

倒也未必。造成柠檬市场的责任不只在于偷工减料的卖方,愿意贪便宜购买的消费者也要负责。但当消费者吃到柠檬得到教训后,他们就会想办法寻找优质商品,也愿意付出符合商品质量的价格。这时,真正踏踏实实生产商品的厂家的商机就出现了,柠檬市场就能迎来从“柠檬”走向正常的转机。

不过,这种扭转往往需要很长时间。要等到消费者愿意回到这个市场上消费,转机才会出现。小城的中央空调市场在名声做坏之后沉寂了好几年,才再次出现了一家专门售卖中央空调的经销商。

那是因为小城迎来了大规模拆迁，很多住在周围村子的人搬进了城里，新盖的楼盘和配套的新商户需要大批安装中央空调。这时终于有一个卖家电的商户重新做起了本地中央空调的生意。

但这次这个经销商选择了高价少卖的策略，也没打施工队的主意。用他的话说，终于等到这次东风，捧着护着还来不及，哪可能走歪门邪道呢。

探索时间：我们身边的柠檬市场

柠檬市场的情况在日常生活中也很常见。老实排队的人被插队的人挤到后面，最后人人都只能靠挤；使用劣质添加剂的餐馆比真材实料的餐馆便宜，最后市面上剩下了较多的使用劣质添加剂的餐馆；复制抄袭的文案和视频大量充斥网络，而坚持原创做内容的人却得不到收益，最终互联网被大量垃圾信息淹没。这些都是柠檬市场。

出现这种情况的市场有一些共同点：一是这类市场的准入门槛很低，以次充好的商品不需要付出太多成本就能进入市场；二是以次充好的商品难以识别，或者识别出来也不会受到处罚。

比如插队的人，他们不需要付出什么成本就能占据领先的位置。大多数排队的人抱着多一事不如少一事的心态不会谴责插队的人，觉得谴责也没用，那么插队行为就出现了。

复制抄袭内容的准入门槛也很低，只要掌握简单的复制粘贴操作就可以批量生产抄袭内容。如果监管也很薄弱，这种劣质内容就会大量侵占市场份额，挤占优质内容的生存空间，最终让优质内容退出市场。

现在来思考两个小问题：你家楼下的菜市场行业容易出现柠檬市场的情况吗？看不到店面的外卖行业容易出现柠檬市场的情况吗？

5. 八卦时间：柠檬市场与连拒三次的论文——诺贝尔奖经济学家乔治·阿克洛夫

有一句俗语叫“买的没有卖的精”，描述的是买卖双方的信息不对称现象。

在现代经济学中，“信息不对称”是一个很年轻的概念。1970 年，美国经济学家乔治·阿克洛夫发表了一篇名为《柠檬市场：质量不确定性和市场机制》的论文，提出了信息不对称的概念，距今大概 50 余年[①]。

为什么直到 1970 年经济学家才提出这个概念？

原因或许有些有趣：不是经济学家没想过，而是这个概念实在太常识了，常识到大部分经济学家觉得无足轻重。当然，如果能告诉他们正式提出这个概念的阿克洛夫会以此获得诺贝尔经济学奖，他们或许能早点开始研究它。2001 年，阿克洛夫以这篇柠檬市场的论文荣获诺贝尔经济学奖，正式成为诺奖大家庭的一员。

有趣的是，这篇论文正式发表之前，因为其概念“无足轻重”，阿克洛夫曾遭遇了学界内堪称惨烈的连续拒稿。经济学五大顶刊中的三家连续拒绝了他的这篇论文，第四家才接受。

---

① George, A. (1970). The market for lemons: Quality uncertainty and the market mechanism.

第一次拒信来自五大经济学顶刊之一《美国经济评论[①]》，这家期刊甚至没有按照惯例在拒信中附上审稿报告，只是由编辑解释了一句"期刊不发表这么无足轻重[②]的主题"。阿克洛夫立刻投了第二次稿，投给五大经济学顶刊之一《经济研究评论[③]》。这次的拒稿意见一模一样，还是"我们杂志不发表这么无足轻重的主题"。

阿克洛夫并不气馁，第三次投了稿，投稿期刊仍旧是五大经济学顶刊之一《政治经济学期刊[④]》。这一次的期刊社十分认真，他们一口气给阿克洛夫回复了两份审稿报告，严谨论证了阿克洛夫的"柠檬"为什么"不成立"。报告里说，如果这篇柠檬论文是对的，那么世界上就没有能卖出去的东西，经济学也不会是现在这个模样了[⑤]。读到这两份审稿意见的时候，阿克洛夫的心情或许不会比生啃柠檬好多少。

《左传》里说，一鼓作气，再而衰，三而竭。但抱着强烈的胜负欲和肚子里的三个柠檬和一篇论文，阿克洛夫又敲开了五大顶刊里第四家期刊的门——《经济学季刊[⑥]》，他们接受了阿克洛夫的"柠檬"。

突破桎梏，成功投稿论文，阿克洛夫开心地坐飞机去英国旅游了。从英国回来之后，他惊讶地发现这篇"无足轻重"的论文引起

① *The American Economic Review.*

② 英文原文是"such triviality"。

③ *The Review of Economic Studies.*

④ *Journal of Political Economy.*

⑤ 审稿意见的原文十分直白："If this paper was correct, then no goods could be traded (an exaggeration of the claims of the paper). Besides—and this was the killer—if this paper was correct, economics would be different."

⑥ *The Quarterly Journal of Economics.*

了学界热烈的讨论。自此,关于信息不对称的研究终于正式走上现代经济学的舞台,相关的论文和理论如雪片般纷呈涌现。阿克洛夫荣获诺奖后,他特意在介绍这篇论文时提到了惨烈的三连拒和最后一次接收①。此时此刻,阿克洛夫的胜负欲应该得到了极大的满足。

顺便,经济学的五大顶刊里,阿克洛夫没去投的是《计量经济学②》,这家期刊关注的是经济学中的数学方法和数学工具,基本不可能接收他的"柠檬"。

2.4 质量取胜:跳出柠檬市场的狼藉

时至今日,经济市场的形态远比亚当·斯密的时代复杂,充满迷雾,让人一时难以看清。

---

① 可以在诺贝尔奖的官方网站上找到阿克洛夫这篇介绍:*George A. Akerlof–Biographical*. NobelPrize. org(2002)。

② *Econometrica*.

但纵然市场被迷雾笼罩,市场之中每个人的行为规律是不变的——这个规律就是供求定律。

迷雾中也有一盏明灯为我们指引方向,告诉我们供求正在如何变化,保护我们在交易中不受损失。这盏明灯就是市场信息。

而在柠檬市场中,信息的意义更加重大——如果消费者不能得知正确信息,商家就有欺骗消费者的余地。打歪主意的商家多了,市场就会变成既找不到好货也没人愿意付钱的柠檬市场。

柠檬市场一旦出现,再想扭转局面就会变得很艰难。因为已经上过当的消费者不会反复吃柠檬。更何况今日的全国市场繁荣又充裕,物流快递四通八达,有无数商家等着用优质产品赢得消费者的青睐。消费者为什么非要抱着柠檬商家不放,而不去找那些踏踏实实生产优质商品的厂家呢?

想要在市场竞争中胜出,最好的选择是让商品质量配得上商品价格,通过质量取胜。

第3章 如何在竞争中脱颖而出

市场也是包容的，无论有多拥挤，它总会为人们留下座位。

3.1 禀赋：独属于你的先天优势

1. 加入市场，就加入了竞争

市场和竞争，这两个词好像天然就有联系。人们进入市场就避免不了竞争，胜者盆满钵满，败者黯然离场。

而在众多行业已经供过于求的这个时代，竞争似乎变得更加残酷，别人的产品比你的产品便宜，质量又比你的好，你真的还有生存空间吗？只要你愿意找，就一定有。

在经济学家看来，市场中的竞争不可避免，但从竞争中脱颖而出的方法同样很多。这里介绍其中一种方法，叫“利用禀赋”。

2. 新知识！ 禀赋

禀赋是指天生拥有的优势，也就是“人无我有，人有我更优”的东西。

以国家来举例，如果一个国家拥有一些独特的资源，这些资源就可以成为这个国家的禀赋，帮助这个国家获得大量财富。

- 如果一个国家拥有大量矿脉，这个国家的禀赋就是矿藏。像南非拥有钻石矿，沙特阿拉伯有石油，澳大利亚有铁矿，俄罗斯有大量的天然气。这些都是这几个国家天然拥有，而别的国家较为稀缺的禀赋。这几个国家也都靠出口这些矿藏资源获得了丰厚的收入。

- 如果一个国家毗邻大片海洋，这个国家的禀赋就是海洋资源。北欧的挪威，亚洲的日本，南美的厄瓜多尔都依靠出口海洋产品获得了大量财富。

- 如果一个国家拥有便宜又大量的人工劳动力，这个国家的禀赋就是人工。这个国家可以靠引进劳动密集型产业，再大量出口制成品获益。

我国的各个地区也都有独特的资源。山西有丰富的煤矿，内蒙古有草原畜牧业，江西山区有橘子，青藏高原有举世闻名的旅游景色，这些禀赋都可以给这些地区带来财富。

我生活的小城近几年也发现了一种特殊的自然资源禀赋，就是灵芝提过的富含微量元素的土壤。得益于这种特殊的土壤，小城的作物和当地的鸡蛋都十分有营养，能卖到很高的价格。可以预见，未来几十年里，小城可以靠着这种特殊的禀赋发展得越来越好。

3. 个人禀赋：找找你的闪光点

个人也会拥有属于自己的禀赋。

我们常说的“龙生龙，凤生凤，老鼠的儿子会打洞”描述了一种先天禀赋——人们比较容易掌握父母辈拥有的技能。灵芝家从姥姥那一代开始养鸡，灵芝的妈妈和灵芝就都是养鸡好手。李皮特的爸爸开着一家零件工厂，李皮特虽然学习成绩不佳，但他能敲敲打打做点小东西，而且做得结实又精致。

“父业子承”也是一种先天禀赋。父母辈在一个行业深耕已久后，这个行业相关的经验、技能，还有从父母辈那里延续下来的客户关系、开发的市场等都是子代可以继承的禀赋。依靠这些禀赋，孩子做起同样的行业会更轻车熟路。

个体的自然优势也是一种先天禀赋。人们看到长得高的小孩往往会说一句“适合打篮球”，这既是一句客套话，也是一种对先天禀赋的描述。

现在，轮到你来找一找自己的禀赋了。想想你有什么过人之处？它们就是你的禀赋。

不过，有些人可以很快地找到自己的过人之处，但有些人会陷入“看自己哪里都不好”的低迷状态。别担心，如果你不擅长发现自己的优点，不妨叫上你的好朋友一起坐下来，玩儿一个问答游戏：

闪光点问答
1. 说出对方的三个性格优点
2. 说出对方身上你最喜欢的地方
3. 说出你觉得对方擅长什么

续上表

闪光点问答
4. 说出你还认为对方会擅长什么他/她自己没想过的事
5. 说出你认为对方能成功的行业领域，给他/她解释一下为什么

填高考志愿的时候，李皮特灰心丧气，自觉什么都不擅长。所以他和灵芝一起做了这个问答游戏。灵芝的回答让李皮特十分意外。

闪光点问答
1. 对方的三个性格优点
脾气好 高兴和不高兴都写在脸上，很直率 情绪调节特别迅速，不高兴时踢个球跑个步就立刻高兴了
2. 对方身上你最喜欢的地方
李皮特个子高，掰玉米很轻松，还能抓到飞到屋顶上的鸡
3. 你觉得对方擅长什么
李皮特擅长做手工活，以前鸡舍的温控件有一个支架坏了，李皮特只花了一会儿就看明白了怎么坏的，然后用铁片敲了一个更结实的，而且形状还很好看！小母鸡都喜欢
4. 你还认为对方会擅长什么他/她自己没想过的事
李皮特应该能当拔河运动员，因为他手劲儿很大
5. 你认为对方能成功的行业领域，给他/她解释一下为什么
我觉得李皮特适合做工程师，造那种特别大个的大机器。因为他劲儿大，能拧动很大的扳手

听完灵芝的答案,李皮特摸着后脑勺嘿嘿笑。这些回答里有好几个都是李皮特从来没想过,或者完全没当回事的事情。但在另一个人看来,这些都是厉害的优点。

如果你不太擅长发现自己的禀赋,就和你的朋友互相回答一下这些问题吧。没准你们能找到自己从没想过的闪光点,然后开辟一条人生的新道路呢。

4. 化常见为不常见:细分禀赋开辟的市场

禀赋会为你开辟一片独有的市场,不过也有这样的情况:某种禀赋很常见,很多人都有。你能行,我也能行。这时候该怎么办呢?

不妨试试这个方法——从常见的禀赋中找到其不常见之处。也就是说,发掘更细分的禀赋,开发更细分的市场。让我们一起来看看灵芝是怎么做的吧。

超大规模养鸡场加入小城的鸡蛋竞争后,灵芝的旧鸡舍被迫关门。在相同的禀赋赛道上,灵芝的后院小鸡舍实在竞争不过现代化的大鸡场,她只能改种玉米。

但灵芝心里从未放下她卖掉的那群小母鸡。在玉米地里除蚂蚱时，灵芝经常停下手里的活，看看远处超大规模养鸡场的巨大鸡舍。看久了，灵芝突然觉得，自家的小母鸡未必没有竞争力。

“他们的养鸡场很大，养法也科学健康，但他们的鸡终归得吃点饲料。就算饲料也是天然无公害的，但肯定还有人喜欢买那种吃活虫的母鸡下的蛋吧？比如……比如我家的小母鸡，她们可以在露天的玉米田里扑腾，吃田里的活蚂蚱。这种鸡蛋兴许有人喜欢呢？”

灵芝这么想了，然后就真的这么做了。她在家里的玉米地里支起了一张巨大的围网，围住整片玉米田。然后她把之前自留的最后几只小母鸡抱起来，往玉米田里一放。

这下，玉米田里的蚂蚱倒是再也不用灵芝操心了，只是她照料这几只小母鸡时，得在田里到处翻找。好在灵芝是第一次种玉米，不敢密植，照顾母鸡还算容易。几天之后，小母鸡适应了田里的生活，开始陆陆续续地下蛋。灵芝就捡了这些蛋，拎着篮子来到小城的集市上，有几个蛋就卖几个。她的蛋卖得比超大规模养鸡场的要贵,且不降价。

“每天爬好几遍山头找鸡,攒出这么点蛋,这辛苦钱我非挣不可。要是贵了卖不掉,我就自己吃。”灵芝说。

意外或者不意外,灵芝的鸡蛋卖得非常好。每次来到集市上,她只要拎着篮子站一会儿,蛋就能卖空。去的次数多了,还有人专门和她预订。灵芝由此知道这种鸡蛋是有市场的,她成功地在养鸡这个领域中找到了属于自己的更细分的禀赋。

而灵芝也为自己定下了一个新的目标——她打算攒一攒钱,多买几块地,然后把小母鸡接回来放进田里,开辟一片独属于她自己的“玉米—养鸡生态立体农田”。

在当今的消费品市场上,细分领域的产品十分常见。

洗发水市场就是一个典型的例子。站在超市货架前,你能看到各种具有独特功能的洗发水,比如去油洗发水、油亮洗发水、修复干枯发质洗发水、修复发黄发质洗发水、防脱洗发水、多发量洗发水等。这是一种通过细分市场占有特定消费者群体的策略。

如果你恰好有一份看起来很多人都有的禀赋,也可以再细细挖掘一下,找一个更细分的领域深耕下去,或许你会收获一个属于自己的细分市场。

3.2 主动挖掘的比较优势:必定存在的市场空间

1. 你一定能找到的那份市场,它在何处

先天的独特优势,并非谁都有。这个问题在国家之间体现得特别明显。譬如有些国家因为地理位置或其他条件所限,就找不到太

好的独特优势。更甚者,世界上总有那么几个国力特别强的国家,他们能生产这个世界上大部分的东西,而且他们的生产效率、产量、质量都更好,连细分市场也被他们全包了。

这时该怎么办呢?针对这种情况,经济学家提出了一个方法,叫"比较优势"。依据比较优势的策略,你总能找到属于自己的市场空间。是的,总能,这个方法就是这么稳妥。

2. 新知识! 比较优势

比较优势是什么呢?

如果一个国家或者一个人拥有一种全方位领先的禀赋,在这个领域无人能及,经济学家就把这种领先称为"绝对优势"。

但如果一个国家或者一个人没有什么绝对的优势,但在某种特定情况下能领先,这就叫"比较优势"。

小城的夜市上,有两家炸豆腐摊开在一起,两家都同时卖炸臭豆腐和炸脆皮豆腐。其中一家摊位天天排队,另一家则较为冷清。但这两家炸豆腐摊常年都开着,冷清的那家也没见倒闭。

我很在意这件事,于是在两家豆腐摊都反复买了几次,想尝尝这其中到底有什么奥秘。吃了几次之后我发现,天天排队的那家豆腐摊,它的炸脆皮豆腐和炸臭豆腐都很好吃。而生意冷清的这家,它的炸脆皮豆腐比较普通,但炸臭豆腐处于一个微妙的地位:比那家呢?好像稍微差点;但是好吃吗?其实也挺好吃的。

这就造成了一个微妙的局面——有些想吃臭豆腐但又懒得排队的人,会去选择生意较为冷清的摊位。这些人带来的收入就足以让这个摊位维持下去。

这就是比较优势的策略:从对手的“忙不过来”中找到一席之地。

3. 比较优势的用法

比较优势的概念非常有趣,它帮我们打开了一个新思路——虽然一个人可能每件事都不如竞争对手做得好,但竞争对手受条件所限,也未必能把每件事都做得面面俱到。

这样,人们就能从对手“不太面面俱到”的领域里找到自己的生存空间。

几十年前,我生活的小城也是依靠比较优势发展起来的。我们一起来看看这段历史吧。

在几十年前小城的早期建设中,小城面临的就是“怎么都找不到自己的独特优势”的情况。

小城能出口特产吗?曾经可以。小城背靠山脉,山脚有几百年前挖得七七八八的银矿。但矿脉绵延一大片,周围几个小城地下同样也有银矿,而且他们的矿还没挖过。小城在出口银矿方面没有绝对优势。

小城能种田吗?也能。但小城的耕地很分散,还有很多是山上的梯田,没法进行机械化作业,种田的人工成本极高。周围的几个小城则不一样,他们地处平原,耕地平坦又连片,非常适合大规模机械化作业,产量又多又便宜。在种田方面,小城也没有绝对优势。

那小城能发展工业吗?也行。几十年前的小城纵然十分穷困,上过学的人也没几个,但简单的纺织业是完全做得来的。买一批缝纫机,让小城这些勤劳又能干的人们做了衣服拿去卖,完全没问题。

可是，周围的几座小城同样也能买缝纫机做纺织品。而且因为他们先天禀赋好，积累的财富多，他们还能买得起更好的缝纫机，用上更好的布匹，做出更优质的衣服。在纺织业这方面，小城也没有绝对优势。

在这么不利的情况下，几十年前的小城到底是怎么发展起来的呢？经济学家为小城开出的药方正是寻找“比较优势”。

对于周围的几个小城来说，虽然他们既可以挖矿，又可以种田，还可以发展纺织业，但他们在矿业和农业方面的先天禀赋更好，生产矿产和农产品的利润比发展纺织业要高。所以，他们最有效率的做法是把人力物力全部投入挖矿和种田，然后买别人生产的衣服来穿。

而这时，纺织业就自然而然地成为这几座小城留下的空白领域，也就是我们小城可以抓住的比较优势。

接下来的几十年里，小城正是抓住了这片空白市场，靠纺织业养活了自己，用踩缝纫机做出的衣服换回了粮食和发展工业需要的矿产，走向了今天的繁荣①。

本质上，比较优势是一种合作生产。有人可能同时擅长好几种工作，但这几种工作收益不同，而只做某一项工作是获利最大的。这样，这个人最有效率的选择就是只做这种工作，其余事情留给别人去做。

---

① 小城的故事超越了传统的比较优势理论，它阐述的是在比较优势理论基础上发展起来的赫克歇尔-俄林理论（H-O 理论）。这项理论强调国家和地区的资源要素禀赋，认为不同的国家或者地区可以从自身的资源中找到比较优势，从而进行分工生产。本书旨在介绍比较优势的思考方式，不对这项理论作深入探讨，基于严谨性的考虑在此注明。

而对于也能做这几种工作,但都做得不太好的人而言,最有效率的选择就是放弃那项收益最好的工作,转而去做剩下的工作。这是因为这个人本来也无法在最好的工作中抢到市场,因为最擅长的那个人正在全身心地投入其中。避开竞争转而去做剩下的工作,反而能得到更大的生存空间。

探索时间：找找你的比较优势

人们一起做很多事情的时候,比较优势就会出现。

李皮特去灵芝家帮忙秋收时,面临一个很严重的挑战。收玉米和抓小母鸡这两件事李皮特都不擅长。如果开拖拉机收玉米,李皮特不熟悉灵芝家的地形,要一整天才能把所有玉米全收完。抓小母鸡则更是头疼,因为灵芝家的小母鸡不认识李皮特,看到他就会到处乱跑,李皮特要整整三天才能把所有的鸡抓到。

但灵芝做这两件事都很快。她只要半天就可以收完所有的玉米,也只需要一整天就能抓到所有小母鸡。

在李皮特不具备任何“绝对优势”的情况下,灵芝做出了一个果断的决定——为了抓住秋收抢收的最后一天的天气窗口,这一天里,灵芝就只抓小母鸡,李皮特则去做自己相对优势的工作——开拖拉机收玉米。这样,两份工作就能在一天同时干完。

忙碌一天之后,两人成功把所有的玉米都收完了,所有的小母鸡也都抓到送回窝里了。而天气恰好由晴转阴,夜里下起了大雨。晚上顶着阴沉的天气,灵芝和李皮特来到小城里的一家餐馆,美美地吃了一顿铁锅炖大鹅,庆祝抢收成功。

灵芝和李皮特的秋收组合是利用比较优势的典范。你和你的

朋友也可以体验一下比较优势带来的效率。

一起做家务就是一次很好的尝试。或许你们之中一个人对家务很擅长,洗碗扫地收拾屋子都做得很快。另一个人虽然也能做这些,但样样都慢一点。这时,你们就可以让这个什么都擅长的人去做家务中最具绝对优势的部分,另一个人承担剩下的部分。之后你们会发现,家务很快就能做完,最终效果也不错。

除了合作家务,小组作业和组队参加体育活动也是体验比较优势的好方法。你还可以自己计划一些能利用比较优势进行的合作。现在就叫上朋友一起试试吧。

4. 八卦时间:经济学家中的金钱赢家——大卫·李嘉图

了解了比较优势之后,你或许会发现这种思考方式非常独特。它有点绕弯,但又十分令人信服。那么,是谁提出了这么有趣的绕弯思考方式呢?

大卫·李嘉图,他是继亚当·斯密之后第二位最有影响力的古典经济学家。他提出了比较优势的理论。

1772年,李嘉图生于伦敦,父亲是股票经纪人。这个家庭条件优渥,人丁兴旺,李嘉图是十七个孩子中第三个存活的孩子。他后来也育有八个孩子。与李嘉图往来密切的朋友个个大名鼎鼎,包括著名的思想家穆勒、边沁,还有主张"人口增长会超过食物供给,而瘟疫、饥荒和战争是积极的人口控制措施"的马尔萨斯①。但看到李嘉图的孩子数量时,马尔萨斯或许会保留个人意见。

27岁时,李嘉图读了亚当·斯密的《国富论》,从此对经济学产生了浓厚的兴趣。37岁时,李嘉图的第一本关于经济学的小册子《金块的高价》出版,呼吁英格兰银行减少发行纸币,多制造些实实在在的金子。这个观点被英国议会采纳,之后英国就设立了金价委员会。1823年,李嘉图因坏血病感染去世。

李嘉图最为瞩目的成就之一是他的著作《政治经济学及赋税原理》,比较优势理论就是在这本书中提出的。李嘉图还在书中讨论了古典经济学几乎全部的内容,包括劳动价值论、自由贸易思想和分配理论。后世经济学家认为,李嘉图这本书完结了古典经济学。

除了令人瞩目的学术成果,李嘉图还有一项令其他经济学家羡慕不已的辉煌成就——他是一位真正在市场上赚到了大钱的经济学家。

14岁起,李嘉图就开始跟着做股票交易员的父亲炒股。21岁

---

① 关于马尔萨斯的人口观点,可以阅读马尔萨斯的名作《人口论》。本书此处内容引自哈里·兰德雷斯(Harry Landreth)和大卫·C. 柯南德尔(David C. Colander)所著《经济思想史》中关于马尔萨斯的介绍,周文译,人民邮电出版社2011年版。

时,李嘉图带着 800 英镑与未婚妻私奔,从此和家里断绝了往来。但李嘉图靠着购买国债赚得盆满钵满,刚到不惑之年就光荣退休,坐拥几百万英镑资产开始享受快乐生活。几年后,他又买了一个英国议会的议员席位,名利权三收。据说在李嘉图去世时,他的资产达到了 700 万英镑,相当于今日的 28 亿英镑①。李嘉图堪称是经济学家中罕见的金钱赢家。

必须强调的是,金钱赢家可真不是随随便便一个经济学家就能做到的。

像著名经济学家欧文·费雪,他一辈子研究金钱,提出了货币流通方程式,还设计了价格指数用来预测经济趋势。他还是美国一家著名信托公司的投资顾问。1929 年的大萧条中,费雪面对股价暴跌,果断加大杠杆,重仓追加投资,实在没有钱加仓时就把妻子和妻妹的钱都借过来接着加仓。费雪买的股票也非常"争气",股价从 58 美元跌到 28 美元,在费雪借钱加仓之后更是一路跌到 1 美元。费雪如愿以偿地把自己的 1 000 万美元资产变成了负 100 万美元债务,连住的房子都赔没了。费雪供职的耶鲁大学实在看不下去,主动把费雪的房子买了下来再租给他,他才不至于露宿街头②。

另一位大名鼎鼎的经济学家凯恩斯,他靠着炒汇和投资期货获利颇多。但他初出茅庐的第一笔外汇投资也是输得精光,他的资产带着亲朋好友交给他操盘的钱一起全赔了。最后是由凯恩斯的父

---

① Zweig, J. (2017, March 26). *ECONOMIST DAVID RICARDO—ONE OF THE MOST SUCCESSFUL QUANTS IN HISTORY*. Jason Zweig.

② 见 Vogt, A., & Barta, J. (1997). About Irving Fisher. 及 Armstrong, K. (n. d.). *Fisher, Irving* (1867—1947). Carleton University. 及张月:《费雪的杠杆》,中国证券报 2024 年 6 月。

母出钱，才填上亏损。多年之后美国遭遇1929经济大危机时，凯恩斯的外汇投资又全蒸发了。但凯恩斯并不觉得挫败，反而越战越勇。十年之后的二战中，他对美国股市产生了信心，断定此次股市必定猛涨。凯恩斯就将大笔钱投入股票，并且信心满满地加了杠杆。故事的结果你或许已经猜到了，这钱投了没到一年，又腰斩了大半[①]。

再来看看诺贝尔经济学奖得主们“令人瞩目”的投资战绩：

米尔顿·弗里德曼是1976年的诺贝尔经济学奖得主，他曾和芝加哥大学经济学系的同事们一起投资债券。弗里德曼信誓旦旦地认为债券利率会降到6%，于是投资做空，也就是花钱赌债券会跌。没几天后债券利率飙升至10%，弗里德曼和他的同事们一起赔得精光[②]。

迈伦·斯科尔斯(Myron Scholes)和罗伯特·莫顿(Robert C. Merton)是1997年的诺贝尔经济学奖得主。一年后，他们创立的长期资产管理公司(LTCM)在4个月内血亏46亿美元。之后有14家银行一起凑了36.5亿美元援助他们，但接受援助之后的两年，公司正式进入破产清算，在2000年迅速解散[③]。

克里斯托弗·皮萨里德斯(Christopher Pissarides)是2010年的诺贝尔经济学奖得主，他把诺奖奖金分开存进了两个银行账户。据

---

① 罗伯特·斯基德尔斯基(Robert Skidelsky)著，相兰欣、储英译：《凯恩斯传》，三联书店2015年版。

② 此事被《纽约时报》刊登，标题名为“如果经济学家真这么聪明，为什么他们没发财？”(*If Economists Are So Smart, Why Ain't They Rich?*)

③ 美国亚利桑那州立大学的经济学家Stephen Slivinski撰写了一篇名为“联合在一起就不会倒闭了吗？(*Too Interconnected to Fail?*)”的短文，介绍了14家银行如何成立了联合救助小组和它们如何救助失败的。

皮萨里德斯称,存在他祖国塞浦路斯银行里的那部分奖金在 2013 年塞浦路斯银行危机中惨遭“剃头”,而存在另一个常用账户中的钱则是“不知怎么着反正就花没了”①。

怎么样,看到了这些经济学家的“辉煌”投资成果,你就知道李嘉图真的是经济学家之中罕见的金钱赢家了。而他的投资秘诀,就是不停做短线,股票上行的时候就迅速买入,股票出现下降的趋势时就迅速卖掉。

怎么样,你学会了吗?没学会也没关系,毕竟就连众多的经济学家也没学会。但谁能断定未来不会出现第二个既在学术界成功又在金融市场上成功的“李嘉图”呢?没准儿就是正在读本书的你,也不一定。

---

① 此事也被《纽约时报》刊登,标题名为“诺奖经济学家的 100 万奖金就这样飞走了。”(*Nobel Prize winning economist ‘Fizzledaway’ his $1 million prize.*)

3.3 不宜交换的资源：你的核心竞争力

1. 比较优势不妙的一面

禀赋和比较优势的发展理念鼓励我们一心一意地深耕某些领域，放弃另一些不擅长的领域，然后用深耕领域获得的成功去换取放弃的东西。

但这种发展理念也有一个致命缺陷。如果没有意识到这个缺陷，个人发展可能会遇到阻碍，乃至一个国家都可能遭受重大损失。原因是这种理念深深地依赖于互相交换，但交换是有风险的。

2. 自由交换的风险

禀赋和比较优势的发展理念，本质上是一种资源交换。

如果一个国家持有大量矿产作为先天禀赋，它可以只靠出口矿产赚钱，同时放弃粮食、衣服、汽车，工业生产线等。想要这些物资的话，卖了矿产花钱买就可以了。

而没有矿产的国家也不必把国内掘地三尺，地皮挖薄。他们也可以放弃寻找矿产，专心生产自己能生产的东西，需要用矿产直接进口即可。他们恰好可以和上面那个国家互通有无。

历史上就曾有很长一段时间，欧洲国家尤其是英国非常推崇让各个国家专注生产本国擅长生产的产品，然后进行自由贸易，互通有无。这样欧洲整体的生产效率更高，欧洲各国也能一起变得繁荣。

但在21世纪的今天，打开各国政府的海关网站查询贸易政策，我们会发现世界各国,包括欧洲的海关都在收取关税,每个国家都会列出一长串的限制进出口货品清单。有些国家还会特地设置特殊的自由贸易壁垒,比如用政策限制某些产品的进出口,甚至专门针对某些国家的某些产品进行进出口限制。

为什么各国最近都不愿意进行完全的自由贸易,不愿意完全自由地互通有无了呢?

原因是,开放自由贸易会带来倾销,能让外国的优势产业轻易进入本国,压垮本国的同类产业,最终导致本国产业衰退乃至彻底消失,相关从业者大量失业。我们一起来看看印度纺织业的故事吧。

英国工业革命发生后,英国纺织业一举来到世界领先的地位,物美价廉又极其大量的纺织品从英国大量出口到世界各国。彼时作为英国殖民地的印度也成为英国纺织品的倾销地,仅从 1818 年到 1836 年的不到 20 年中,英国倾销至印度的棉纱量就暴涨了 5 200 倍。印度历史悠久的棉纺织业被彻底压垮了。

遭遇英国倾销期间,大量印度本土棉纺织工人失业陷入贫困,印度当时的纺织名城达卡(Dhaka,今日孟加拉国首都)的人口从 15 万人锐减至 3 万人。马克思在《资本论》中提及此事时,说“棉织工人的白骨把印度平原都漂白了”①。

时至今日,印度仍旧是一个对倾销政策极其敏感的国家。自 1995 年 1 月印度修订《反倾销法》到 2019 年为止,印度一共发起过 972 次反倾销调查,次数位居全球第一②。

---

① 见郭卫东《印度棉花:鸦片战争之前外域原料的规模化入华》,近代史研究,2014,(05):72-85+161 页。

② 数据来自新华社瞭望智库。

开放自由贸易可能引发产业衰退甚至消失，而一整个产业消失后，想再重建是非常困难的。工厂、机器已经弃置多年无法使用，相关的技术、知识、行业规范已经被人忘却，相关的市场早已被别人占领，重建就是彻彻底底的从零开始，其艰辛可想而知。这个过程或许要花费几十年乃至上百年，甚至再也等不到机会了。

但禀赋与比较优势的发展理念严重依赖于自由贸易。万一自由贸易真的引发了产业消亡，情况可就有些不妙了。

3. 无法交换的事情："卡脖子"的核心技术

自由贸易的另一个风险是，真实世界中从来都不存在完全的自由贸易，总有产品是想买也买不到的。

假设一个国家想购买世界上最好的飞机、舰艇和火炮，但别的国家往往是不愿意把最好的产品拿出来卖的。毕竟这种产品太特殊了，万一你买回来打我怎么办。

不只是有些特殊商品不好买，普通商品买不到也会很麻烦。假设一个国家的粮食不能自给自足，需要常年从国外进口大量粮食才能让全国吃饱,那么一旦出现别人不卖的情况——比如主要产粮国突然遭遇了反常气候,或者发生了战乱,或者人家就是突然不想卖了,那该怎么办呢?

对石油需求量极大的美国就曾在20世纪70年代遇到了类似的问题。1973年10月,美国决定向以色列提供22亿美元的战争援助①,阿拉伯石油输出国组织(OAPEC)随即宣布对美国实施石油禁运。而后美国一下爆发了长达数年的经济危机。

这就是自由贸易的另一个症结所在——如果你对贸易伙伴的依赖度太高,一旦贸易伙伴拒绝和你贸易,你就立刻什么都买不到,甚至过不下去日子了。

4. 新知识! 幼稚工业保护论

自由贸易有如此糟糕的弊端,所以在现实世界中,各国政府更多参照的是一项与自由贸易思潮相悖的经济学思潮,它的名字叫“幼稚工业保护论”。

幼稚工业保护论认为,一国政府需要保护自己国内那些薄弱的产业,要在它们发展壮大之前用各种政策予以支持,防止外国的同类产业进入本国对它们造成冲击。这就如同为刚破土的嫩芽一边施肥一边建起护墙,保护它们茁壮成长,也防止它们被外面的不测风雨冲垮。

当今世界上,想要发展本国产业的国家都或多或少地采用过幼稚工业保护论的思想,包括德国、美国和日本。这些政策具体包括

① 见储永正:《美国对以色列军援政策的变化及其成因》,西亚非洲,2011,(09):78-91页。

给本国工业免税、提供出口补贴、给外国进口商品加税和直接禁止进口的措施。在这样的政策保护下，这几个国家的本土工业先后发展壮大，它们也陆续成了世界上的工业强国。

我国也实行过类似的政策，譬如对进口汽车加征较高关税，同时给本国车企尤其是新能源车企予以补贴。在这项政策的支持下，国内的新能源车企如比亚迪已经发展成了全球领先的新能源汽车和电池制造商。2023 年，比亚迪的新能源汽车进入了 70 多个海外国家和地区的市场，一年的新车销量达到 300 万辆，净利润达 300 亿元①。

5. 市场立足的抉择：合作还是单干

在个人发展中，幼稚工业保护论的理念也能保护我们自己不受损失。一起看看如何做吧。

如果你是一名创业者，打算利用比较优势在一个行业中找到立

① 数据摘自比亚迪股份有限公司 2023 年年报。

足空间，最终做大做强，你要注意点什么呢？

参照幼稚工业保护论的提醒，你得注意：有些事必须得亲力亲为。哪怕自己做得不好，别人能做得更好，你也得坚持自己做。

来看看李皮特的爸爸曾经面对的情况吧。

李皮特爸爸经营的零件厂曾经发生过这么一件事。一家外企找到他们，向他们推销一种进口机床。这种机床加工出来的零件强度很高，远胜厂里现在用的国产机床加工出来的零件。引进这种进口机床的话，工厂绝对能提高产值。

但李皮特的爸爸陷入了纠结。现在用的国产机床有缺陷，李皮特爸爸是知道的。他也在让厂里的老师傅想办法。老师傅们多年前就成立了一个小小的实验房试着攻克这个问题，但一直没有突破。现在，外企把解决方案送上了门，要价也合理，所以厂里要不要引入这种进口机床呢？

经过一个不眠之夜，一口气抽掉了十多根烟的李皮特爸爸最终还是决定，算了。

很久之后，我问李皮特爸爸当时是怎么想的，李皮特爸爸就告

诉我,他有他的考虑。

“机床和别的不一样,这是我工厂最核心的部分,我得从里到外都弄清楚才敢用。可这个外国机床跟咱自己用的技术差别太大了,我这几个老师傅虽然能学明白用法,但实在不知道怎么维护。要是机床出了毛病,还得请厂家一整个外国团队坐飞机过来修。万一厂家有点什么事过不来,我这工厂不就直接歇了?

“而且吧,要是用了它,我这几个师傅花这十几年积累的经验算什么?他们心里怎么想?要是人家一赌气撂挑子回乡下种地去了,然后这进口机床又出点问题不能用,我是挨家挨户上门拜访请人回来吗?人家乐意让我进门吗?就算乐意,手艺放下了还能重新捡起来吗?这都说不好。所以这个进口机床虽然是好东西,但我不能买。”

李皮特的爸爸是这样考虑的,不过他看着先进的进口机床也有些不舍。说明书上的外文字他看不懂,他就拍了几张照片,回家拿给李皮特看。

“皮特呀,我不知道这是什么外语,但你能上大学,脑子起码比你爹好使一点。你就学学这个语言。等你学会了,爸爸就送你到这个国家去,你去看看他们这个机床怎么用。你把它里里外外都弄明白了,咱们自己学着也造一个。”李皮特的爸爸说。

李皮特爸爸的思路正是一种幼稚工业保护论的思路。进口机床确实好,但对于他的零件厂来说,机床技术实在太关键了,用了进口机床就意味着放弃原有的核心技术,把核心竞争力交到别人手里。李皮特的爸爸认为无论如何都不能这么做。

你从事的工作中有没有这种十分核心、必须由自己来完成的部分呢?如果有,那么从幼稚工业保护论的思路来看,你一定得好好保护着这部分发展下去,直到这部分成长起来,独当一面才行。

6. 八卦时间:幼稚工业保护论与颠沛流离的经济学家——弗里德里希·李斯特

有很多经济学家支持幼稚工业保护论的思想,其中最著名的一位莫过于德裔美籍经济学家弗里德里希·李斯特。

幼稚工业保护论是一项与自由贸易主义针锋相对的思潮,它们都是在 19 世纪早期英国完成工业革命之后出现的。彼时英国已经完成了工业革命,正在大量向欧洲各国出口纺织品,自由贸易思潮也伴随英国的纺织品出口风靡了整个欧洲大陆,生于这一时代的李斯特和他的工业保护主义在其中显得格格不入。

弗里德里希·李斯特,1789 年生于符腾堡公国[①](今日位于德国西南部)。他的一生十分坎坷。

李斯特自幼在家乡镇上的拉丁学校接受教育,父亲是一位很有钱的制革厂厂主。李斯特不愿继承父亲的制革厂工作,选择进入仕途,不到 30 岁时就晋升到副部级。但由于积极倡导官僚制度改革,李斯特不久之后就被逐出议会,并被判处 10 个月监禁和苦役。

此后李斯特流亡至法国,又从法国到了美国。在美国时,李斯特做过农场主和德语报纸编辑,他幸运地在自家的农场上发现了煤矿,从此生活有所改善。1827 年,李斯特发表了《美国政治经济学纲要》(*Outlines of American Political Economy*),阐述了幼稚工业保护论的观点。文章发表五年之后,43 岁的李斯特回到德国,以美籍身份担任美国驻德国莱比锡使馆领事。

① 德语 Württemberg。

历经多年漂泊后，李斯特终于返回祖国。他热烈地倡导德国的改革运动；极力支持德国取消国内各区域之间的关税，加强国内各区域统一；极力推动德国国内的铁路建设，起草了德国国家铁路网的提案，并且提出建设德国国内第一条大铁路线——莱比锡—德累斯顿铁路线。但在1837年，李斯特在美国的矿场遭遇金融问题破产，他的生活再一次陷入困境，德意志共和国也持续对他进行长期监视。李斯特被迫再度流亡法国。

二次来到法国的李斯特已是知天命之年。其间，法国和俄国都向李斯特抛出过橄榄枝，邀请他在其政府中担任要职，但李斯特均拒绝了。他只是靠着给报社撰稿的稿酬谋生。法国的《莱茵报》曾邀请李斯特担任主编，李斯特因身体原因还是拒绝了，接替这个职位的是卡尔·马克思。

1841年，李斯特一生中最为重要的著作《政治经济学的国民体系》出版，在所有德国经济学家著作中被翻译出版的次数位居第二名，第一名是马克思的《资本论》①。《政治经济学的国民体系》首次出版后，三个月内就再版了三次，并被翻译成英语、法语、俄语、瑞典语和匈牙利语等多国语言。但此后不久，原本计划继续写作下去的李斯特身体日渐衰弱，精神也陷入困境。1846年冬天，李斯特在今日奥地利的一座小镇上自杀，终年57岁。

李斯特一生颠沛流离，晚景凄凉，但他对后世的影响却是极其深远的。李斯特去世后，他曾极力推动的德意志关税同盟陆续有多个成员地区加入，最终铸就了欧洲大陆上称霸一时的普鲁士共和国。他规划建设的莱比锡—德累斯顿铁路线上立起了他的铜像。

① 数据引自 *Friedrich List*. (n. d.). New World Encyclopedia.

日、俄、德、美等国纷纷效仿幼稚工业保护论的发展模式，成为工业强国，多个发展中国家也以此开启了本国工业的发展之路。时至今日，李斯特的思想仍在影响着各国政府的发展决策。

1989 年李斯特 200 年诞辰之际，李斯特的祖国——两度驱逐他的德意志联邦共和国发行了印有李斯特头像的邮票，以纪念这位经济学家。

3.4 希望诞生于困境之中

禀赋看上去是一种天生的优势。但纵观世界各国的发展历史，一国的禀赋往往是一种除此以外别无可选的“困境”。

来看一看北欧的挪威。这个高纬度峡湾地貌国家的禀赋是渔业和水力发电。但仔细观察挪威的地理条件就会意识到，所谓的禀赋其实是别无选择的选择。

挪威地处北极圈上，这么高的纬度没法种地，轻工业原料也十分匮乏，更谈不上积累资本发展重工业。寒冷的高纬度峡湾地貌也让挪威难以像荷兰那样发展成世界性的贸易海港，能发展的就只有渔业和水力发电了。

比别无选择还要糟糕的是那些连别无选择都没有的地方。它们可能太偏僻了，太落后了，而且任何自然资源都没有。在漫长的发展过程中，这种地方的人口会逐渐外流，本地人口越来越少，最终没落。

有时候，我们的生活也会遇到类似的情况。要么是选择范围很狭窄，要么就是没有任何选择。这时人们会很低落。就如在刚刚关掉鸡舍改种玉米的那段时间，灵芝每天都是垂头丧气的。

好在她最终找到了出路——拉起围网，把小母鸡往玉米田里一放。我一直觉得，灵芝的禀赋或许不是养鸡的手艺，而是她不服输的韧性。没有这种韧性的话，她又怎么能找到散养小母鸡这种绝地反击的方案呢。

低落的时候，最重要的是坚持下去，不断寻找，不断尝试。希望就在前面。

第 4 章
读懂你和他人的行为

你永远被他人影响，你也永远影响着他人。

4.1 你猜我，我猜你：烧脑博弈论

1. 永远互相影响的人类行为

在经济学家看来，人的行为不是独立的，而是互相影响着的。

下棋就是这样一种互相影响的行为过程。你在棋盘上走的每一步都影响着对手的下一步决策，对手的每一步棋也都影响着你的下一步决策。

开车也是一种互相影响的行为过程。行驶在路上，你总是要看着前后左右车辆的行驶情况来调整你的路线，而你开车的路线也影响着前后左右车辆的路线。这种互相影响比下棋更加自然，有时甚至完全不知不觉。

在经济市场中，人们的行为就像下棋或开车一样，总是互相影响着彼此。我们做出的行为和决策一定受他人的影响，而我们的行

为和决策也一定会影响他人。

这种互相影响的行为过程被经济学家称为“博弈①”。

2. 新知识！ 博弈论

想要学会一种知识，最高效的方法是在实践中学。下面，我们就来体验一下博弈论的决策方式。

找一个朋友，准备好纸笔，和她/他玩一个博弈论的经典小游戏——石头剪子布。

不过先别急着开始。在出拳之前，你们两个要先猜一下对方准备出什么，然后以此决定自己该出什么。把各自猜测的结果记录在下面这两张纸上，可别让对方看到哦。

你的石头剪子布体验纸			
次数	我猜对方出什么	所以我该出什么	对方实际出的
1			
2			
3			

你朋友的石头剪子布体验纸			
次数	我猜对方出什么	所以我该出什么	对方实际出的
1			
2			
3			

① 博弈论实际上是一种数学方法，被数学家推荐给了经济学家。关于这个故事，可以阅读本章4.3节里的八卦时间。

记录下猜测之后，你们再真正出拳，把实际的输赢结果再记录下来，这就完成了一次有据可查的博弈过程。现在，你就理解博弈到底是怎么一回事了。

反复进行三次游戏，对比你们的猜拳结果。这一轮博弈中，你们谁猜得更准，赢得更多？

3. 恰到好处的正义执行：囚徒困境

石头剪子布的小游戏是典型的博弈论的思维方式。你要提前猜测你的朋友的想法，以此决定你的策略。而你的朋友也在猜测你的想法，以此选择他/她的策略。

理解了这种思考方式之后，我们再来看一个专业的博弈论模型——著名的“囚徒困境”。这个困境里，囚徒能否成功脱罪出狱取决于同伙的想法。

两个分开的牢房里关着两名囚犯。他们是共同犯罪，但要各自单独接受审讯，他们也要单独决定自己是招供还是不招供。

如果双方都不招供，警察就得不到充足的证据，只能给两个人都判处轻刑。

如果两个人都招供，那么警察就能取得充足的证据，给两个人一起判处中刑。

但如果一方招供，另一方拒绝招供，招供的一方就能当场立功，获释出狱；不招供的一方则会获重刑。

这会儿，一名关在牢房里的囚犯正在推测另一方的行动。他/她先假设对方不会招供。这样的话，自己如果招供就能立功获释。但如果自己不招供，则会被判轻刑。

所以如果对方不招供,自己招供是最好的选择。

之后,这个囚犯又假设了对方会招供。这样的话,自己如果也招供,就会被判中刑。但如果自己不招供,就会被判重刑,而对方却能出狱。

这么一看,如果对方招供,自己也是招供更好。

无论对方招供与否,自己最好的选择都是招供。想清楚了的囚犯当即向警察坦白了一切,并且抱着对方坚决不招而自己获释出狱的美梦。招供完,囚犯却发现对方也招供了——因为对方也发现无论如何都是招供更好。

最终,两名囚犯双双招供,双双入狱服中刑。正义在博弈规则下得到了恰到好处的执行,两名囚犯谁也没多判,谁也没少判。

囚徒困境之所以是困境,是因为两个囚犯都做出了对自己最好的选择,却一起得到了对自己不那么好的结局。而且,因为两个囚犯的选择都非常有理有据,一起遭殃的结局甚至是必然发生的。

博弈论的魅力就在于此。它用无懈可击的论证告诉我们,最好的选择不一定会得到最好的结果。是不是很有趣?

4.2 博弈的关键:信息

1. 新知识! 博弈中的信息

对于监狱中的囚徒来说,招供服刑的命运是最终必然。但也存在着一种微弱的可能:接受审讯之前这两个人就已决定好双双不招供,最终一起服轻刑。或者两人商量好一人单独服刑,另一人认罪获释。

只要两个囚犯提前交换好信息,就有可能得到这样的结果,两人必然一起服中刑的困境就被破解了。

这即是博弈中最重要的破局点:信息。

2. 进阶版石头剪子布:重复收集信息

对于信息的重要性,在和朋友玩石头剪刀布时,我们已经深有体会。现在让我们再回到石头剪子布的游戏中,这次多玩一会儿。和你的朋友一起用 5 分钟玩 11 局游戏。这 11 局里,你们每次都要填写记录纸,把 11 次的猜测过程和结果都记录下来。

你的石头剪子布体验纸(11次)			
次　数	我猜对方出什么	所以我该出什么	对方实际出的
1			
2			
3			
4			
5			
6			
7			
8			
9			
10			
11			
你的实际出拳统计: 石头______次,剪刀______次,布______次。			
对方实际出拳统计: 石头______次,剪刀______次,布______次。			

你朋友的石头剪子布体验纸(11 次)			
次数	我猜对方出什么	所以我该出什么	对方实际出的
1			
2			
3			
4			
5			
6			
7			
8			
9			
10			
11			
你的实际出拳统计：石头______次，剪刀______次，布______次。			
对方实际出拳统计：石头______次，剪刀______次，布______次。			

玩过 11 局之后，查看你们的记录纸，统计各自实际出的石头、剪子和布的数量。观察这 11 次博弈，你和你的朋友都展现出了怎样的出拳偏好？

统计好信息之后，要再玩一次，只玩一局，作为最终决战。这次还是别急着出拳，你们需要好好想想怎么利用已经得到的信息。

比如你通过 11 次游戏知道了对方喜欢出剪刀，你猜对方也会在最终决战时出剪刀，所以你应该出石头。但同时，对方也知道你已经知道了他/她喜欢出剪刀，你的最优策略是出石头。那他/她会不会因此改变策略，变成最终出布呢？

决定好之后，你们就可以进行决战了。看看最后的赢家是谁？

最终决战！体验纸（你的）			
在已经进行过的 11 次游戏中，你倾向于出：			
在已经进行过的 11 次游戏中，对方倾向于出：			
	我猜对方出什么	所以我该出什么	对方实际出的
决胜的一次！			

最终决战！体验纸（你朋友的）			
在已经进行过的 11 次游戏中，你倾向于出：			
在已经进行过的 11 次游戏中，对方倾向于出：			
	我猜对方出什么	所以我该出什么	对方实际出的
决胜的一次！			

在灵芝和李皮特玩这个游戏时，由于他们两个在 11 次的对决中冒出了过量的胜负欲，拿到信息进行最终决战之前，他们互相盯着对方看了半天，各自进行了一番疯狂的推理。

她/他喜欢出剪刀，那我应该出石头？

但既然她/他也知道我在猜她出剪刀，那么她/他会不会猜到我出石头，所以她/他反而出布？

那如果她/他出布，我是不是该出剪刀？

但如果她/他进一步考虑到出剪刀时我会出石头，所以她/他该出布，所以我最终会出剪刀，那她/他会不会又开始出石头？

这个推理一旦开始就停不下来，他们两个谁也没想明白对方到底会出什么，自己又应该出什么。最终，灵芝和李皮特决定放弃残酷的“决战”，握手言和，一起去找找玉米田里的小母鸡到底生了几个蛋。

探索时间：供求关系中的市场信息

还记得前面提到的市场信息吗？它也是一种博弈的信息。生产者需要根据其他生产者的决策来决定自己怎么生产，而生产者作为市场中的一分子，也会成为他人决策时需要参考的对象。

现在来用博弈论的方式分析一下市场信息吧。

假设你是一位农户，你有 10 个空闲的大棚打算种点小蔬菜。你可以选择种小黄瓜，也可以选择种小番茄。看看下面收集到的市场信息，你该怎么决定？

不同的市场信号						
	第一年		第二年		第三年	
可选作物						

续上表

不同的市场信号						
其他人已种棚数	10个棚	0个棚	5个棚	5个棚	0个棚	10个棚
我的大棚该怎么种?						

3. 借助信息进行反向思考

收集到充足的信息之后,人们就能做出更好的博弈决策。

囚徒困境里,如果两个囚徒提前商议好,他们就有望摆脱“明明选择了有利选项,却得不到有利结果”的困境。

石头剪子布的游戏中,你和你的朋友都收集到了关于对方的信息,接下来的游戏就会变得更加有理有据。

信息是博弈中取胜的关键。信息如此重要,那我们不妨反过来想想:如果没有得到足够的信息,会发生什么?

比如说,博弈结果会不会十分不利?再比如说,如果博弈的一方缺乏信息,另一方会不会利用信息差做出欺骗行为?

会的。

市场中,利用信息差获利或者给别人造成损失的行为非常常见。

小剧场:李皮特和灵芝的11次石头剪子布游戏

李皮特:我可以在11次石头剪子布游戏中故意骗你,给你传递虚假信息。

灵芝:怎么骗?

李皮特：我先假装连出 11 次石头，这样你就会在最终决战时出布，但我会突然出剪刀。你是不是就稳输了？

灵芝：哇，对哦！你好聪明。

李皮特：对吧，我是大聪明！

灵芝：但你为什么要告诉我呢？这样我就知道了呀。

李皮特：……坏了，又不聪明了！

4.3 单次博弈与多次重复博弈：百年老店的经营秘诀

1. 信息差导致的欺骗风险

博弈过程中，我们收集彼此的信息，做出合适的选择，得到良好的博弈结果。这是大家都希望看到的。

而现实生活并非总是如此理想，总有人会利用信息差欺骗别人，损害到别人的利益。因此人们在进行交易的时候必须得擦亮眼睛，寻找那些品质高的交易对象才行。

不过在经济学家看来，将希望寄托于别人的道德水准还是有些不保险，因为人心毕竟是最捉摸不定的。经济学家的做法是尝试分析一下这种欺骗行为是怎么出现的，然后解决这种情况。

经过博弈论分析之后，经济学家认为：单次博弈的情况更容易出现欺骗行为。

2. 新知识！ 单次博弈

单次博弈，顾名思义就是只进行一次博弈。

假设市场上有一个买家和一个卖家，两方只进行一次交易。卖方可以选择出售次品骗钱，也可以选择出售货真价实但利润较低的正品。而买家对商品质量一无所知，不管怎样都会买。

那么，卖家会卖什么呢？

用博弈论来分析的话，结局很遗憾：卖家大概率会卖次品。因为交易只进行一次，卖家只能得到一次收益。想要使这唯一一次交易的收益最大化，卖家就会选择做一次骗人的生意。

3. 经典的单次博弈市场：旅游景点周边市场

单次博弈的风险常常出现在买家对商品一无所知，而商家非常清楚买家只会在自己这里买一次东西的情况时。

旅游景点周围正是这样一种特殊的市场。大部分游客只会来这个景点一次，或者很久之后才会来第二次。游客也往往对景点周围的商家一无所知。这样，游客消费就是一次风险很大的单次博弈。而景点的无良商家很有可能向游客销售次品或者索要高价。

小城著名的旅游景点——北边的山脉附近就曾经有一家无良餐馆。他家的一盘白豆腐蘸面酱卖 98 元一盘，连鸡蛋都不放的素馅饺子卖 128 元一斤，肉馅的要 168 元一斤，来吃过的游客纷纷大呼上当。

但问题是,来过这家餐馆的游客肯定不会再来,能走进来的游客一定是不知道这家餐馆坑人情况的。利用这样的信息差,餐馆老板还真挣了不少黑心钱,最终他也在餐馆开张一个月后顺利被小城的工商执法部门带走了。

今日的互联网时代,旅游景点周围的无良商家已经少了很多。因为我们可以很容易地从网上得知商家靠不靠谱,也可以仅靠敲敲手机就把自己的消费体验发上网,让大家都看到。得益于互联网和人们的分享精神,商家的信息差优势越来越小,消费者进行单次交易的风险也就大大降低了。

探索时间:你生活中的单次博弈

老式的火车站台上会有一种流动摊位,火车停站的那几分钟里,乘客会下车来到摊位前买东西,而后坐上火车离开。这是典型的单次博弈交易,乘客非常容易买到物不美价不廉的商品。

大学校园里,每年毕业季的跳蚤市场也是显而易见的单次博弈。在跳蚤市场上摆摊的是马上就要离校的学生,他们只卖这一次,不会再回学校。所以经常有学生抱怨在跳蚤市场上买到糟糕的东西,像修不好的打印机,穿一次就坏了的衣服,天一热就死机的手机等。

你身边有这样的单次博弈交易吗?你的购买感受如何?

4. 多次重复博弈:兴旺百年自有道理

单次博弈的风险极高,非常容易出现欺骗行为。那么,怎样才能解决这种欺骗行为呢?

经济学家的回答也很简洁有力:多博弈几次就行了。这个回答的专业术语叫“多次重复博弈”。

开在小区周围的蔬菜店进行的就是一种多次重复博弈。因为小区里的居民每天都要买菜,每天都在和蔬菜店进行重复交易行为。这样的话,蔬菜店虽然也可以偶尔一次卖不好的菜,赚一笔高收益,但他们只要卖一次,原本常来的消费者就会投诉,或者干脆不再光顾。

面对这样的惩罚,小区门口的菜店就不会出现旅游景点那种吓人的高价。菜店最好的选择就是从第一次交易开始就做到货真价实,并且一直货真价实,以赚取长久利益。毕竟骗一次人的收益要远远小于每天都有顾客的长久经营①。

“消费之前先咨询一下有过类似经验的人”的习惯也是一种多次重复博弈的方式。家里墙面漏水,但楼道墙上的小广告不一定靠谱,人们就会在楼里的微信群中问问邻居有没有推荐的维修师傅。因为能被邻居推荐的师傅一定是邻居自己找过的,师傅和邻居已经进行了一次博弈的验证。这是人们在过去信息缺乏的环境中总结出来的寻求重复博弈的方法。

百年老店的品牌信任也是一种多次重复博弈的结果。一家店能开百年,就证明它在与消费者长达百年的多次重复博弈中没出过什么问题。“百年老店”这四个字也自然而然地成为一种质量的保证。像著名的六必居、同仁堂和王致和,它们都是一听名

---

① 想一想,为什么这个例子说的是有固定店面的蔬菜店,而不是街边的流动菜摊?你在流动菜摊和蔬菜店的消费体验有没有不同?

字就让人觉得放心的百年老店①。消费者愿意仅凭名字就信任这些店。

而这类百年老店也一定会不遗余力地宣传“百年”这个信息。天津隆顺榕药业的前身是天津中药制药厂，某一年收拾老库房时，员工发现了藏于其中的老牌匾“隆顺榕”。经过查证，他们确认了这正是药厂以前的老牌匾，也就是1883年开业的隆顺榕药局挂的牌匾②。不久后，天津中药制药厂改回了隆顺榕的名字，并且登报广而告之，以证明自己也是经历了长达百年的重复博弈的老字号。

天津的一个著名旅游景点——蓟州区独乐寺也利用了这样的宣传策略。独乐寺始建于唐代，大诗人李白、明朝大学士严嵩、清代皇帝乾隆和咸丰都曾来过这座寺庙，留下了匾额。近代的著名建筑学家梁思成也曾造访独乐寺，并从不同视角为独乐寺画了很多建筑图。

而独乐寺进行宣传时一定会提及这些名人。因为这不仅展示了独乐寺本身的历史积淀，还展示了从古到今的游客不断来到这里进行重复博弈的过程。从李白到清代皇帝，再到梁思成，历经如此漫长的重复博弈，独乐寺仍旧一直深受大家喜爱，这就是在告诉消费者它是一个值得游玩的景点。

而经过严格又十分烦琐的数学方法证明后，经济学家最终发现，多次重复博弈的收益可以远远大于单次博弈。也就是说，长久经营

① 六必居成立于1436年（明正统元年），同仁堂和王致和均成立于1669年（清康熙八年）。

② 见张晋：《中药制药厂恢复老字号津门再现“隆顺榕”》，北方网2003年3月11日。

获得的总收入远胜于只能做一次的骗人生意。

保持诚信经营,生意才能长久,而且赚得更多。这既是古往今来人人都知的道理,也是经博弈论严谨证明的科学事实。

小剧场:李皮特的百年老店

李皮特:我也想学习我爸爸创业,但我不想用我爸爸在小城的名声去创业,这样显得我很不独立。

灵芝:那你打算怎么做呢?

李皮特:我要白手起家,先去咱们这里的夜市摆地摊。

灵芝:这主意很不错呀,咱们这里的夜市可红火了。你想卖点什么呢?

李皮特:我准备卖一种精品的、上流的、附加值高的、有艺术审美的东西——也就是古董。

灵芝:这……地摊卖古董?会有人信吗?而且你舍得把古董摆在地上卖吗?

李皮特:这是个好问题。说实话,我对古董行业一窍不通,我甚至不能保证我的进货是真品。

灵芝:那这摊还怎么摆哟!你进货时就很容易被坑了啊!

李皮特:说得好。所以我决定不进货,而是自己成为古董生产者。

灵芝:什么?你要去盗墓?

李皮特:什么什么啊,我才不会做那种违法犯罪的事情!你看这个盘子,是我今天刚从楼下超市买的,我要把它埋进地里,让它变成古董。

灵芝:这倒不是盗墓,又变成造假了。

李皮特:不不不,你想错了。我爸爸教过我,做生意绝对不能搞假冒伪劣,要把目光放长远,按照百年老店的标准来做每一桩生意。我正是打算用百年老店的标准,货真价实地生产古董——只要把盘子埋在地里,埋上一百年再挖出来就行了。

灵芝:这……虽然盘子年头是有了,但那个时候,您老人家还能拄着拐杖出来摆地摊吗?

李皮特:应该是有些困难。不慌,我的孙子孙女肯定不需要拄拐杖坐轮椅,到时候让他们来摆就行了。这也是一种百年老店留给后代子孙的精神传承嘛。

灵芝:那我先提前一百年预祝你成功!

5. 八卦时间:精神病院中的天才——诺贝尔奖数学家约翰·纳什

如果你和朋友玩过了本章的石头剪子布游戏,尤其是玩过了11次博弈后的最终决战,你就会发现这种“你猜我出什么,我猜你猜我出什么,你猜我猜你猜我出什么”的过程有多烧脑。搞不好你已经开始掉头发了。

在真实的博弈论研究中,石头剪子布的思考方式只是一个十分简单的模型。还有一大堆远比它更复杂的博弈论模型夜以继日地折磨着有志于此的经济学家,也让大把原来头发茂密的头顶变得光亮。

到底是谁搞出来的这么麻烦的思考方式?

其实一开始还真不是经济学家想出来的博弈论,是冯·诺依曼,他是计算机之父,是数学家、物理学家,是有着一连串跨领域头衔的天才。他也是博弈论之父。这种麻烦的思考方式就是他发明的。

博弈论是冯·诺依曼所有研究中唯一涉及经济学的研究。1928 年,冯·诺依曼发表了一篇关于博弈论的奠基论文[①]。1944 年,他又与奥地利经济学家奥斯卡·摩根斯特恩合著了《博弈论与经济行为》,从此正式为经济学引入了博弈论分析。冯·诺依曼提出博弈论之后,众多学者为之痴迷,投身其中。这些学者中最著名的一位莫过于约翰·纳什。

约翰·纳什是一位天才数学家。他为大量理论中的博弈论模型提出了可以实现的解法,也就是著名的"纳什均衡"概念。换句话说,纳什为博弈论赋予了实际的应用意义。

纳什的一生十分坎坷。1928 年纳什出生于美国,儿时表现出强烈的社交障碍,成年后两度因精神问题入院。由于难以忍受在精神病院的治疗,自 1970 年开始,纳什坚决拒绝用药,只靠自己的意

① Von Neumann,J. (1928). ON THE THEORY OF GAMES OF STRATEGY. *Mathematische Annalen*,100,295-320.

志面对精神问题。在诺贝尔奖获奖自述中,纳什坦言自己饱受妄想症状的困扰,自 30 岁左右开始持续了长达 25 年。这些症状让他觉得自己的科学生涯空白了 25 年[1]。

精神问题也给纳什的职业生涯带来了诸多阻碍。在他工作的大学校园里,人们称他为“幽灵”,因为他会独自出现在无人的教室里,写着满黑板的公式。走在路上遇到学生与他打招呼时,纳什甚至会觉得受到惊吓。他在博弈论方面的研究成果让他的名字几度出现在诺贝尔奖评委会的名单上,但又因为“诺贝尔奖此前从未给一个精神病人颁发过奖项”这样的原因,又被几度除名。幸而评委会最终认为,考虑天才的成就时,不该考虑他是否患有疾病。1994 年,纳什荣获诺贝尔经济学奖,以表彰他在博弈论研究方面做出的贡献。

有一部以纳什为原型的电影,名叫《美丽心灵》(*Beautiful Mind*)。电影结尾正是纳什走上诺贝尔奖的领奖台的情景。这或许是这位饱受痛苦的天才数学家人生中最难以忘怀的时刻之一。获得诺贝尔奖大约十年之后,纳什接受了采访,说自己早期的成果被经济学家和数学家频繁引用,但没有得到官方认可,自己也承受了很多年的失业。获得诺贝尔

① 关于纳什的生平介绍可见于诺贝尔奖官网:*John F. Nash Jr. –Biographical*. NobelPrize. Org,1995 年。

奖之后,自己的生活才深刻地改变了[①]。

2015 年,87 岁的纳什又荣获了人类在数学领域的最高荣誉之一阿贝尔奖。参加颁奖典礼之后的回家路上,纳什与妻子两人乘坐的飞机提早了五个小时降落在目的地。原本预定来接他们的私家车公司告知纳什无法提前派车,纳什与妻子便决定打车回家。路上,出租车意外撞上护栏,纳什与妻子被撞飞出车外,与世长辞。

4.4 信息,但不只是信息

博弈论的核心是决策之间的互相干预。而信息是博弈的最关键之处。

- 对手知道我的决策信息吗?
- 我知道对手的决策信息吗?
- 为了促成我想要的博弈结果,我应该积极给对手分享信息,还是主动阻止信息的流通?

如上所见,博弈论的分析核心正是在于信息的可知与不可知。

在当今的互联网时代,信息的意义更为复杂。

对于商家而言,面对诸多行业供给过剩,市场成为红海的局面,如何杀出重围将自家产品的信息传递给消费者,成了商家必须面对的课题。这促成了宣发和营销行业的蓬勃发展,制造假消息的行为也在市场上层出不穷。

对于消费者而言,在交易之前应尽可能搜集信息,减少与买方

---

① 纳什的采访原文可见于诺贝尔奖官网:*John F. Nash, Jr. -Interview*. NobelPrize. Org, 2004 年。

天然存在的信息差，可以保证自己的权益。但与此同时，如何在大量信息中找到自己想要的主要信息，同时还要辨别信息真伪，也成了必须要面对的挑战。

不过，信息是博弈的唯一关键吗？

到目前为止，我们所有的博弈讨论都建立在一个前提下：虽然买方天然存在信息劣势，但也拥有两项特别的权利。

其一，如买方遇到不诚信行为，就终止此后一切交易的权利。

其二，买方将不诚信行为公布出去的权利。

正是由于买方拥有这两项权利，并且愿意主动行使，买方才能对卖方造成足够的约束，促使卖方一直保持诚信。而同时一个能颠覆我们前面所有讨论的隐患就隐藏在买方这两项权利之中：

如果买方不愿意行使这两项权利呢？

如果买方只愿意忍气吞声自己躲着走呢？

遇到了卖次品的商家，买方明明受骗了，却因为各种原因不愿或者不能终止购买，或者不愿投诉，不愿报警，不愿让商家受到惩罚，那买方对卖方的约束还是有效的吗？

这是个有趣的问题，也是生活中会真实发生的情况。这个问题留给读者来思考。

第二篇

理解世界的经济学

第5章
通货膨胀背后的秘密

钱由人使用，钱就继承了人的天性。

5.1 通货膨胀，是好是坏

1. 通货膨胀的多种影响

宏观经济中，我们最关心的一个现象莫过于通货膨胀，因为它会直观影响我们衣食住行的成本。

而人们对通货膨胀的感觉也很微妙。通货膨胀发生时，衣食住行会涨价，人们的生活成本就上升了。但与此同时工资也会上涨，收入就会增加。两种影响一正一负，似乎很难定论通货膨胀的好坏。

其实通货膨胀给我们的生活带来的影响远远不止是涨价和涨工资。经济学家在经过多年的研究之后发现，通货膨胀的影响很复杂，它能促进广泛的经济繁荣，也能带来一场席卷全球的致命经济危机。

下面,我们一起来了解一下通货膨胀内在的奥秘,以及它到底会给我们的生活带来什么深远影响。

2. 新知识! 通货膨胀

想要了解通货膨胀,就要先知道通货是什么。

通货就是流通中的货币,也就是钱。通货膨胀的意思就是钱膨胀了。具体而言,就是钱在市场上的数量增加了。

通货膨胀发生时,人们会感到市场上流通的钱变多了,物价也变贵了一点。但通货膨胀为何会带来物价上涨呢?

因为通胀发生时,市场上的商品数量没有改变,商品质量也没有提升,只有钱变多了。为了让没变的商品匹配变多了的钱,商品价格就涨了上去。

3. 生活中的涨价现象:不全是通胀

在过去的二三十年里,全球发生了普遍性的通货膨胀,我国也不例外。

不妨问问家中的长辈,他们年轻时买一辆自行车要多少钱,一个月工资又是多少。长辈的回答可能是这样的——我们那时候啊,一辆自行车是十几元钱,一个月工资二三十元。

现在的时代,比较便宜的自行车一两百元一辆,全国最低工资标准中最低的一档则是每月 1 420 元[①]。相比家中长辈年轻的时

---

① 数据为 2024 年辽宁省最低工资标准第四档,引自中华人民共和国人力资源和社会保障部劳动关系司(2024):《全国各省、自治区、直辖市最低工资标准情况(截至 2024 年 1 月 1 日)》。

候，现在的物价和收入都上浮了很多，这即是由通货膨胀带来的物价普遍上涨的现象。

除了询问长辈，你还可以打开国家统计局的网站，查询一下历年商品房的平均销售价格。根据国家统计局网站的数据，2000年时商品房平均销售价格是每平方米2 112元。到了2021年，商品房的平均销售价格已经涨到了每平方米10 322.67元①，几乎是2000年时房价的5倍。这其中也有通货膨胀带来的涨价作用。

但也不是所有的涨价都是通货膨胀导致的。假如你是一位加工零件的技术工人，你每天的工资是200元。工作一段时间后，你专心钻研加工技巧，加工出了质量更高的零件，工厂老板就把你的工资涨到了一天400元。你会觉得你的工资上涨是因为发生了通货膨胀吗？

你一定不会这么想。因为你的工作技艺日益精进，你理应得到更高的工资。它不是通货膨胀。

同样，工厂老板出售你加工的更优质的零件时，决定给这个零件提高售价。买零件的人会认为这是通货膨胀吗？

也不会。因为零件的质量变得更好了，消费者会觉得这是一分钱一分货。这也不是通货膨胀。

看，通货膨胀的涨价定义是十分严格的。它特指商品的质量和稀缺性都没改变，仅仅因为钱的数量多了带来的涨价。

---

① 数据来自国家统计局：商品房平均销售价格（元/米^2）。数据为全国均价。

探索时间：涨价的各种成因

现实生活中的涨价现象比比皆是。看看下面这些涨价现象，你能分辨出它们的成因吗？你觉得这些涨价现象与通货膨胀有关吗？

涨价现象	成 因
冬天的西瓜比夏天的西瓜贵	成本更高 □ 供给量不同 □ 质量提升 □
河南的海鲜比浙江的海鲜贵	成本更高 □ 供给量不同 □ 质量提升 □
经验丰富的老医生的问诊费比医科大学在校生的问诊费高	成本更高 □ 供给量不同 □ 质量提升 □

4. 通货膨胀是怎么造成涨价的

为了更清晰地解释通货膨胀现象，让我们回到几百年前的小城，看看那时发生的一次著名的通货膨胀案例。

几百年前的小城环山又环水，十分封闭，里面的人很难出去，外面的人难以进来。

这样的小城内部是一个完全封闭的市场。人们在小城内生产各种东西，卖给小城内的其他人，也从小城的其他人那里购买自己的生活所需。当时人们使用的货币是白银，也就是那个年代的“通货”。

某一天，有人在小城背后的山脚下发现了银矿，大量白银被开

采了出来。小城的人理所当然地觉得自己变富裕了，能买得起更多东西了。他们就拿着新开采出来的白银来到小城市场上，开始快乐买买买。

买东西的顾客越来越多，小城的货栈老板就发现货架上的东西越来越不够卖了。他就把所有东西都涨了点价。纵然如此，货物还是很快卖光了。货栈老板就关了店，拿着赚到的白银去小城食肆快乐吃吃吃。

然而来到食肆，货栈老板却发现，晚饭的价格也变贵了。他问食肆老板，为何晚饭的分量没变，菜品没变，价格却涨了。食肆老板回答："因为从你那里进货的米面菜肉都贵了呀。"

银矿给小城带来了额外的白银，但小城内的商品没变多。为了匹配变多的白银，小城的整体物价上涨了。

这就是小城史上一次著名的通货膨胀："四年春分，遗人获银于山之西北，至清明，米倍其价，民争米而轻银也。"

古代的小城会因为偶然发现银矿出现一次偶然的通货膨胀。在现代，通货膨胀的成因则更为多样。

- 一个国家突然开动印钞机，印了更多的钱发进市场，一定会引发通货膨胀。一战后的魏玛共和国[①]就是如此。当然，魏玛共和国突然开印钞机是有原因的，详见第 7 章的内容。

- 一个国家开展对外贸易，把自家的商品卖给外国，赚到大量外汇。然后这个国家又通过自己国内的银行，把外汇换成本国货币，在本国市场上花出去，这样在本国市场上流通的钱就变多了。通货膨胀就发生了。所有开展出口贸易的国家都会自然而然地出现这种通货膨胀。

- 一个国家从其他国家或世界银行之类的国际金融组织借了钱，这个国家市场上的钱就变多了，通货膨胀也会发生。

探索时间：中央银行的发钱

假设中央银行突然宣布给每个人都发 10 元钱，你会觉得自己

① 1919 年建立的共和制德意志国家的俗称。正式名称为"德意志国"，因采用《魏玛宪法》得名。

更有钱了,能买到更多东西了吗?

答案是,你手中确实有了更多的货币——多了10元钱;但你并不会因此买到更多的东西。这就像封闭的古代小城突然发现了银矿,大家手里都多了一些白银,但市场上的商品还是原来那些。所以你只能用更高的价格买到和原来一样多的商品。这是一次典型的通货膨胀。

但如果在中央银行发钱的同时,工厂也全力开动,生产出了更多的商品。你会觉得自己更有钱了,能买到更多东西了吗?这种情况还是通货膨胀吗?

5. 通货膨胀,是好是坏

了解了通货膨胀是什么,现在我们来讨论一个备受关心的问题:通货膨胀是好事还是坏事?

很多经济学家认为轻微的通货膨胀对宏观经济有益。因为通货膨胀可以刺激整个社会生产出更多商品,让经济变得繁荣。

但我们个人的看法有时会与经济学家存在分歧。在我的经验里,当我询问别人对通货膨胀这四个字的感受时,有人会告诉我感受比较负面。因为通货膨胀总是和涨价联系在一起,潜台词则是"涨价了我觉得贵"和"涨价了我根本买不起"。这当然是很负面的感觉了。

为什么对于通货膨胀的风评会如此不同呢?

让我们先来看看经济学家的观点是否正确吧。为此,本书邀请你亲自当一次中央银行行长,主动在小城创造一次通货膨胀,看看小城的宏观经济会因此发生些什么变化。

新的一天,你来到小城中央银行上任,当一天临时行长。你发布了一则公告,告知小城居民你决定创造一次通货膨胀,方式是把小城的贷款利率下调一点。

公告发出来,小城里很多人排队去银行贷款,小城市场上的钱立刻变多了。通货膨胀发生了。

之后,贷了款的人把钱花在了不同的地方:

开工厂的人用这笔低息贷款升级了自己厂里的机器设备,还多聘请了一些工人。工厂的产量提高了,更多工人也得到了工作,皆大欢喜。

另一些人用这笔贷款买了新车,买了新房,也有人拿钱去商场里消费。大家的生活都得到了改善,卖车卖房的商人和商场里的商户也赚到了钱。

还有一些人把贷款用于投资。有人买了临街的门面准备出租,有人买了股票,有人投资了亲朋好友的生意。盖店铺的房产商、售卖股票的企业、得到投资的小个体户都受益了,他们获得了更多的钱用于生产。

这就是由你主动创造的通货膨胀给小城带来的影响。人们生产出了更多的东西,进行了更多的消费,更多的人找到了工作。小城的经济变繁荣了。

与此同时,市场上的钱确实变多了,商品的价格都涨了一点。另外,因为工厂拿到贷款后扩张生产,需要雇更多工人,工人的工资也上涨了。工厂还需要购买更多原材料,所以原材料价格也涨了一些。不仅如此,大家手里有了钱,或多或少要进行消费,消费市场上的供求也发生了变化,汽车、房子、商场里的商品价格也都有所上涨。

总而言之，这一次由你主动创造的通货膨胀确实也让小城的整体物价上升了。

现在你感觉怎么样？作为新任的临时小城中央银行行长，你觉得这次通货膨胀对小城来说是好还是坏？

由你创造的这一次通货膨胀看起来确实是好事。因为小城经济确实变得繁荣了，为此带来的轻微物价上涨是可以接受的。

现实中，以二战后各国中央银行运行至今的经验来看，适度的通货膨胀在短期内有助于经济发展。经济出现放缓时，很多国家都曾采用主动创造通货膨胀的方式将经济重新推向上行①趋势。

探索时间："全面放水"

经济发展速度放缓的时候，中央银行会主动创造轻微的通货膨胀，刺激经济增长。

而在经济下行时，中央银行还会主动创造更大规模的通货膨胀，扭转整个经济的下行趋势，推动经济上行。这种时候，中央银行会向整个国家的所有行业和市场采取"全面放水"的政策。

全面放水的方式包括三种，分别是利率调整、银行准备金率调整和直接发放货币。

利率调整，就是调整所有银行的存款利率和贷款利率。全体银行一起下调利率，全社会的贷款利息就都变低了，存款获得的利息则变少了。这样，人们就更愿意从银行贷款，而不愿意存钱。已经贷了款的企业要还的利息也会变少，手头会更宽裕。市场上的钱就

① 通货膨胀对经济的实际影响比较复杂，有短期推动作用，也有可能发生的危害。本书第 7 章会进一步讨论。

会变多。

银行准备金率，是指银行“绝对不能借出去的钱”。银行的运营方式是接受储户存款，付给储户一小部分利息，再把这些存款放贷出去。但很多国家的法律都规定银行不能把全部存款都贷出去，必须要保留一定额度的钱，以便让储户想取款时一定能取到。这部分必须要保留的钱就是银行的存款准备金。如果中央银行下调了存款准备金的额度，意味着银行能拿出来放贷款的钱变多了，市场上的钱就会增加。

直接发放货币，也就是直接往市场里发钱。这是一项最为直白的货币政策，它的实现形式非常多，可以从世界银行和别的国家借，也可以向未来借——也就是国家自己给自己打个欠条，先把账记上，把活干了，将来再用税收慢慢还。2008 年经济危机时，美国采用的量化宽松政策就是向未来借钱的一种方式①。之后，国家会把这些借来的钱花在市场上，市场上的钱也就自然而然地变多了。

通过这三种方式，经济会受到刺激，生产出更多的东西，创造更多的就业机会，危机也就被扭转了②。不过，政策一旦推行，市场上必定会发生通货膨胀。

6. 人们为何会对通货膨胀有负面的印象

怎么样？当了一天小城央行行长，主动在小城创造了一次通货膨胀，小城的经济确实因此变好了。轻微通货膨胀对宏观经济似乎

① 关于向未来借钱的更详细解释，可以阅读本书第 7 章 7.1 节的内容。

② 人类历史上也曾发生过倒钱倒出来的经济大瘫痪。如果你对这件事感兴趣，可以阅读本书第 7 章 7.2 节的内容。

是好事。

但为什么在现实中,通货膨胀给人们的感受有时会很负面呢?

因为人们开开心心走进市场想消费,却发现自己的收入根本买不起。

收入涨得比产品价格慢,而且慢很多,这是通货膨胀给很多人带来的第一项负面感受。

另一项糟糕的负面感受是,人们发现自己买不起这些高价商品,有的人却可以挥金如土,买起来毫不费力。这些人的收入远远超过常人想象,消费能力也远超常人想象。这是为什么呢?详见5.2节。

7. 八卦时间:和通货膨胀赛跑的诺贝尔奖奖金

诺贝尔奖,作为人类科学的最高奖项之一,由瑞典科学家阿尔弗雷德·诺贝尔创立,每年颁给为人类带来最大福祉的人。诺贝尔奖的奖金来源是用诺贝尔遗产成立的诺贝尔基金会,自1901年开始颁奖,到2023年为止,奖金额度从1901年的15.0782万瑞典克朗增长到了2023年的1 100万瑞典克朗。

从15万到1 100万,诺贝尔奖的奖金翻了73倍。这是因为随着人类社会的发展,钱会因为通货膨胀变得越来越不值钱。在这123年里,诺贝尔奖金的一次次增额就是在和通货膨胀赛跑。

那么诺贝尔奖金跑赢通货膨胀了吗?

历史上的大部分时间里,诺贝尔奖金都没追上通货膨胀的步伐,而且差的不是一星半点。直到20世纪末,诺贝尔奖金才终于追上了通货膨胀。2023年,诺贝尔奖金领先通货膨胀大概20%。把这一百二十三年的战绩综合起来看，诺贝尔奖金勉强和通货膨胀打了个平手①。

1901 年是诺贝尔奖第一次颁奖，单项奖金为 15 万瑞典克朗，相当于 2022 年的 876 万瑞典克朗。转年，奖金就减少到了 14 万，相当于去年奖金购买力的 94%。其后直到 1927 年，诺贝尔奖的金额一直低迷，连初始的奖金额度都没守住。其中 1919 年和 1920 年的诺贝奖金分别是 13.3 万和 13.4 万瑞典克朗，它们的实际购买力只有 1901 年的 28%。这是至今为止诺贝尔奖金购买力最低的两年。

时间来到 1928 年，经历了多年的奖金探底之后，诺贝尔基金会痛定思痛，决定至少把奖金额度升回 15 万瑞典克朗——不论通货膨胀或者实际购买力是多少，起码先保证诺奖得主能拿到这个数字的奖金。

当年，诺贝尔奖颁发的奖金回到了 15.6 万瑞典克朗，相当于 1901 年奖金购买力的一半。这一年诺贝尔基金会尽力了，通货膨胀持续遥遥领先。

① 如未特殊说明，以下所有关于诺贝尔奖金金额和购买力的数据来自诺贝尔奖官方网站公报：The Nobel Prize amounts。所有关于通货膨胀的数据来自世界银行。

可惜的是，这项起码保证 15 万奖金的努力没能持续很久。1939 年，受第二次世界大战影响，诺贝尔奖奖金只发了 14.88 万克朗，相当于 1901 年购买力的 49%，连一半都没到。二战期间的诺贝尔奖奖金还再次回到了购买力的历史最低位——1944、1945 和 1946 年，诺贝尔奖奖金都只颁发了大约 12.1 万瑞典克朗，只相当于 1901 年奖金购买力的 29%。相当于这三年的诺奖得主每人只拿到了 1901 年的不到三分之一的奖金。

二战结束之后，为了让诺贝尔奖奖金别再缩水，诺贝尔基金会采取了很多措施，包括向瑞典政府申请为基金会长期免税，也包括将诺贝尔基金的投资领域从房地产、债券、担保贷款扩展到更广泛的股票市场上①。这些措施起到了效果。二战结束后的 1948 年，诺贝尔奖奖金终于重回 15 万瑞典克朗大关。自此一直到 1983 年为止，诺贝尔奖基金会致力于将金额保持在 1901 年奖金购买力的 30%～40%。

不要小看这个三到四成的目标，为了在通货膨胀的压力下达成它，诺贝尔奖奖金的实际金额从 1948 年的 15 万瑞典克朗涨到了 1983 年的 150 万瑞典克朗，直接多了个零。纵然如此，150 万奖金还是只有 1901 年奖金购买力的 43%。诺贝尔奖奖金一直追着通货膨胀跑得气喘吁吁，但从未缩小差距。

情况从 1984 年开始发生变化，诺贝尔基金会的财务逐渐充裕了，诺贝尔奖奖金开始正式追赶通货膨胀。从 1984 年到 1990 年这短短的几年里，诺贝尔奖奖金从 150 万瑞典克朗涨到了 400 万瑞典

---

① 引自诺贝尔奖官方网站 NobelPrize. Org：*Financial management*. 访问时间为 2024 年 6 月 7 日。

克朗。但400万奖金还是没达到1901年的奖金购买力，只相当于那时的74%。

一鼓作气之下，在1991年诺贝尔基金会将奖金一口气提到了600万瑞典克朗。这一次增额终于让诺贝尔奖奖金突破了通货膨胀率，它相当于1901年奖金购买力的101%。诺贝尔奖诞生九十年后，诺奖得主终于再次得到了足额的奖金。

长达九十年的赛跑后，诺贝尔奖奖金领先了通货膨胀1%。此后直到2011年，诺贝尔奖奖金持续增额，几十万几十万地上涨。尤其在诺贝尔奖百年纪念的那一年——2001年，奖金实发1 000万瑞典克朗。这同时是诺贝尔奖百年中的金额最高值和购买力最高值，这一年的奖金购买力相当于1901年的144%。与通货膨胀的百年赛跑中，诺贝尔奖这一次遥遥领先。

2012年，欧债危机爆发，诺贝尔奖奖金受到影响，降到了800万瑞典克朗，再次落后于通货膨胀。好在这次奖金并没有落后太多，

是 97% ~ 98% 的水平，到了 2017 年又追了回来。而在过去的 2023 年，诺贝尔奖奖金已经达到了史无前例的 1 100 万瑞典克朗。

1 100 万瑞典克朗的购买力是多少呢？

根据诺贝尔奖委员会的计算，是 1901 年的 104%。在与通货膨胀的赛跑中，诺贝尔奖继续领先。

5.2 不均的感受从何而来

1. 通胀的“不均”感

通货膨胀能创造短期的经济繁荣，但人们对通货膨胀的感受有时又很负面。为何会这样呢？

通胀的负面感受，一言以蔽之，就是“不均”。

通货膨胀发生时，市面上的钱是变多了，但钱没有均匀地分给每个人。有人多，有人少，还有人一分钱没得到。但无论是否分到钱，人们都要平等地面对物价上涨。有人这时挥金如土，有人却不堪重负。古语说不患寡而患不均，这是通胀发生时很多人的真实感受。

不均究竟是如何发生的？

2. 新知识！ 钱的自然流向

想知道不均是如何发生的，要先了解钱是如何流动的。

钱流动的最普通的方式是购买行为。你卖出一件东西，别人给你钱，这份钱就从别人手里流到了你手里。你再用这份钱去买别的东西,这份钱就又流向了别人。

不过这样普通的流动不足以满足企业融资的需求,需要更快捷更大量的融资方法。金融服务应运而生。专门的人在专门的地点聚集起来从事金融服务,海量的钱快速地在人们手中自由流动,这样的金融业是现代经济社会里货币流动的最主要渠道。

了解了货币的流动方式,下一个问题就是:货币的流动是否均匀?

显然不均匀。人们进行经济行为,总希望会盈利,从事金融业当然也希望盈利。把钱借给企业,人们希望收回更多的分红。

那如果你是一位专门借钱给企业的投资者,你希望会把钱借给什么样的企业呢?

当然是那些更能赚钱、最能赚钱、极其能赚钱的企业。这样你才能拿到更多的回报。

人们总是希望把钱借给那些最能赚钱的行业,这就导致了货币总是流向更能高效赚钱的地方。这样货币的分配就自然而然地变得不均了。

探索时间:金融业的诞生

金融业的诞生源自人们的融资需求。

假设有个人想做点小生意,但他的本金不够,必须得募资。这个人要怎么做呢?

他是上街挨家挨户敲门,逐个问人家有没有闲钱,愿不愿意借给自己,等生意做起来赚了钱,再挨家挨户敲门去送分红?

这太麻烦了,而且也太不可靠了,不能这样。

再假设一个人手里有些闲钱，他打算找一些生意投资。那这个人怎么才能找到生意呢？也是上街挨家挨户敲门，逐个问大家需要不需要钱做生意，愿不愿意接受投资，乐意给自己多少分红？

这也是又麻烦又不可靠。

面对募资和投资的需要，人们希望能有更方便更可靠的解决方式。比如有一个固定的地方和一些固定的人负责把大家的闲钱收到一起，再分发给需要钱的创业者。这会方便很多。

金融业就这样诞生了。它的形式包括银行和证券交易市场，也包括现代出现的各种期货市场、金融衍生品市场等。

在公元前2000多年的苏美尔时代，乌鲁克城中的神庙就有金融的记录。那里出土的泥板上记载着债务和利息的情况①。大约13世纪，东方和西方不约而同出现了现代金融业的雏形。欧洲的威尼斯商人们开始借钱给政府，中国宋朝则出现了专门的买卖有价证券的场所——交引铺，以及官方设立的平抑证券价格的官方金融场所——买钞场②。可见宋代的金融业已经非常发达了。

现代意义上的第一个股票交易市场诞生于1611年的荷兰阿姆斯特丹，在这里上市的第一家公司是荷兰东印度公司③。1698年，英国伦敦的乔纳森咖啡馆开始进行现代股票交易，它即是1801年正式成立的伦敦证券交易所的前身。1792年，纽约证券交易所在美国成立。随着这些现代股票交易市场一个接一个地成立，金融业

---

① 见英国作家本·威尔逊（Ben Wilson）所著《大城市的兴衰：人类文明的乌托邦与反乌托邦》，龚昊、乌媛译，湖南文艺出版社2023年版。

② 李小萍：《南宋金银盐钞交引铺研究》，中国钱币，2010，（02）：24－30. DOI：10.13850/j.cnki.chinum.2010.02.020。

③ Hwang，I.（2024，February27）. *A Brief History of the Stock Market*. SoFi Learn.

逐渐步入了现代发展轨道。

时至今日,金融市场已经十分复杂,各种有价证券、债券、期货、衍生品名目繁多,眼花缭乱。不过金融业的作用是一直没变的:它是为了让钱方便地汇集到一起,再把这些钱交给需要钱的人。

3. 富者愈富,穷者愈穷

与所有行业一样,金融业也需要盈利。而发生通货膨胀时,大量的钱进入市场,争先恐后地流向更能赚钱的地方,不均就会一下变得特别明显。这就是通货膨胀常常给人带来负面感受的原因。

来看一个现实中的情况吧。

1921 年至 1929 年是美国历史上“咆哮的二十年代”。福特汽车、爵士乐、好莱坞等美国流行文化的象征均涌现于此时。这一时期里,人们用上了收音机听广播,装上了电话,开上了平价汽车;人们也走进电影院,观看卓别林的喜剧和古老的《唐璜》。一片片纸醉金迷汇成了爵士乐的欢快旋律,飘荡在大街小巷。

如此梦幻的繁荣从何而来?

答案不只是工业的飞速扩张,还有这一时期美国毫不逊色的货币增发速度。

根据经济学家弗里德曼的估计,从 1921 年到 1929 年,美国的货币存量从大约 320 亿增长到了将近 500 亿①,货币供应量增加了足足 50%。也就是说在这几年里,美国除了大力发展工业投资以外,还往市场上新倒了一半的货币。

---

① 弗里德曼、施瓦茨著,巴曙松等译:《美国货币史》,北京大学出版社 2009 年版。

咆哮的二十年代，爵士乐的欢快鼓点背后是工人的敲敲打打和叮当作响的金钱。

不过，市场上多出来了这么多钱，事实上有没有让美国人民变得富裕起来呢？

这的确带来了不少变化。从 1922 年到 1929 年，美国的汽车保有量从 1 070 万辆增长到了 2 312 万辆。家庭收音机从 6 万台的拥有量增长到了 1 025 万台。电话从 1 430 万部增长到了 2 000 万部。美国人民的整体生活水平得到了相当的提高。

但另一方面，1921 年到 1929 年之间多出来的这么多金钱财富并不是均匀地流动到了每个行业。蓬勃发展的工业能带来更多的利润，钱就愿意往工业流动。与之相对地，农业能分到的钱就自然变少了。1920 年时，15% 的国民收入会流入美国农民的家庭，到 1929 年时，只有 9% 的国民收入流向了农业，相对于扩张的工业，美国农业在这一时期止步不前。

这就是通货膨胀的弊端——美国往市场里倒了这么多钱，虽然是促进了整体市场繁荣，但也让工业和农业变得“不均”了。咆哮的二十年代里，蓬勃发展的工业获得了大量财富，农业却只能望而兴叹。

事实上，在“咆哮的二十年代”里，不只是美国的农业与工业出现了收入差距，美国的个人财富差距也十分惊人。美国经济学家凯文·菲利普斯认为，这一时期美国的国民收入总量增加了 20%，但其分配比例十分极端：90% ~ 95% 的家庭分到了其中一半，另外 5% ~ 10% 的家庭分到了另一半。

更强烈的对比发生在著名的福特汽车公司。在二十年代，福特汽车公司的工人的薪资是一天5美元到6美元。而福特汽车公司的拥有者亨利·福特的个人财产超过了10亿美元，位居全美第二名①。一位汽车工人如果365天工作不停，需要547 945年才能追上福特的财产。

咆哮的二十年代中，美国创造出了大量财富，美国人民也享受到了生活水平的提高，但这些财富也确实造成了严重的“不均”。

财富增加无疑是好事。生产会扩张，人们的收入会增加，整个社会也变得越来越繁荣。

但由于钱的天然属性——钱总是流向更能赚钱的地方——在财富的增加过程中，一部分行业和人的确变得越来越富有，但另一部分却会变得相对贫穷。

更糟糕的是，越来越多的钱必定会造成通货膨胀和物价上涨。对于收获了财富的行业和人来讲，物价上涨是可以承受的；但那些变得相对贫穷的行业和人，他们没有享受到物质丰富和收入提高的快乐，却要和富人一起面对普遍的涨价。这就让他们很心烦了。

为了缓解这种糟糕的情况，就需要想办法控制钱的流向，让它在各个行业、各个市场里流动得更加均匀一点。这样，大家才能一起享受到钱带来的福利，涨价的损失也不会让人那么难以承担。

---

① 凯文·菲利普斯著，王吉美译：《一本书读懂美国财富史》，中信出版社2010年版。当时的全美收入第一名是石油大亨约翰·洛克菲勒。

5.3 控制钱的流向

1. 为钱疏浚一条河道

钱的自然流向导致了不均。想要调节这种不均,就必须要人为控制钱的流向——也就是为钱开辟一些“人工河道”,让钱在河道的指引下均匀地流过每个地方,流进人们希望它去的地方。

“人工河道”的正式名称叫货币政策,由央行制定。例如,我国在2010年至2011年间实行的提高房贷利率政策,就是为了把通向房地产市场的“河道”修窄一点,让钱少流进去点①。

也有一些政策可以修宽“河道”,比如专门针对中小企业的贷款优惠、针对农户的贷款优惠等。这些政策就是为了把通向这些货币不充足的行业的“河道”修宽一些,好让钱多往这些行业里流一流。

2. 定向货币政策

事实上,想要阻止钱流进高利润行业是挺难的事情。因为在利润面前,人们会想尽一切办法把钱投进去。所以哪怕堵上“河道”,人们也会想方设法进行交易。

所以比起修窄“河道”和堵住“河道”,更常见的做法是把其他市场的“河道”修宽点,让这些市场也能享受有钱流入的感觉。

---

① 2010年的全国房贷利率政策数据来自中华人民共和国住房和城乡建设部:《关于调整住房公积金存贷款利率的通知》。2011年的全国房贷利率政策数据来自江门市人民政府门户网站:《关于调整住房公积金存贷款利率的通知(建金[2011]94号)》。

前面提到的定向贷款政策就是一种修宽“河道”的做法。去附近的银行里转一转，咨询一下当天值班的大堂经理，你就能很容易地得到一些定向贷款政策的信息。这些贷款只允许贷给某些固定人群和固定行业，别人想要这笔钱也拿不到。这就能保证钱能流进这些行业里了。

小城的银行就有很多种定向贷款政策，比如专门给农户用于买种子的贷款，专门支持个体小微商户经营的贷款，还有专门给环保处理企业的贷款。这些行业的特点是盈利微薄，起步艰难或者规模极小，不易吸引投资青睐，所以很需要定向贷款政策作为专门的“河道”，帮它们获得资金。

小城里已经有很多人通过定向贷款政策获得了资金，开始了自己的事业。灵芝也是其中之一。

经过一段时间的忙碌，灵芝的新事业步入了正轨，她的玉米和那些放进玉米田里的小母鸡生的鸡蛋都有了不错的销路。灵芝也在农闲时间再次来到学校，开始参加全天授课的课程。她告诉我，她想承包一片更大的玉米田改造一下，再把她那几百只小母鸡重新买回来放进田里。这样她就能建起一大片玉米和养鸡的复合生态农田。

"但是承包玉米地和改造需要的钱有点多,我的积蓄不够。"灵芝说,"我算了半天,只靠卖现在这点玉米和几个鸡蛋,要攒十年才能攒够。"

"十年是不是有点长?"我问。

"是呀。到时候我那些小母鸡只能炖老鸡汤了。"灵芝嘟囔着嘴说,"而且今年鸡蛋的行情特别好,我觉得如果不趁现在把事做起来,十年后又不知道是什么样了。"

"那你今年是要想办法筹钱了?"我问。

"嗯,我已经有主意了。我想把家里房子卖掉,然后承包一片地。"灵芝说。

"卖了房子你住哪?你家还有别的房吗?"我问。

"我可以临时在地头搭个小棚住,等赚了钱再盖新房。"灵芝说。

这个主意有些激进,万一新承包的田地经营状况不佳就糟了。我劝灵芝好好考虑,能不卖房就先别卖,但灵芝无奈地摇摇头。

"我真的没办法。我也试过找人借钱,就是给那座大养鸡场投资的那几家有钱人。我寻思大养鸡场养鸡,我也养鸡,他们既然愿意投资大养鸡场,没准也愿意投给我。可他们没有一个愿意的。"灵芝说。

"他们和你说过为什么不愿意投资吗?"我问。

"他们嫌我没有现成的地和现成的鸡。"灵芝说。

"也就是说,你想借钱买地和鸡,就要先有现成的地和现成的鸡。"

"对。"

“但你没钱买现成的地和现成的鸡，所以你要去借钱。”

“对。”

“但你想要借到钱——”

“——就得先有现成的地和现成的鸡。”灵芝说，“你看，这到底是什么打转的死圈圈？所以我想我要不先把房子卖了，把地买了，不然还能有什么办法？”

灵芝遇到的死圈圈虽有些啼笑皆非，但这是很普遍的情况。很多小本经营的生意和刚刚起步的创业都面临这样的窘境。

其实灵芝需要的钱不算多，因为小城的农业经营成本不高，很多活儿她还能自己干。承包一些地，改建一些设施，买一批玉米种子，买一批鸡，拉一圈大围网，再建一个能让鸡睡觉的鸡舍。这些加起来并不需要很多钱。

但如果把她的私人养鸡事业和一座现代化的超大规模养鸡场

摆在一起，投资人会选择谁，不言而喻。

钱很难自然地流向灵芝，梦想着天上掉下来一个慈善投资人也不太现实。不过，最终小城中的一家银行的一类贷款政策——“普惠金融”帮灵芝解决了困境。

3. 荣获诺贝尔奖的定向贷款政策：普惠金融

小城中的一家银行一直推行着一类叫普惠金融的专项贷款。这类贷款利息低，还款方式多样，抵押方式也十分方便。不过这类贷款有一个限制——只能借给年收入在某个档次之下的农户。超大规模的养鸡场借不到这笔钱。

想起这个，我就带灵芝去了银行。咨询一番之后，银行认定灵芝符合普惠金融的贷款条件。更让灵芝开心的是，贷款押金不高，而且抵押方式十分灵活。如果她愿意等到秋收之后把那茬玉米卖掉，押金就够了；如果她不愿意等，现在就想获得这笔贷款，也可以抵押一些实物资产，比如仓库：农机，甚至她家里的闲置农具、肥料、种子，都可以。如果实物资产不足，还有专门的农业担保公司可以为灵芝提供支持。

斟酌之后，灵芝选择用自己的存款加上家里的农机作为抵押，这笔贷款就审批下来了。再一次来到小城大学上学时，灵芝喜气洋洋地给我看她新承包的田地照片。“等过一阵地里收拾好了，我给你带鸡蛋。”灵芝说。

钱有天生的逐利属性，有爱去和不爱去的地方，但人们可以为钱规划出一条条“河道”，让钱均匀地流往各个市场，尽可能使更多的人受益。

4. 八卦时间：普通人的银行家——诺贝尔奖经济学家穆罕默德·尤努斯

任何行业都需要盈利，金融业也不例外，但金融业的盈利方式会放大钱的逐利天性。这是金融业的困局，也是经济学家一直以来头疼的事情。

普通人得不到贷款，有财富的人天天被银行追着求着贷款。如此以往，有财富的人会越来越富，吸钱的雪球滚起来仿佛就不会有停下的一天；普通人却越来越穷资金紧张。

穆罕默德·尤努斯就是一位为此困惑的经济学家。他是孟加拉国人，1940 年出生于吉大港（Chittagong），1969 年毕业于美国范德比尔特大学，之后在美国田纳西州立大学经济学系任教。1971 年孟加拉国独立，尤努斯转年回到孟加拉国，成为吉大港大学的经济学教授①。

1976 年，尤努斯在非常临近吉大港大学的 Jobra 村中发现了一个意想不到的现象——村子里的妇女深受循环债务所苦，生活一直陷于赤贫，但她们的债务额度是多少呢？

0. 22 美元。1976 年的 0. 22 美元相当于 0. 41 元人民币②。就是这么一点点。

Jobra 村极其贫困，这里的妇女每日一边带孩子一边靠编制竹藤凳子为生。她们穷到没钱买原材料竹藤，需要向批发商人赊账，

---

① 本节关于尤努斯的介绍大部分来自尤努斯自传：《穷人的银行家》（*Banker To The Poor: Micro-Lending and the Battle Against World Poverty*），吴士宏译，生活·读书·新知三联书店，2006 年版。

② 以 1976 年汇率计算。

编好凳子之后再卖给批发商人，一来一去挣得 2 美分的利润，也就是人民币 4 分钱。竹凳的 2 美分利润是批发商人特意把控的，卡在只够让这些妇女勉强糊口的程度，不让她们攒下能自己购买竹藤的本金，同时也就杜绝了她们自产自销多挣点钱的可能性。这些妇女只能日复一日被批发商盘剥，靠每天 2 美分勉强度日。

这样的情形震惊了尤努斯。作为接受过良好经济学教育的经济学家，他立刻想到了金融借贷——只要能从银行或者金融机构借到 22 美分的本金——也就是 4 角人民币，这些妇女不就能自己买得起编凳子的竹藤，跳出被批发商盘剥的死循环了吗？

尤努斯就立刻询问这些妇女为何不去尝试借贷。当地妇女告诉尤努斯，根本没人愿意借钱给她们，她们唯一的借款途径只有黑市高利贷，但高利贷利息惊人，有时一周收 10% 的利息，有时每天收 10%，靠编竹藤凳子的收入根本还不起。她们不可能借这种贷，但又没有其他人愿意借给她们钱。

尤努斯十分惊讶。他觉得高利贷肯定不是办法，但除了高利贷就借不到钱未免有些荒谬。尤努斯就去了当地一家银行的支行，询问他们能否贷给 Jobra 村中 42 户这样的妇女每人大约 65 美分，也就是一共 27 美元（1976 年的人民币 53 元），这样她们就能每人买得起三份原材料竹藤，跳出循环债务的压迫了。

而银行经理很专业地回答尤努斯说：不行，因为银行贷款需要抵押或者需要信用保证。而这些妇女既拿不出任何能抵押的东西，也不相信她们能还钱。

尤努斯被这样的回答气笑了。他向银行经理说，这仅仅是 27 美元而已，Jobra 村的妇女们一定能还上，谁能还不上区区 27 美元呢？

银行经理则回答,没有任何证据能证明她们能还上钱;这样的贷款对银行无利可图;支行分行总行从来没有这样的先例;这些妇女不认字,填不了贷款表格……总而言之,就是不行。

从银行碰了一鼻子灰回来,尤努斯意识到,Jobra 村的这些妇女不是不想借钱,而是完全被排斥在金融体系之外了。金融机构从来不认为这些妇女能赚钱,而且就算她们能赚钱,相较于富人,她们能赚的钱也太微薄了,金融机构看不上。

此时此刻,尤努斯深深地感受到了传统金融业的问题。思考很久之后,尤努斯自己掏出了 27 美元,借给 Jobra 村中 42 户需要本金购买竹藤的妇女。这一份 27 美元的贷款计划被尤努斯命名为“格莱珉银行计划”。尤努斯希望从这一笔 27 美元的贷款开始向全世界的金融业证明一件事:纵然是最底层最贫穷的人也有偿还能力,他们能够,而且应该被纳入金融业的视野之中。

任何想要改变人们原本认知的尝试,难度都可想而知。为了向传统金融业证明穷人可以成为金融业的客户,尤努斯从严格筛选贷款人资格开始,力求保证每一位从格莱珉银行计划获得贷款的人都是真正有信用、会还款的穷人。但尤努斯使用的方法不是像传统金融业那样审查贷款人的资产和信用记录,也不是找有钱人担保——对于像 Jobra 村中这些妇女一样的穷人而言,这些审查已经提前把她们排斥在外了。而是采用一种独特的筛选方式:他领着他在吉大港大学的学生直接进入这些极其贫穷的村子里,来到穷人家中,和他们一次又一次地谈话,了解他们的生活条件,确认他们有能力也有决心努力工作,以保证他们能偿还贷款。

贷款计划的艰难之处几乎难以想象。大部分贷款人目不识丁,对金融常识毫无概念,需要从头开始理解这个计划。更麻烦的是,孟加拉国的宗教传统非常森严,尤努斯为这些赤贫的妇女讲解贷款计划时,得背对着她们对着空气说话。有时尤努斯甚至不能进屋,他只能站在院子里,由一位女性进到屋里,把尤努斯要说的话复述给这些妇女,再出屋把她们的回复告诉尤努斯。可想而知,这样的漫长的谈话调查需要费多大工夫。

但这样的沟通甚至还不是最大的难处。尤努斯发现,最大的难处在于很难取得这些妇女的信任——她们不相信会有银行或者金融机构愿意贷款给自己,对“几个陌生人来家里聊天谈贷款”这种事天然排斥。

为此,尤努斯要求员工必须从根本上考虑这些穷人的生活困境,教他们贷款之后要盖新房,建坑式厕所而非露天方便,水要烧开后再喝,带领他们用贷款的钱种蔬菜吃蔬菜,劝他们农耕季节勤快插秧,劝他们务必送子女上学,务必让子女穿干净衣服,不要让未成年子女结婚。换言之,把工作真正做到人身上而非钱身上。这样的工作方式简直不像银行了。

为了保证这样的工作能推行下去，尤努斯还制定了一条员工守则：上班时间员工不许出现在办公室，他们必须在村里、在街上、在村民家里，一旦发现员工坐在办公室就要受处罚。至于那些非得在办公室里做的文书工作——像记账对账，那就预定好到底要坐几个小时的办公室，多一会儿都不行。

但这些还是不够。为了保证贷款偿还率，尤努斯把借款人分成五人一组，如果有其中任何一人出现信用问题，本组的五人要一起承担责任。这样的“连带式”还款小组为这些物质上十分贫穷的贷款人提供了强大的精神支持，组内成员会互相监督还款计划，也会互相鼓励按时还款。万一某个成员遇到了什么事情影响还款，组内成员也会互相扶持，确保还款计划能顺利进行。或许人们会觉得为了还款把人逼到这个份上未免有些过，但格莱珉银行计划的单项贷款额十分微薄，往往是十几美元，最多不超过几十美元。如果一位穷人已经穷到了连这样微薄的款项也要靠借贷才能得到，那么这样高组织性、高纪律性的还款小组制度为这位穷人的生活提供的精神助力可以说是不可或缺的。

在走访中，尤努斯还发现孟加拉国的妇女往往比男性更注重家庭。她们挣钱之后会给家庭添置东西，给孩子花钱，改善家庭的整体生活。在全是妇女的五人小组中，妇女们也不会说谎拖欠贷款，而是会互相支持着一起诚实还款。但贷款给男性后，他们往往只把钱用于自己身上，在男性的五人小组或者性别混合的五人小组中，男性常常反复说谎，以此拖欠贷款。尤努斯由此决定，孟加拉国的格莱珉银行计划只借贷给妇女，这样能让这位妇女的整个家庭都受益，也能保证更可靠的还款。

进村入户谈话，五人妇女小组，生活陪伴和引导，这三项制度说起来只需几段字，但实际做起来的困难程度远超想象。人们不配合、不愿意和不理解是常态，有些村子还会暴力驱逐他们。另外，格莱珉银行的贷款对象——孟加拉国的妇女面临着极大的宗教压力和传统文化压力，她们往往不愿或者被迫不愿接受贷款。按尤努斯的描述说，“在一个村子里，我们每天挨家挨户谈话，持续好几个月后终于找到一两位愿意参与贷款计划的妇女，她们再拉来另外几位妇女组成一个五人小组。贷款计划看似终于可以开始，这五人中又总会有人说丈夫不同意、家里不同意，或者因为这样那样的原因退出，五人小组又只剩一个人，前面的所有过程再重来一遍。这样的情况简直是太普遍了。”

那么，如此艰难、如此漫长、有如愚公移山般的推行方式，格莱珉银行计划的结果是怎样的呢？

从 1976 年尤努斯第一次向 Jobra 村中 42 户妇女借出总共 27 美元开始，到 2007 年，格莱珉银行已经提供了总共 60 亿美元的贷款，惠及全球 695 万穷人。这些借款的穷人用这些小额贷款做起来的庞杂生意包罗万象，如做蚊帐、做面包、腌酸菜、修轮胎、做鞭炮、发豆芽等。这些小生意也支持他们一步步摆脱了贫穷，并且能够成功偿还从格莱珉银行借的贷款。

更加令很多金融业从业人员瞠目结舌的是，格莱珉银行的还款率高达 98% 以上。也就是说，100 个借款人里有至少 98 个人能完全按时还款。而且格莱珉银行的任何一个支行都不设警卫室和法律业务部，从不通过法律讨偿贷款，所以 98% 的还款率全部是借款人自发达成的。尤努斯则说，如果真有人连这么低额的贷款都还不上,那一定是有非常的困难,所以无须讨偿。银行又怎么会为了这么低额的贷款打官司呢。

除了如此惊人的还款率,更重要的是,格莱珉银行成功做到了让每一家新开的支行能在三年内盈利。这得益于高达98%以上的还款率保证,也得益于格莱珉银行十分微薄的贷款额——首次从格莱珉银行借贷的人获得的贷款额往往是12美元或者15美元(大约不到100元人民币);在中国实行的格莱珉银行计划中,农户得到的贷款额则是几千元人民币。相比于传统金融贷款,格莱珉银行的贷款人借的钱真是非常非常少,所以就算他们真还不上,也不会给格莱珉银行带来多少损失。

靠着如此高的还款率和如此小额分散的贷款额,格莱珉银行的违约风险极低。相比之下,传统金融业的风险就没这么容易处理了。传统金融业倾向于出借可观的款项给有财富的人。但他们一旦违约、赖账或跑路,造成的损失也一样可观。用尤努斯的话说,“有财富的人懂得如何利用法律,所以他们根本不在乎赖账;普通人一无所有,什么都怕,所以他们一定会表现良好,发奋工作还钱。”

极低风险、极高还款率、新开支行三年内盈利,这三项成功意味着尤努斯成功地用金融业的思维方式证明了面向穷人的贷款有利,且风险极低。金融业真的可以推行这种面向穷人的贷款。

“普惠金融”的理念自此诞生了。它旨在让那些被传统金融业忽视的人们也能享受到金融带来的好处,摆脱贫困的死循环,过上更好的生活。

时至今日,由尤努斯带来的“普惠金融”的理念已经遍及世界的四十多个国家,包括中国。严格采用格莱珉银行制度和工作方法的江苏徐州陆口村就是一个典型的例子①。除此之外,各国政府中所有有志于普惠金融的人们也怀抱着极大的热情和付出,探索着普惠金融的更多应用方式。在遍布中国乡镇各个农商银行的贷款政策中,也有格莱珉计划和普惠金融的影子。

“人们总是希望利益最大化”,这是传统经济学最经典的假设之一。这个假设或许没错,但这并非人们心中唯一期盼的目标。社会责任、道德感,还有“我也想让他人的生活变得更好”这样朴素而高尚的想法也普遍根植于人们心中。怀抱着这些想法,经济学家不断深入探索,如何让钱不只流向更能赚钱的地方,如何让金融业做到给真正需要钱的人带来钱。尤努斯用他的格莱珉银行计划和由此诞生的普惠金融理念给出了回答。

2006年,穆罕默德·尤努斯获得诺贝尔奖。与其他获得诺贝尔奖的经济学家不同,尤努斯获得的不是经济学奖,而是和平奖,以表彰他真正为消除贫穷和促进社会平等做出的贡献。

---

① 李昌金:《格莱珉模式中国实践30年》。

5.4　钱与人的天性

以物易物的年代里，市场交易非常低效。直到货币出现，市场交易才得到了“润滑剂”。所有商品都可以用货币来衡量价值，交易由此变得十分便捷。货币也因此被称为通货，即“通用货物”。

早期的货币是贝壳和固定大小的矿物结晶，而后演变为贵金属，再之后变成了仅仅代表价值本身的纸币。互联网时代，货币更是抛弃了纸币实体，彻底成为银行账户中的一串数字。

在市场经济如此发达，交易如此快捷频繁的今日，货币已从润滑剂变成了潮水般的润滑剂，乃至变成了潮水。货币的大潮冲到哪个市场，哪个市场就会聚集大量投资、进行大量生产、增加大量就业岗位。但如果这种潮水只在金融层面发生——货币冲进一个市场只为炒高资产价格，然后迅速出手带走更多的钱——这个市场就会在潮水过后一蹶不振。财富被货币的潮水带走，市场变得更加衰退。

钱有积极的一面，也有消极的一面。

古往今来，钱由人使。所以人有什么样的天性，钱就有什么样的天性。人渴望逐利，钱就渴望到更能赚钱的地方去，这就造就了钱消极的一面，造就了潮水过后的不均。

不过人只有逐利的本性吗？

经济学的开山之父亚当·斯密，他另有一本与《国富论》齐名的著作，叫《道德情操论》。在这本书中，斯密讨论了一个和逐利天性几乎完全相反的事实——人类天生有同情的能力，有天生的道德感和正义感。人们会因他人的痛苦而感到悲伤,会因他人的幸福而为之快乐。在逐利之外,人们也想让他人的生活变得更好,愿意不求回报地为这个目标而奋斗。

正是这样的天性,诞生出了一代又一代在金钱潮水中逆流而上的高尚的人,其中不乏经济学家的身影。他们创立各式各样的经济理论和制度规范,尝试构建一个让更多人受益的社会。他们希望让不受金钱青睐的穷人也能分享财富,让发展与增长的繁荣惠及更多普罗大众。

而这时,钱的天性同样追随了人的天性——它流向了需要它的穷人手中,支持起了他们的生活。格莱珉银行在商业上的成功就是证明。

逐利是人的天性,但人的天性不只是逐利。经济学揭示着世界的真实,而世界的真实不只是经济学。

第6章
经济周期是怎么形成的

周期诞生于供求，周期毁灭供求，周期再创造新的供求。

6.1 什么是经济周期

1. 新知识！ 经济周期

经济周期指的是经济从增长到衰退，又复归增长的循环。

推一辆卖矿泉水的小车放在地铁站门口，等地铁到站时，就会有一大批乘客走出来，其中会有人从小车上买矿泉水，矿泉水小车的商业周期高峰就开始了。等这一批出站乘客走完，地铁站归于宁静，矿泉水小车的商业周期高峰就会结束，小车冷冷清清无人问津。而等到下一班地铁到站时，小车又会走出周期低谷，进入新一轮的高峰期。

这就是一个“矿泉水小车周期”。

小到这样的矿泉水小车，大到社会上各行各业，都存在不同长度的周期。短的周期如矿泉水小车周期，从开始到结束只有十几分钟；长周期如房地产业周期，从周期开始到结束15~25年。目前经济学家侦测到的最长的周期是整个宏观经济的周期，一次周期持续大约54年。

这些周期是怎样形成的呢？

2. 周期的本质：一直变化的供求关系

周期的形成动因其实很简单，就是最经典的供求定律。

一次周期的开始源于供求失衡。需求一件商品的人多，能提供这件商品的人少，这件商品的价格就会上涨。而涨价会吸引大量生产者加入这个行业。

但生产需要一定时间，从大量生产者加入商品真正生产出来摆上货架之前，这件商品会一直处于供小于求的阶段。在此期间，涨价会一直持续，新生产者也会一直被吸引进这个行业。这就是周期的上行期。

当大量的商品终于被生产出来，这件商品的供求关系就改变了。消费者发现这件商品如雨后春笋一般大量出现在市场上，供给一下超过了需求。这时候，这件商品的价格就由涨转向跌，周期抵达拐点，从上行转为下行。

价格一旦开始下降，生产者就会发现这件商品的利润逐渐被压缩了。价格持续跌下去，有些生产者甚至开始赔钱。但生产者在前期投入了成本，他们很难立刻退出市场，所以会坚持一段时间才开始大规模退出。这段时期是周期的下行期。

最终，商品价格会跌到谷底，但由于生产者已经大量退出市场，供给开始缺乏，周期就又回到了第一阶段——价格又要开始上涨了。

这就是由供求变化带来的整个周期。

光是这样描述概念或许不足以帮助大家理解，接下来我们用真实的市场案例进行一次实战分析。

3. 周期分析实战：经典猪周期

生猪价格周期，简称猪周期，是我国市场上一个非常经典的短周期。它以生猪的繁育时长（10～12 个月）为基础，形成了一个十分稳定的循环。

得益于生猪稳定的繁育时长，猪周期的每个阶段的持续时长也是固定的，周期的上下行十分明显，非常适合作为理解周期的入门案例。接下来，我们就一起进行一次猪周期的分析，领略一下它的精巧之处。

从 2002 年开始，我国猪肉市场一共经历了五次完整的猪周期。先来看看从 2002 年到 2018 年的前四次猪周期。

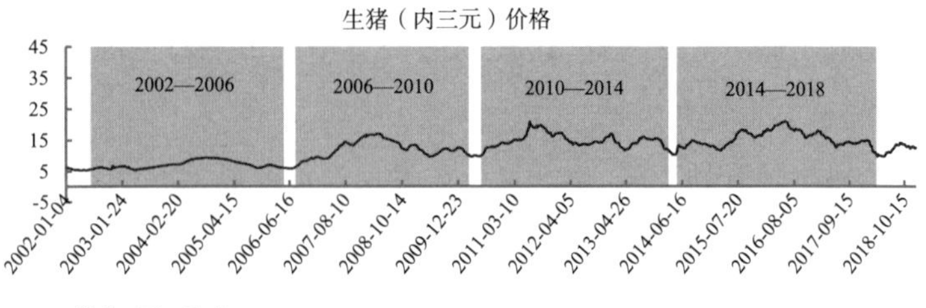

单位：元/千克

数据源：布瑞克农业数据库，全国生猪价格（2002—2018）。

观察这四次猪周期的趋势，你会发觉我国的生猪价格保持着稳定的周期循环。这是因为生猪市场的供需变化是非常稳定的，几乎完全基于生猪的繁育时长（10~12 个月）。

我们根据上面这张图中的供需变化把猪周期划分为以下四个阶段：

猪周期分析			
阶段	价格趋势	周期过程	
1	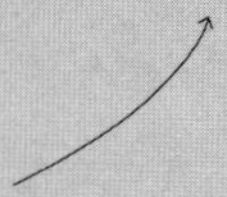	供求情况：猪肉产量减少	
		阶段特征	猪肉开始明显涨价，利润可观
			受到涨价吸引，农户和企业开始加入市场，扩大生产，积极地购买母猪、繁育仔猪
			从母猪怀孕、生出新的小猪仔，再到把小猪仔养大宰杀，一共需要 10~12 个月。在这段时期内，猪肉供应会一直不足
			猪肉价格会持续上涨 10~12 个月
2	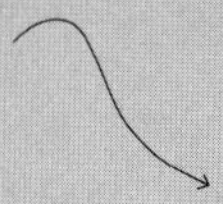	供求情况：新繁育的小猪仔陆续长大上市，猪肉供应量持续增加	
		阶段特征	猪肉价格暂时坚挺
			上一阶段中购入的母猪不断地生出新的小猪，新的小猪不断地长大上市，猪肉供应量开始猛增，迅速进入过剩阶段
			猪肉价格在短暂坚挺后迅速下行
			因为上一阶段中，“扩大生产”的行为持续了 10~12 个月，所以猪肉供应过剩会继续保持 10~12 个月

续上表

猪周期分析			
阶段	价格趋势	周期过程	
3	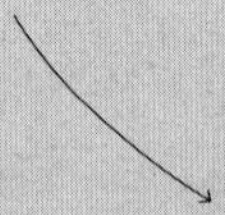	供求情况:猪肉供应量仍旧过剩	
		阶段特征	猪肉价格持续下跌
			最先承受不住跌价的农户和企业开始退出市场,母猪开始“退休”
			猪肉供应量仍旧过剩,价格继续下跌
			持续有农户和企业离场,因为要把小猪养大卖掉,离场行为会持续10~12个月
			猪价跌到谷底
4		供求情况:猪肉供应量跌到谷底	
		阶段特征	猪价有所回升
			受前一阶段供应过剩影响,价格虽然回升,但也没多高。不足以吸引新农户和企业入场
			猪肉价格会一直保持上涨,直到回归第一阶段

从猪肉产量减少开始,猪周期就进入了一个供小于求的市场。供小于求会导致猪肉涨价,也会吸引生产者加入市场开始生产猪肉,但由于母猪繁育仔猪,仔猪再长大上市的时长需要10~12个月,供小于求的市场就会一直持续10~12个月。这是猪周期的上行阶段。

繁育出来的仔猪长大上市后,猪周期就进入了下一阶段。这时市场上的猪肉供应开始增加,供求天平开始反转。随着上市的猪肉越来越多,供小于求的市场逐渐变得供大于求。猪周期的拐点在此出现,猪肉价格从涨转向跌。

由此，猪周期就进入了下行阶段。此时市场上的猪肉供应量仍旧过剩，但生产者无法立刻清仓离场。因为他们仍旧要等着怀孕母猪把猪仔生下来，再把仔猪培养大，才能把猪肉送上市场卖掉。这个阶段也要持续 10~12 个月。

最后，当生产者终于清仓离场，也不再让母猪继续繁育仔猪的时候，市场的供求天平就再次回转，慢慢变得供小于求了。一段时间后，新一轮的猪周期即将开始。

下图展示了一次猪周期的完整循环：

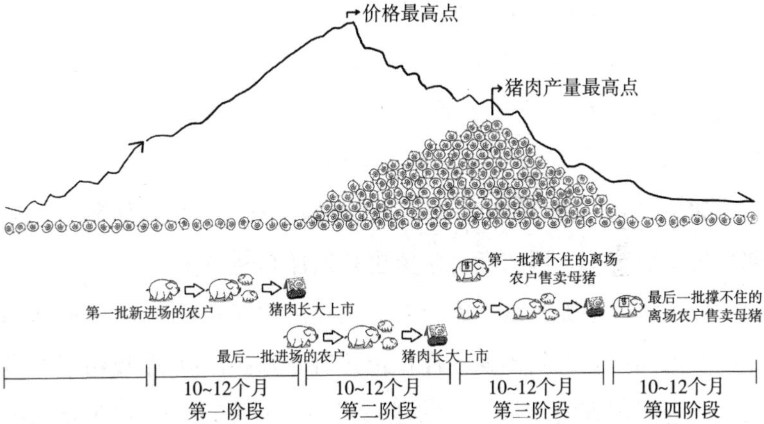

了解猪周期的形成机制后，我们再回过头来看一看 2002 年开始的这四次猪周期。可以看到，从 2002 年到 2018 年的这四次猪周期形状非常稳定，时长都是稳定的四年。这四次周期的曲线也十分好看，每个周期内的最高价都发生在夏季，最低价则精确发生在 6 月份前后。

依照这四次猪周期的经验，你能不能对 2018 年年底开启的新

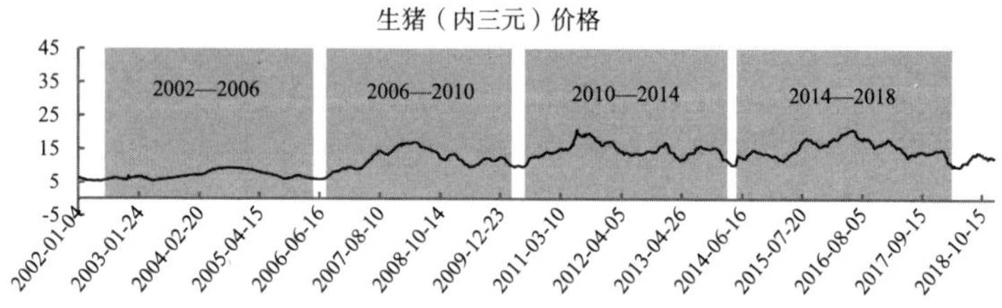

单位：元/千克

数据源：布瑞克农业数据库，全国生猪价格（2002—2018）。

一次猪周期做出预测呢？它会在何时开始上行？何时抵达价格峰值？何时又再次跌落价格最低谷？

答案一目了然：根据过往经验，2018 年底开始的新一次猪周期将在 2019 年年初进入上行周期，2020 年夏季达到价格峰值，2022 年 6 月左右重回谷底。你答对了吗？

如果你也是这么想的，那么可以先表扬一下自己，体验一下周期分析的成就感。因为经济学家也是这样判断的。

但现实并不如经济学家所愿。在经济学家觉得 2018 年底的猪周期会如同前四次猪周期一样稳定开启的时候，生猪市场给了所有人一个意想不到的事件——它迎来了一只“黑天鹅”。这正是周期最变幻莫测的地方。

探索时间：猪周期的小问答

从 2002 年到 2018 年的四次猪周期形态十分稳定，它也非常适合作为周期分析的练习。现在对照这四次猪周期来回答几个小问题吧，加深一下你对猪周期的理解。

• 假设现在的时间是 2003 年 7 月,你是一个养猪的农户。此刻你该扩大生产,还是缩小生产规模?

• 假设现在的时间是 2009 年,你是一个手持资金、想要进入养猪行业的投资者。你应该在 2009 年的哪个月入场购买母猪?

• 假设现在是 2013 年春节,生猪价格出现了小高峰。你是一个养猪的农户,面对这样的高价,你现在应该扩大生产还是缩小生产规模?

• 假设现在是 2016 年春节,你是一个养猪大户,但你棚里的母猪太多了,你照顾不过来。那么,你在何时卖掉多余的母猪比较合适?

4. 一只黑天鹅

按理来说,过去的经验能帮助我们判断未来。过去的猪周期保持着十分稳定的形态,那么未来的猪周期极有可能也是这个样貌。这是十分自然的推论。但经验不一定是真理,经验也不一定是全部。经验仅仅是经验。

十七世纪之前,欧洲人一直认为天鹅是白色的,因为所有的历史记录中的天鹅都是白色的,欧洲大陆上的天鹅也全都是白色的。根据这样的经验,“世界上的天鹅都是白的”成为欧洲人自然而然的推论。

直到 1697 年,荷兰探险家威廉·德·弗拉明(Willem de Vlamingh)登上了此前欧洲人从未探索过的澳大利亚大陆,然后他见到了一只黑色的天鹅。一直以来人们坚信的“天鹅都是白色”的自然推论一下子被推翻了①。

这就是“黑天鹅”事件的由来。它告诉我们,经验不一定是全部。无论已经发生的事是多么稳定地重复着,只要出现一个反例,就可以推翻过往的一切经验。

2018 年,我国的新一轮猪周期正是遇到了这样一只“黑天鹅”。这一年,我国养猪行业发生大规模猪瘟。此时猪周期尚处于早期上行的阶段,肉价像过去几轮周期一样平稳上涨,但到了 2019 年下半年,猪价直线蹿升,短短一年内史无前例地从 10 多元一公斤涨到了 40 多元一公斤,涨幅高达 280%。

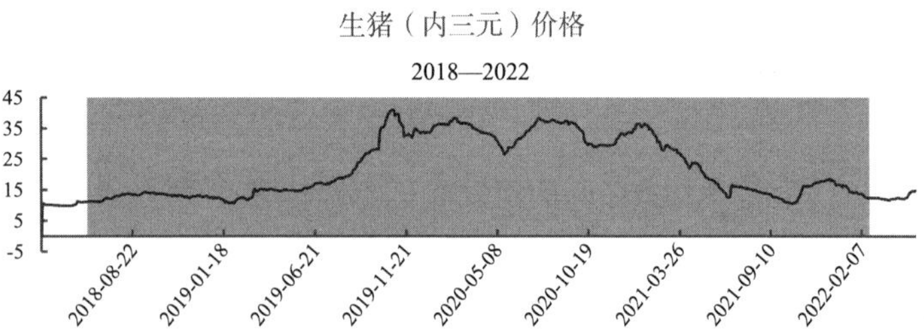

单位:元/千克

数据源:布瑞克农业数据库,全国生猪价格(2018—2022)。

之后从 2019 年到 2021 年初,猪价一直保持在 30~40 元一公斤的史无前例的高位。其间价格纵然时有大幅震荡,但从未跌破 25 元。

这一轮猪周期的高价阶段持续了两年之久。直到 2022 年春季,也就是这一轮猪周期进入第四年时,猪价才跌回了这次周期的

---

① Raikar, S. Pai (2024, May 3) *Black Swan Event*. Encyclopedia Britannica.

最低位——10 元出头。这次疯狂猪周期终于落幕了。

为何这次猪周期与以往如此不同?

5. 奇特走势的背后：基本供求规律

虽然 2018 年的这次猪周期走势非常特别,但其底层机制仍旧是基本的供求变化。

在这一次猪周期刚开始时,发生了大规模的猪瘟。在短短半年内席卷全国,能繁母猪数量随之急剧减少。在猪周期刚刚开始时的 2018 年底,全国母猪数量尚保持在 4 261 万头的稳定数量,到 2019 年 9 月时,全国的母猪只剩下 2 821 万头,减少了 33%。

母猪数量的锐减立刻反映在了猪肉的市场价格上。从 2019 年夏天开始,猪肉价格一路飙升,一度突破 40 元一公斤。再加上运输管控、生产管控等外部条件的影响,母猪的数量增长十分缓慢,因此每公斤猪肉价格一直在 35~45 元之间居高不下。

这一次价格在高价区间持续了一年多之久。直到 2020 年底,能繁母猪数量终于重新涨回到了 4 000 万头大关①。猪肉价格随之开始直线下落,最终在 2021 年 6 月跌回到了 12 元的正常价位。

看,纵然这次猪周期形态十分特别,但其价格波动的根本是猪肉的"供应商"——能繁母猪的数量变动。"供应商"母猪出现短缺,猪肉价格就随之一路上扬。即使母猪数量一直在追着猪价往上跑,也是跑了足足一年才追上了猪价,将其"击落"。

---

① 2018 年、2019 年和 2020 年的能繁母猪数量由国家统计局公布数据计算而得。

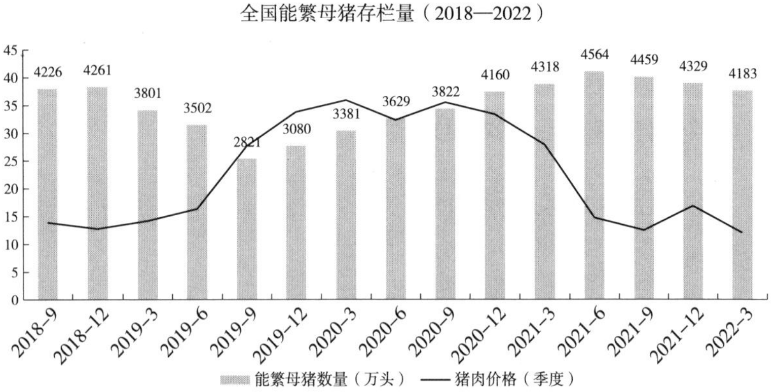

生猪价格单位:元/千克

数据源:生猪价格计算自布瑞克农业数据库,全国生猪价格(2018—2022)。全国能繁母猪存栏量来自国家统计局网站《数据发布》栏目(2018—2021),农业农村部生猪专题网站(2021—2022)。

6. 黑天鹅的余波：2022 年的猪周期

在“黑天鹅”事件的影响下,2018 年到 2022 年的猪周期呈现出了十分不同的形态,但黑天鹅的影响并未随着这次猪周期的结束而消失,它的余波持续到了 2022 年的新一轮猪周期中。

如上所示,从 2022 年 5 月开始的新一轮猪周期只呈现出了一个非常短的波峰,也就是 5 月到 11 月的一次猛涨。然后猪价就一头栽到 15 元一公斤的低位,徘徊了长达两年之久。到 2024 年夏天,猪价才又开始缓缓上涨,但最高价也与曾经的波峰相距甚远。这一轮新的猪周期形态也很特别。

特殊的周期形态背后仍旧是基本供求关系在发挥着作用。在这一轮猪周期刚刚开始时,全国范围内的运输和生产管控导致了母猪和猪肉的局部供给不足,猪肉价格便趋向高位。

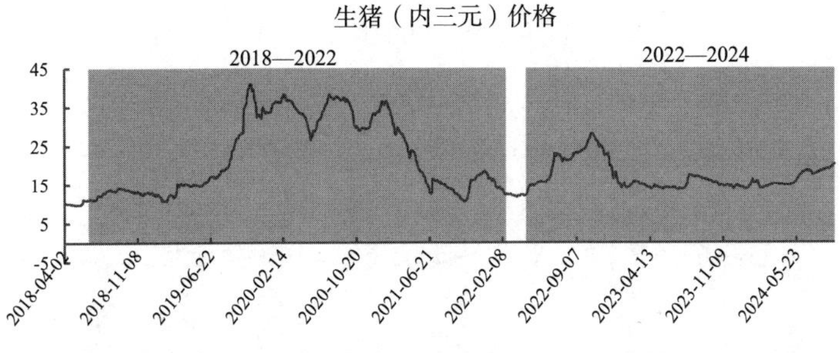

单位:元/千克

数据源:布瑞克农业数据库,全国生猪价格(2018—2024)。

不过从这一轮猪周期开始,全国能繁母猪数量也在一路上涨。到2022年底,母猪数量直奔4 390万头,而运输和生产限制也在此时解除。接下来,猪价就迅速回落到了十几元一公斤的低位。此后,由于全国能繁母猪的供应一直十分充足,猪肉价格的波动也非常小①,一直保持在15元左右。直到2024年秋季才出现了一波小小的高峰。

7. 猪周期的长期视野

黑天鹅的存在告诉我们,无论过去的经验被证实了多少次,人们仍不能预测明天会发生什么。谁也不知道会不会突然出现一只黑天鹅。

这是经济周期最让人迷惑之处。不过从更长期的视角来看,周期之所以是周期,就是因为它上行之后一定会回落,而回落以后又总有一天会再上涨。上下行的交替一定会发生,唯一不确定的只是发生的具体时点罢了。

---

① 2022年以来的能繁母猪数量来自农业农村部生猪专题《生猪产品信息》。

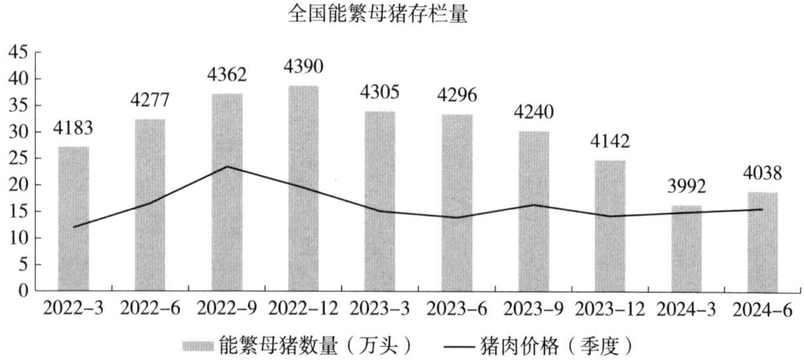

生猪价格单位:元/千克

数据源:生猪价格计算自布瑞克农业数据库,全国生猪价格(2022—2024)。全国能繁母猪存栏量来自农业农村部生猪专题网站(2022—2024)。

从更长期的观测视角来看,纵然会有黑天鹅这类的意外事件,猪周期仍旧符合最基本的供求规律——供给逐渐增多时,下行的可能性就开始积累;供给降低时,上行的可能性就在慢慢酝酿。

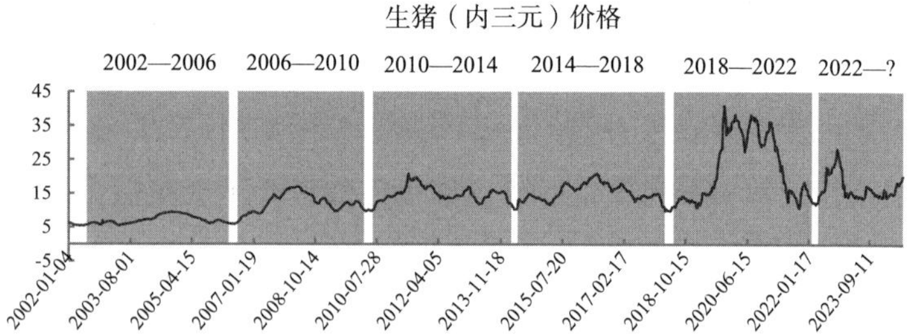

单位:元/千克

数据源:布瑞克农业数据库,全国生猪价格(2002—2024)。

周期中一定会发生上行和下行,会出现误差的只是那个精确的时点。经济学家为此发明了大量数学工具和理论工具,致力于让周期预测尽可能地接近那个精确时点。

那么,留给读者的最后一个问题就是:你觉得当前的猪周期处在什么阶段?

6.2 周期分析的不变之锚

1. 推断经济周期的走势

在大多数情况下,依照历史经验和最基本的供求关系,可以大致推断出一个周期的整体走势。这种推断自经济学诞生以来就一直风靡不已,尤其是在宏观经济低迷——也就是宏观大周期进入下行时,人们非常关心这种推断,非常想知道宏观大周期何时能转为上行。

宏观大周期的分析当属周期分析中最复杂的部分,本节我们先从较为简单的部分开始,也就是先了解一下周期分析的基础框架。

周期分析的基础框架包括三组基本指标:先行指标、同步指标和滞后指标。基于这三组指标,我们可以构建起任意一个周期的基本样貌。

2. 新知识! 先行指标

先行指标是先于经济周期发生的指标。先行指标发生变化,就意味着周期也会在不久之后发生变化。

常用的几个先行指标包括新开工项目计划总投资、采购经理指数(PMI)和消费者信心指数。

- 新开工项目计划总投资

这是一项很常用的先行指标，它说明了这个行业在未来一段时间里会有多少资金投入建设。这项指标如果开始增长，行业就将进入一段扩张时期，产品供给会在未来出现增长。

在猪周期中，与新开工项目计划总投资类似的指标是能繁母猪的数量。能繁母猪数量变多了，母猪"开工"生出来的小猪仔也就变多了。一段时间后，小猪仔长大摆上货架，猪周期就会出现猪肉供给增长。

- 采购经理指数

采购经理指数描述了一个行业的生产扩张情况和生产扩张速度。采购经理指数出现上涨时，表示这个行业即将进入一段扩张时期，产品供给会在未来出现增长。这组指标也可以用来估计一个行业的成本和预计利润，以及其抗风险能力。

这个指标包括五个子指标：生产指数、新增订单指数、原材料库存指数、从业人员指数和供应商配送时间指数。

具体而言，生产指数指的是计划生产多少产品；从业人员指数指的是从事此行业的人员数量；供应商配送时间则是上游行业/供应商的交货速度；新增订单指数和原材料库存指数是字面意思。

用猪周期来举例，生产指数类似于"打算繁育多少仔猪"；原材料库存指数则是"当前仔猪的数量"和玉米、豆粕等饲料的库存数量；猪周期的供应商配送时间指数比较有趣，可以指玉米、豆粕等饲料的配送时间，不过如果把母猪也看作猪肉的供应商——因为她们要花四个月时间怀孕才能向养猪户提供一只小仔猪——那么"仔猪供应商"母猪的配送时间指数就是四个月。

- 消费者信心指数

与前两项描述供给侧的先行指标不同，消费者信心指数描述的是需求侧，也就是消费者的花钱意愿。消费者信心强，意味着人们愿意多消费；消费者信心弱，意味着人们不愿意消费，更想存钱。

周期上行的时候，消费者信心往往会跟着增长，从而造成未来一段时间的需求增加。供给方观测到需求变多，就会进一步扩大生产。这就预示了未来一段时间里周期会继续上行。也有些经济学家会用这个指数衡量人们的信心是不是过度充足，经济是不是过热。

而周期下行时，消费者信心指数会跟着一路下滑，也是衡量市场是否景气的重要标志。

3. 新知识！ 同步指标

同步指标是经济周期的实时情况指标，它展示了周期当前的状态。

常用的同步指标包括生产总值、工业用电量和铁路货运量等。猪周期中，当日猪价、主要饲料的当日价格和运输价格等数据都属于同步指标。

同步指标可以用于和上一个、上上个、上上上个……周期的同期情况做对比，以估计目前正在运行的这个周期所处的阶段。

让我们回想一下猪周期在 2015 年 8 月时的一个小高峰，那时的猪价是将近 20 元一公斤。把这个价格与上一轮猪周期的同期价格做个对比，也就是和 2011 年 8 月的猪价对比，我们就会发现，

2015年8月的猪价虽然是当时的峰值，但尚未抵达上一轮猪周期的同期价格顶点。

这样我们便可认为，2015年8月的猪价还没达到整个周期的顶峰，猪价还有冲击下一波更高点的可能。

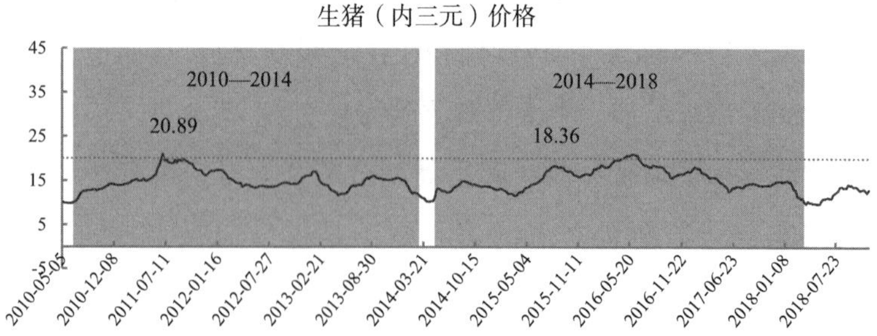

单位：元/千克
数据源：布瑞克农业数据库，全国生猪价格（2010—2018）。

4. 新知识！ 滞后指标

滞后指标是经济周期发生一段时间后才会受到影响的指标。它是经济周期的结果，展示了一个周期最终会为我们带来什么改变。

常见的滞后指标包括失业率、消费者价格指数和库存量。

- 失业率

这是经济周期最具标志性的滞后指标。它会在经济上行或下行一段时间后才会出现较大变动。

猪周期中，猪价达到最高点后开始回落，然后要再过一段时间才会陆续有农户和企业大规模地退出市场。这种大规模退出就是猪周期的一个类似失业率的滞后指标。当这个滞后指标出现，而且被观测到时，就确定了猪周期进入了下行通道。

- 消费者价格指数

消费者价格指数就是大名鼎鼎的通货膨胀指标。如果你已经阅读了本书关于通货膨胀的部分，就会很容易理解这个指数为什么是滞后的——价格上涨需要一定的时间，它得从一个市场传导到另一个市场。因此，整体市场的通货膨胀一定是滞后发生的。当你看到这个指数上涨时，意味着很多局部市场的通货膨胀已经发生过了。

- 库存量

库存量指的是产品的库存。它在市场供求变化发生之后才发生变化。

经济上行期，企业发现供给小于需求后，就会主动增加库存，即主动扩大生产。

但生产需要时间，需要准备原材料，需要制造过程，猪周期中的母猪则需要怀孕四个月，再花六个月把小猪养大。所以企业的库存量要过一段时间才会真正变多。这个指标的变动是滞后的。

经济下行期，企业发现供给大于需求后会主动缩小生产规模。这即是主动去库存。主动去库存一般会发生得非常快，因为机器可以立刻关停，母猪也可以立刻被送到市场卖掉。

而主动去库存发生一段时间后，还会有一段被动去库存的时期。这是因为企业开始去库存后，市场上的供给会逐渐小于需求，价格会逐渐回升。但企业发现价格回升后，还需要花一段时间才能把新的产品生产出来，在此之前，由于消费者不断购买库存产品，库存量仍旧会下降。

5. 指标分析实战：分析当前的制造业周期

了解了周期的分析指标，现在我们来尝试一下如何用这些指标观察经济周期。简便起见，我们选用当前的宏观数据，使用先行指标的框架观察当前的制造业周期。

打开国家统计局的数据网站，你就能看到一个搜索栏。

先行指标中，第一个指标叫采购经理指数。把采购经理指数这几个字输入搜索栏里，点击“搜索”，你会看到一排相关的指标。

往下拉一下页面，你可以找到一个叫“制造业采购经理指数”的数据。如果它没在这一页，就往后翻翻页。

找到这个指标后，点击右侧的“相关报表”，就能得到一个更具体的数据表。

这个数据表包含非常多的子条目，不过时间显示的只是最新的一个月数据。

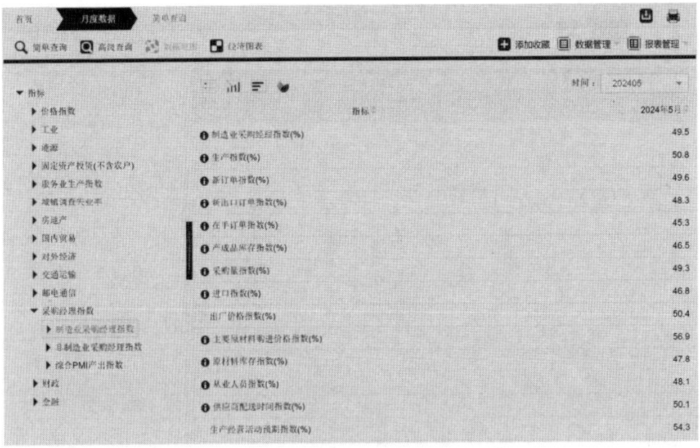

指标	2024年5月
制造业采购经理指数(%)	49.5
生产指数(%)	50.8
新订单指数(%)	49.6
新出口订单指数(%)	48.3
在手订单指数(%)	45.3
产成品库存指数(%)	46.5
采购量指数(%)	49.3
进口指数(%)	46.8
出厂价格指数(%)	50.4
主要原材料购进价格指数(%)	56.9
原材料库存指数(%)	47.8
从业人员指数(%)	48.1
供应商配送时间指数(%)	50.1
生产经营活动预期指数(%)	54.3

在右上角调整一下这个报表的时间，让它显示“最近 13 个月”。然后你就会得到一个更加丰富的数据表。现在你就能看到过去 13 个月以来制造业采购经理指数的具体数据了。

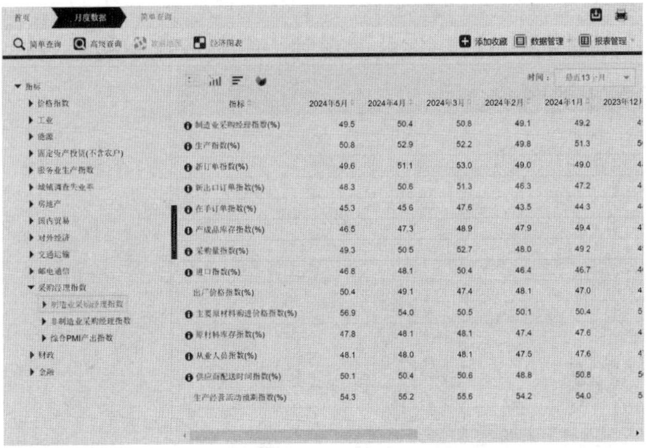

指标	2024年5月	2024年4月	2024年3月	2024年2月	2024年1月
制造业采购经理指数(%)	49.5	50.4	50.8	49.1	49.2
生产指数(%)	50.8	52.9	52.2	49.8	51.3
新订单指数(%)	49.6	51.1	53.0	49.0	49.0
新出口订单指数(%)	48.3	50.6	51.3	46.3	47.2
在手订单指数(%)	45.3	45.6	47.6	43.5	44.3
产成品库存指数(%)	46.5	47.3	48.9	47.9	49.4
采购量指数(%)	49.3	50.5	52.7	48.0	49.2
进口指数(%)	46.8	48.1	50.4	46.4	46.7
出厂价格指数(%)	50.4	49.1	47.4	48.1	47.0
主要原材料购进价格指数(%)	56.9	54.0	50.5	50.1	50.4
原材料库存指数(%)	47.8	48.1	48.1	47.4	47.6
从业人员指数(%)	48.1	48.0	48.1	47.5	47.6
供应商配送时间指数(%)	50.1	50.4	50.6	48.8	50.8
生产经营活动预期指数(%)	54.3	55.2	55.6	54.2	54.0

接下来，你可以点击上图中的这个小图标：数据会自动生成一个漂亮的图表，目前这个图表包括了很多子条目，但是数据时间不全。

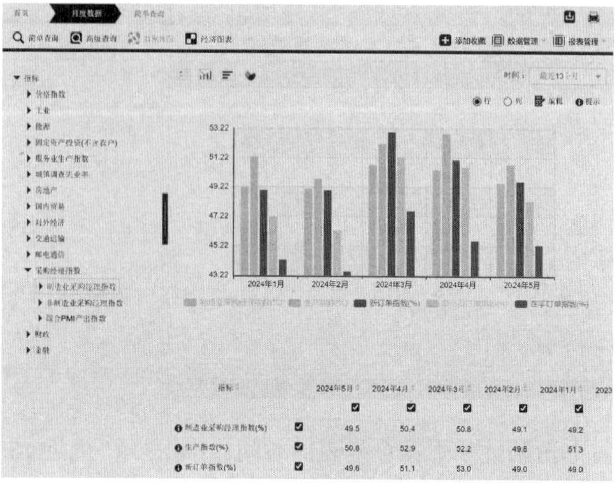

把页面拉到最下面，把横着的滚动条向右拉，然后把全部13个月的数据全都勾选。再把制造业采购经理指数之外的所有指标条目的对勾都去掉。这样，你就能得到一个制造业采购经理指数过去13个月的走势图了。

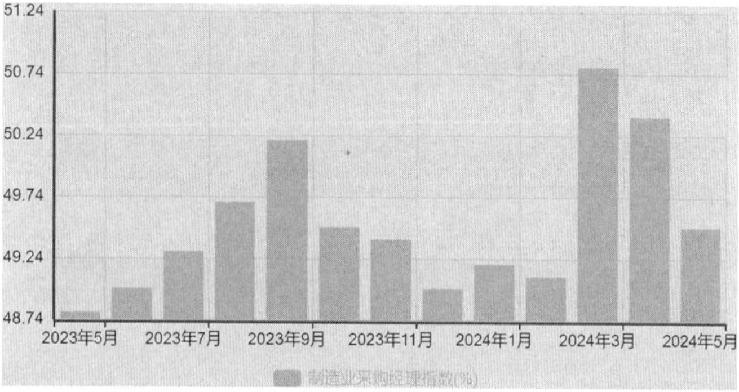

看一看这个图，它什么时候在高峰？什么时候在低谷？目前的时间点上它又是在周期的什么位置？

完成了采购经理指数收集，接下来我们可以用相同的方法收集先行指标中的其他指标。

这里给大家提供了一个先行指标的表格。大家可以在国家统计局的数据网站里逐一搜索这些指标，然后把得到的趋势图放进去。这样就能得到一组关于目前经济整体发展趋势的指标图。

先行指标评估
新开工项目计划总投资
PMI 指标(采购经理指数)
生产指数
新增订单指数
原材料库存指数

续上表

先行指标评估
从业人员指数
供应商配送指数
消费者信心指数

不过，这些指标里有一些是国家统计局没有提供的。比如消费者信心指数这个数据。没关系，你自己就是一位消费者，你的爸爸妈妈，你的同事同学朋友也都是市场中的消费者。想一想你现在对消费的信心如何？你愿意多消费还是多储蓄？再采访一下你的爸爸妈妈，采访一下你的同事同学朋友，他们又怎么想？

采访完他们，把得到的回答填进去，你就能粗略地估计出你身边的消费者信心情况如何了。

收集到了宏观数据的所有先行指标，下一步就是进行观察。先行指标呈现出的状态可以粗略地预示接下来的制造业周期走势。如果先行指标开始上行，制造业周期在未来一段时间内就可能呈现出上行态势。反之，如果先行指标在下降，制造业周期在未来一段时间内也会比较疲软。

观察你的先行指标表格,你认为当前的制造业形势如何?下个月的周期形态是上行还是下行?

6.3 牵动人生的宏观经济大周期

1. 宏观经济的子周期和最终的时代大潮

宏观经济周期是对我们的生活影响最大的周期。它的覆盖面极广,持续时间极长。通过历经数年的研究,经济学家逐渐拆解出了宏观周期的结构。经济学家认为,整个宏观经济的大周期是由历次技术革命引发的,随着技术的扩散,大周期也会逐渐影响到各行各业,最终让整个世界的面貌发生翻天覆地的变化。

而宏观大周期中又包含着各式各样的子周期,如同大潮中一浪又一浪的海水此起彼伏。

接下来,我们就来介绍几个著名的宏观经济子周期和最终的时代大潮。

2. 宏观子周期之一:太阳黑子周期

太阳黑子周期,指的是宏观经济随太阳黑子运动而出现的周期变化。

这个周期乍一听非常玄乎,但其实它建立在坚实的科学逻辑上。太阳黑子不活跃的年份里,地球气候偏冷,降雨量也会减少。这时一些对气温和降水比较敏感的作物就会出现全球规模的减产。像水稻、小麦、大豆和玉米都是容易受到太阳黑子活跃影响的作物。另外,北方比南方更易受此周期影响。

大量的历史数据佐证了太阳黑子周期的存在。由于太阳黑子每 11 年爆发一次，这个周期的循环是 11 年。

下面这张图展示了全球农业的增长率和太阳黑子波动的关系。像 1975 年、1986 年和 2008 年这些太阳黑子不太活跃的年份，全球农业增长率有显著下降。

太阳黑子与农业生产

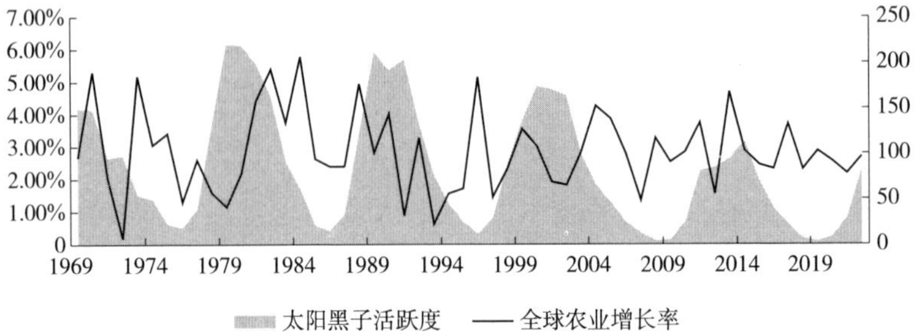

数据源：太阳黑子波动数据来自 WDC - SILSO, Royal Observatory of Belgium, Brussels。全球农业增长率来自世界银行指标：Agriculture, forestry, and fishing, value added(annual% growth)。

农业生产低迷会造成农产品供给不足，价格上升。下面展示了我国清代苏州太仓地区的米价和太阳黑子波动的对比图。其中 1797—1833 年间，太阳黑子整体活跃度偏低，连峰值都远不及其他年份。这期间苏州太仓的米价一直处于较高水平，并且一直保持在高位区间直至 1833 年。

探索时间：农业生产与太阳活动

农业是受到太阳黑子周期影响最大的行业。不过不同的农业受影响的程度有所不同。露天农业比大棚种植更易受影响，高纬度地区比低纬度地区更易受影响，内陆地区比沿海地区更易受影响。

太阳黑子活动与苏州太仓米价

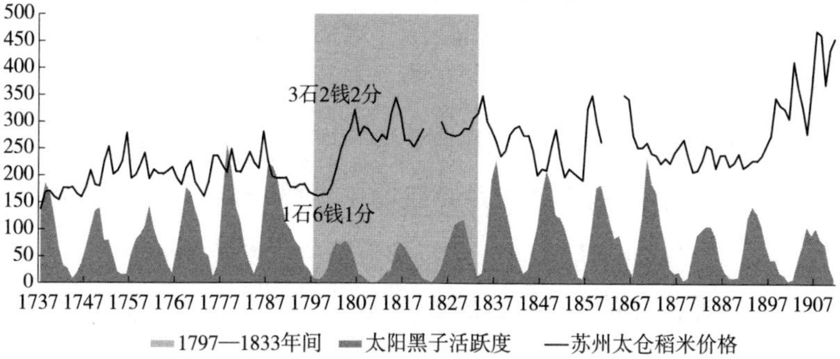

数据源：太阳黑子波动数据来自 WDC-SILSO，Royal Observatory of Belgium，Brussels。苏州太仓稻米价格来自清代粮价资料库，王业键编。米价为上米、细米、白米、上稻米、上白米的综合价格。图中断线处数据缺失。

表中是几组不同的农业类型，想一想，每组中哪种农业更易受到太阳黑子周期的影响？哪种农业相对比较稳定？

哪个更易受影响		
1	灵芝的露天玉米田	□
	种在大棚里的小黄瓜	□
2	西双版纳的香蕉	□
	俄罗斯南部边境的玉米田	□
3	美国中部的小麦农场	□
	意大利地中海沿岸的小麦农场	□

3. 宏观子周期之二：库兹涅茨周期

库茨涅茨周期是一个存在于建筑业中的周期。它描述了由人口爆发带来的建筑业波动。这个周期以提出它的俄裔美籍经济学家西蒙·史密斯·库茨涅茨命名,一次周期从开始到结束是15~25年①。

建筑业是现代经济的支柱产业之一。它关联着大量行业,能提供大量工作岗位,也容纳着足以影响一国整个金融市场的巨量货币。因此,建筑业周期的爆发足以影响整个国家的经济走势。

来看看这个周期的全过程吧:

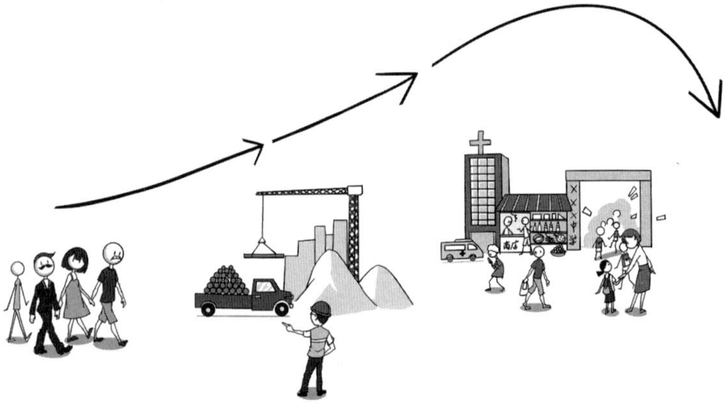

库茨涅茨周期的起点是人口的突然增长。

人口突然大量增加,就会突然带来大量住房需求,建筑业就会迎来一大波繁荣。与建筑相关的行业——钢铁、水泥、玻璃、塑料、水力和电力等行业也会相应得到大量订单。把所有这些物料运来又需要交通行业、汽油和车辆制造业等的支持。另外,所有这些行业的人得到收入之后,又要进行衣食住行消费,这又是一波繁荣。

① Kuznets, S. S. (1930). Secular movements in production and prices: their nature and their bearing upon cyclical fluctuations. (*No Title*).

而除了住房本身带来的繁荣，这些增加的人口还会促进房屋周围商圈的繁荣。小到菜市场和服装店，大到医院、学校和企业园区都会围绕这些新增人口相继涌现。如果这些商圈需要从平地开始修建，建筑业的大兴土木就又会再来一遍，与之有关的行业也会再繁荣一次。

这是库茨涅茨周期的上升期。

上升期过后，增长的人口住进了新房，配套的商圈都已建好，由新增人口带来的所有需求都满足后，库茨涅茨周期就会进入下降阶段。如果上升期时的房子盖多了，此时就会出现房屋空置和房价下跌。如果上升期时的商圈过度扩张了，此时就会出现低迷和倒闭。

生活中常常会出现一些局部的库茨涅茨周期。比如一波毕业生集中来到某地就业，或者出现一次集体迁徙，都会带来某个地区的人口突然增长，从而开启此地的库茨涅茨周期。

如果一个国家主动促进广泛的人口流动，比如开展城市化政策或大规模搬迁政策等，这个国家就会出现遍地开花的库兹涅茨周期。这些局部的库兹涅茨周期汇集在一起，足以形成一个巨大的整体库茨涅茨周期，推动整个国家的宏观经济上行。

探索时间：龙年婴儿潮与银发经济周期

库茨涅茨周期的动力源是人口突然增加，大规模搬迁、大量婴儿出生、大批人口流入都会开启一次库茨涅茨周期。

不过，如果是大量婴儿出生的情况，库茨涅茨周期会滞后出现。因为婴儿刚生下来时不需要立刻拥有一套自己的新房，得等他们成年后才会出现新房需求。

来看一个简单的案例：假如2012年龙年出现了一次婴儿潮，大量父母生下了大量龙宝宝，假设从这些龙宝宝出生到成年这段时间里，市场上没有盖起任何新房，市场上原本的房子也都已经售空了（在现实中是不太可能的）。

现在来考虑这两个问题：

在多少年之后，会开启一次由龙宝宝们带来的库茨涅茨周期呢？

又是在多少年之后，又会开启一次由龙宝宝们带来的“银发经济”繁荣呢？

4. 宏观经济的大潮：康德拉季耶夫周期

康德拉季耶夫周期，又叫康波或者K波周期，是在宏观经济中监测到的最大的周期。一次康波周期发源于关键领域的技术革新，随着技术扩散过程传播至所有行业，推动宏观经济掀起全方位的大潮，也给社会面貌带来翻天覆地的变化。每一次康德拉季耶夫周期的起落都会构建其后几十年的世界格局。

根据经济学家的测算，一次康德拉季耶夫周期从正式开始到结束大约是54年。一般而言，人的一生会经历两到三次康德拉季耶夫周期，我们的个人发展、人生道路也与康德拉季耶夫周期带来的社会变革紧紧联系在一起。这是真正的时代大潮，一起一落即是人的大半生。

人类历史上的第一次康德拉季耶夫周期发生在18世纪早期的英国。带来这次周期的技术革新是飞梭和珍妮纺纱机的技术突破。这次技术突破让英国的纺织业率先进入了下个时代。1780年时，纺织 100 磅棉花[①]需要 100 小时。到了 1795 年，纺织 100 磅棉花只需要仅仅 15 小时，生产力翻了近 7 倍。

这种生产力的飞跃发生得非常快。在 1770 年时，英国工业中由棉纺织业带来的增长份额只占 2.6%。而到了 1801 年，全英的工业增长中有 17% 是靠纺织业拉动的——将近五分之一[②]。毫无疑问，发生技术革命之后的纺织业立刻成为经济的支柱部门。

其后的事情广为人知。依靠纺织业的技术突破，英国将大量纺织品销往欧洲、印度乃至世界各地。巨额财富汇入英国，英国国力猛增，一跃成为 19 世纪的世界霸主。

至今为止，这样的康德拉季耶夫周期已经发生了五次。18 世纪的纺织业机械化是第一次康德拉季耶夫周期，人类进入了工厂和机械化生产的时代。19 世纪早期的蒸汽机车和铁路发展带来了第二次康德拉季耶夫周期，推动人类前行的能源动力从古老的人力水力变为了冒着滚滚浓烟的煤炭和铁。得益于蒸汽和铁路，区域之间也广泛地连接起来，大宗货物运输和大规模人口流动成为可能。进入 19 世纪中期，能源行业再一次出现突破，电力和现代社会的骨骼——钢铁带来了第三次康德拉季耶夫周期。20 世纪早期，人类得到了现代社会的血液——石油化学，也走入了第四次康德拉季耶夫周期的时代。到 20 世纪下半叶，信息技术和互联网开启了第五次康德拉季耶夫周期，这正是我们生活的时代。

五次康德拉季耶夫周期让技术一次又一次走向飞跃，人类的社

---

① 100 磅约等于 45 公斤，90 市斤。

② 克里斯托弗·弗里曼（Chris Freeman）和弗朗西斯科·卢桑（Francisco Louçã）著，沈宏亮等译：《光阴似箭：从工业革命到信息革命》，中国人民大学出版社 2007 年版，第 157-159 页。

1771年　1829年　1875年　1908年　1971年

会形态也一次又一次发生着翻天覆地的变化。

下面,我们就来仔细观察一个完整的康德拉季耶夫周期,看看它到底是怎么形成的,又是怎么改变世界的。

5. 一次完整的康德拉季耶夫周期是什么样

让我们用第五次康德拉季耶夫周期——也就是我们现在正处于其中的这次大周期作为观察样本,看看一次完整的康德拉季耶夫周期的全貌。

根据经济学家的测算,一个完整的康德拉季耶夫周期要经历一个前置阶段和四个周期阶段。前置阶段不计入周期时长,但必不可少。前置阶段完成后,一次康德拉季耶夫周期会正式开启。

- 前置阶段:火种的诞生

一次康德拉季耶夫周期开启之前几十年,先会诞生一项关键的新技术。这项新技术会引发一次新的技术革命,从而开启一次新的康德拉季耶夫周期。这项关键的新技术被经济学家形象地称为“火种”。而第五次康德拉季耶夫周期的火种是现代计算机与互联网的发展。

最初的现代计算机出现在1946年的美国,它的名字叫ENIAC,用于计算导弹飞行弹道。操作它的是六位女性程序员。最初的互联网则搭建于20世纪60年代末的加州大学洛杉矶分校和斯坦福研究所,尝试传输的第一份信息是“LOGIN”,意为“登录”。加州大学洛杉矶分校成功发送了 L 和 O，但系统随之崩溃，“LO”便成为互联网史上成功传输的第一条信息。

ENIAC

在第五次康德拉季耶夫周期尚未开启时，作为火种的这两项技术就已诞生于世。几十年后，它们引燃了信息技术革命，从而开启了第五次康德拉季耶夫周期，带来了长达 50 余年的时代大潮。

- 周期第一阶段：行业形成

核心技术诞生后，一个基于它的崭新的行业领域会在不久之后诞生。这时一次康德拉季耶夫周期就正式开始了。

从研究康波周期的经济学家卡萝塔·佩雷丝的观点来看，1971 年——英特尔微型处理器（即 CPU）面世的那一年，同时也是布雷顿森林体系崩溃的那一年，即是第五次康德拉季耶夫周期的正式开始时间①。这一时期出现了最早的电子邮件、最早的 IP 地址、最早的跨洲互联网、最早的网络新闻，以及世界上第一封垃圾电子邮件。最早的几个互联网公司——甲骨文、微软、苹果等也诞生于此时。由此，计算机和互联网技术正式形成了一个崭新的行业。

---

① 卡萝塔·佩雷丝（Carlota Perez）著，田方萌等译：《技术革命与金融资本：泡沫与黄金时代的动力学》，中国人民大学出版社 2007 年版。

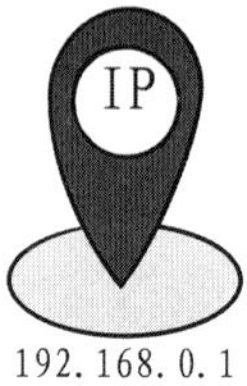

- 周期第二阶段:爆炸式创新和基础设施铺设

核心技术正式形成一个新行业后,康德拉季耶夫周期会逐渐进入第二阶段。

这一阶段,核心技术所需的基础设施开始规模化铺设,大量投资和人才涌向初生的新行业,人们专注于开发核心技术的潜力,眼花缭乱的创新会爆炸式地涌现出来,它们会逐渐经历市场上大浪淘沙的检验。这个新行业的利润率也比其他原有行业要高。

第五次康德拉季耶夫周期的这一阶段大约是 20 世纪 80 年代到 90 年代。计算机和互联网的各种基础设施在这时开始逐渐铺设。轻量化计算机逐渐从军事领域走进了工业和家庭中,芯片得到升级,互联网服务器开始大规模架设,这些都为技术的进一步扩散奠定了基础。

同时,新技术的各种应用场景也开始涌现,像搜索引擎、门户网站、在线聊天、电子商务和网络销售平台都陆续诞生了。这为康德拉季耶夫周期进入第三阶段做好了准备。

- 周期第三阶段:新技术向全行业扩散

等到新行业的基础设施铺设开来,新技术也在爆炸式的创新中建立起了坚实的应用场景后,新技术的影响范围就会跳出行业本身,扩张到全社会领域。这是康德拉季耶夫周期的第三阶段。

这时,在核心技术带来的新行业内,行业竞争已经成熟,行业利润也已经稳定。新行业开始寻找更广阔的应用市场和新的利润点。核心技术这时开始向其他行业扩散。上一阶段进行的基础设施铺设此时会进一步扩大到全社会的所有领域,也将新技术带入全社会所有领域。所有行业都会迎来技术的更迭和生产方式的变革。

在第五次康德拉季耶夫周期中,这一阶段大约是 20 世纪的最后 10 年。这一时期会出现非常多的“使用的是互联网技术,但做的是传统行业”的信息技术公司。

这一时期,我国也出现了各种信息技术公司,如京东、阿里巴巴等①。它们使用了互联网技术,但它们的行业是传统的销售行业。在它们之后,又涌现出了如小米、优酷、哔哩哔哩等基于互联网技术的公司,但这些公司涉及的行业越来越广泛,小米经营着传统的家电行业,优酷和哔哩哔哩则把传统的电视行业搬上了互联网。更晚出现的支付宝和微信支付则以互联网支付技术取代了传统支付方式。至于美团、饿了么、滴滴打车更是将互联网支付技术应用到了古老的物流行业中。核心技术在这一阶段深入了几乎全部的社会领域。

---

① 京东公司成立于 1998 年,阿里巴巴公司成立于 1999 年,恰好是康德拉季耶夫周期的第三阶段末尾。

● 周期第四阶段：下降与衰退

康德拉季耶夫周期的第四阶段是所有周期都会经历的下降与衰退。

这一时期，新技术的潜力已经被完全开发完毕，新技术也已扩散至全社会所有行业所有领域。整个社会进入了一段停滞期。此时此刻，垄断已经形成，新的生产方式稳定下来，新的社会固化出现。新行业独有的高额利润和领先其他行业的高额投资也会下降至正常水平，新行业的工资也会开始下降。

本书的写作时间——2024 年正处于第五次康德拉季耶夫周期的下降阶段。人们能切身体会到这个阶段的衰退。不过，每一次康德拉季耶夫周期的末尾一定孕育着下一次康德拉季耶夫周期的技术火种。譬如现代计算机是在 1946 年诞生的,那时尚是第四次康波的繁荣期。按照这个规律推测,2024 年时,第六次康德拉季耶夫周期的火种其实已经在这个世界上诞生了。

探索时间:技术扩散的前提

康德拉季耶夫周期的扩散过程中,新技术所需的基础设施铺设是极其关键的一环。它是核心技术能够形成一个新行业,并最终扩散至全社会的前提。

第五次康德拉季耶夫周期中,核心技术的基础设施既包括在这一周期中广泛铺设的互联网光纤、移动电话基站和网络服务器等,也包括在前几次康德拉季耶夫周期中已经铺设下的大规模电网、石油化工工业和长距离铁路等。基于这些基础设施,网购、即时聊天通信、快递、外卖、网络直播等一些系列改变我们生活的行业随之诞生了。

现在,我们用经济学中一个特殊的研究方式"反事实假设"来思考一下:如果在第五次康德拉季耶夫周期中,我国没有在前期进行相关基础设施建设,淘宝、微信和抖音这些知名的互联网公司还会诞生吗?如果会,它们会以什么方式和什么体量诞生?它们的运营成本和利润又将是如何?

6. 八卦时间:周期研究的明珠——经济学家尼古拉·康德拉季耶夫

提到周期,必谈康波。康波,即康德拉季耶夫周期。

康波周期以提出它的经济学家命名,也就是苏联经济学家尼古拉·德米特里耶维奇·康德拉季耶夫。

1892 年,康德拉季耶夫出生于苏联科斯特罗玛(Kostroma),父母以务农为生。而后康德拉季耶夫考入圣彼得堡大学,毕业后留校任教。1917 年 10 月,25 岁的康德拉季耶夫被任命为亚历山大·克伦斯基政府[①]的供应部副部长。但马上又发生的十月革命在 11 月时推翻了克伦斯基政府,康德拉季耶夫的副部长只当了几天。

1919 年,康德拉季耶夫来到莫斯科的彼得大帝农学院任教,他在第二年成立了一个研究所。这期间,康德拉季耶夫参与制定了苏联从 1924 年到 1928 年的林业和农业生产计划。他主张在苏联应用李嘉图的比较优势理论,通过出口农产品积累财富,然后进行早期工业化。这符合当时提倡的新经济政策的理念。但几年后,苏联政府摒弃新经济政策,转而采用政府控制经济的计划经济政策。康德拉季耶夫的建议失去了影响力。

其后康德拉季耶夫多次作为学者出访国外。1925 年,康德拉季耶夫发表了他最著名的论文《经济生活中的长波》[②],阐述了他关于长周期(即康波)的观点。这本书被迅速翻译成德文,并在欧洲广为流传。

---

① 1917 年俄国二月革命发生后建立的资本主义政府。

② Kondratieff, N. D. (1979). The long waves in economic life. *Review* (*Fernand Braudel Center*), 519-562.

1927年,康德拉季耶夫访问美国明尼苏达州,与一些美国科学家进行交流。但在1928年,新经济政策被正式废除,康德拉季耶夫也被他自己成立的研究所革职。两年后,康德拉季耶夫被捕入狱,被判处八年监禁。

狱中,康德拉季耶夫仍在继续他的研究,也在筹备他的新书。他还在狱中入选了美国1933年刚刚成立的世界计量经济学会成员,也是学会中唯一一名苏联经济学家。1938年9月,康德拉季耶夫被判处死刑,当日即接受处决,去世时年仅46岁。

在康德拉季耶夫生前,他的周期理论已经在西方流行起来。康德拉季耶夫去世后,世界计量经济学会的会长约瑟夫·熊彼特进行了大量有关康波的研究,并将康德拉季耶夫提出的长周期命名为"康德拉季耶夫周期"。

时光荏苒,到20世纪下半叶时,康德拉季耶夫的各种著作和论文陆陆续续被人们重新发现,翻译成了多种文字再次出版。康波周期也成为经济周期研究中最为耀眼的明珠。人们发现,资本主义社会自诞生以来,正是遵循着康德拉季耶夫所述的约54年一次的周期起落,世界格局在康波周期的运行下一次又一次地更替着。

自1771年至今,资本主义社会总共发生了五次康波周期,后三次康波的末尾都发生了全球性经济危机,正是康波降到谷底之时。1920年第三次康波周期结尾出现了严重的全球性大萧条。1970年第四次康波周期结尾的石油危机引爆了又一次全球性经济危机。我们今日的时代是第五次康波周期的末尾,第三次全球性经济衰退正在发生。可以预见,康波理论仍将随着时代的起落一次又一次闪耀出光彩。

6.4 下一次康德拉季耶夫周期的火种何在

1. 周期火种的最大特征：创造与毁灭

康德拉季耶夫周期的火种会以怎样的形式出现呢？

经济学家经过研究发现，康德拉季耶夫周期的火种必须同时具备两个完全相反的能力：其一，它会创造出大量新事物；其二，它会毁灭很多旧事物。这两者缺一不可。

火种的创造能力非常容易理解，它即是我们在前面提到的核心技术创造新行业，最终改变世界的过程。

接下来，我们就来看一下火种的另一面：毁灭。

出生于20世纪下半叶的人是见证了第五次康德拉季耶夫周期的一代人。

小城中，灵芝的妈妈生于这一代。她自幼以务农为生，每日需要扛着扁担走十里地去挑水，家中取暖和做饭的燃料是柴火。下地干活时，灵芝妈妈用的是木头曲犁和耕牛，人和牲畜的粪便都收集起来做肥料。种菜时，灵芝妈妈喜欢用手捻捻菜种，以此判断天气和湿度。收获的季节，她则会扛着麻袋来到小城集市上，把她一年的汗水换成财富。

秋收之后，灵芝妈妈的休息时间就变多了。这时她最喜欢的事是和邻里乡亲一起去村口的空地，等一个巡回演出的梆子剧团。不过谁也不知道这个剧团具体哪天来，所以在不太忙的日子里，灵芝妈妈会带一块草垫儿去那片空地上坐着，一边和人闲聊一边等。如果到了黄昏日头落了还没等来，人们就会各自散去，回家做饭，不然到了晚上就算点蜡烛也看不太清，不方便干活。吃完饭，灵芝妈妈稍微歇一歇就会上床睡觉，因为明早要是睡过头，错过了日出，那就又少了一段能趁天亮多干点活的时间。日出而作，日落而息，虽然浪漫，也不得已。

几十年后，灵芝的生活与她妈妈的时代已经天差地别。灵芝同样以务农为生，但她不需要早起出门挑水或烧柴，因为自来水已经通进了厨房，生火也有了煤气灶。下地时，她把钢犁挂在拖拉机后面，一小会儿工夫就可以犁完家里所有的地。灵芝也不需要收集粪肥，因为只要给化肥店打个电话，就会有卡车把一袋袋肥料送到她家的地头。在大棚里照料作物时，灵芝只需看看数控温度计就能精确地知道实时温度、湿度——当然，她很遗憾自己没能继承妈妈摸一下就知道是多少度的手艺。

一天的劳作结束后，灵芝并不急着在天黑前回家。因为有了电灯，想要继续干活也能看得清。回家也不一定要早睡，她可以在灯下看一集电视剧或者读读书。到了收获季节，灵芝开心时也会像妈妈当年一样扛麻袋去集市上摆个摊。但大部分情况下她会发个微信语音，联系小城供销社和农产品批发商，让他们直接开车来地头收货。她还会用智能手机在地头直播，向全国各地的网友介绍自家的玉

米和鸡蛋。有人买,她就当场掰玉米、捡鸡蛋,装箱后再送到仅仅几百米之外的快递点发往全国各地。

如此,一年秋收结束后,灵芝就有空在家里陪妈妈了。这时她会拿手机找到妈妈喜欢的梆子剧,再连上家里的投影仪,把梆子剧直接投在大屏幕上,妈妈想看多久就看多久。开心的话,把邻里乡亲的老太太们叫到家里一起围着看也没问题。如果老太太们想吃零食,灵芝就会用手机当场叫个外卖,炒瓜子、烤红薯、煮玉米一应俱全,送过来时还热热乎乎的,完全不担心老太太们吃着凉。

如果问灵芝妈妈,她是否想过有一天只要躺在家里的摇椅上,用一部小小的手机就可以欣赏她最喜欢的梆子剧,灵芝妈妈就会笑着摇摇头,慢慢地回答说:"就是做梦,也没有这么做的呀。"

灵芝妈妈和灵芝两代人的生活差异,就是康德拉季耶夫周期带来的翻天覆地的影响。不过在这翻天覆地的变化中,你是否也发现有些东西悄悄地不见了?

- 灵芝妈妈以前使用的扁担,做饭用的柴火和照明用的蜡烛现在都用不上了,它们去哪儿了?
- 耕牛、粪肥又去哪儿了?
- 还有灵芝十分惋惜的妈妈用手一摸就知道温度湿度的手艺,又去哪儿了?

答案十分残酷:它们被康德拉季耶夫周期带来的新技术替代了。

2. 新知识! 创造性毁灭

一次康德拉季耶夫周期会创造一个新时代,也会让一个旧时代无声无息地消失。这个过程被经济学家称为“创造性毁灭”。

举一个我们身边的例子——如果现在你想看新闻，你会选择买份报纸，还是会打开手机看新闻推送？

你的选择肯定是后者。这就是创造性毁灭：

一次康德拉季耶夫周期中，会有一组核心技术和一大批伴生的新技术相继诞生，然后扩散到全社会的各个行业。这不仅意味着我们的生活会迎来大量的新技术，也意味着会有很多不再属于这个时代的旧技术黯然退场，成为历史长河中的一部分。

3. 我们的时代创造了什么，毁灭了什么

我们现在的时代处于第五次康德拉季耶夫周期的末尾，全面的创造性毁灭已经差不多完成了，旧技术该退出历史舞台的几乎都退出了。

胶卷相机、磁带等，这些都是 20 世纪曾经风靡一时的物品，在 2024 年已经难觅踪迹。一部智能手机取代了它们——手机能看视频新闻，能随时打电话发消息，能拍照，能放音乐。

除了技术的更替，康德拉季耶夫周期还会让旧的生产方式、旧的制度、旧的社会规则进行全面革新。我们再来看看小城中的例子。

在灵芝妈妈年轻的时候，小城的集市广场是全城最热闹的地方。那时的集市遵循阴历，逢一逢六就开集——初一、初六、十一、十六、二十一、二十六，这些日子都开。开集当天，天还没亮时，人们就会从小城四面八方的村子出发，牵牛杀鸡，挑竹筐走十几里路，带着自己的货品前往小城的集贸广场。

那里会有上千的摊位排在一起，一眼望不到头，只要是那个年代有的东西，全都有人在卖。大到杀猪、杀牛、盖棚和盖房，小到缝衣针、棉线、纽扣和鞋带，样样俱全，逛一圈就能建起一个新家。人们数着钢镚和毛票进行交易，有时也会发生以物易物。逛累了的人会在集市上找个茶水摊坐下来，喝一碗一分的白水或者两分的茶水，然后满载而归。

而现在灵芝的年代，小城的集市广场每逢一六还是会热热闹闹，但集市的摊位已经缩减到了只有一两百个。集市上卖的东西也不再应有尽有，只以农户自产的新鲜农品为主。像早晨地里刚摘的菜，当场现擀现切的面条和现包现煮的馄饨等。毕竟现在的小城什么商店都有，网购还能送货进村上门，非得来集市上才能找到的东西可能只是赶集的热闹气氛了。

颇有特色的是，今日的小城集市每个摊位上都会摆着二维码，有的农户还会挂上自己的手机号和微信，方便顾客想买东西时直接联系。付款时，虽然现金交易也可行，但大多数人会掏出手机扫码。第五次康德拉季耶夫周期改变了小城集市的构成，也改变了这里的交易制度。

康德拉季耶夫周期对小城集市的影响不只局限于此，它其实将集市扩散到了整个小城中。很多不在集市上摆摊的人已经在小城中心盘了店面，买了房子，完全成了“城里人”。也有人虽然不再来到集市贸易，但会在田间地头支一个智能手机，一边干活一边直播卖货。另外一些人则彻底离开了小城，进了工厂或者去了更大的城市中。康德拉季耶夫周期改变了人们在乡际集市上的交易方式，也给了他们新的机会。

不过，也有人因为各种原因无法在街边开店，也不能在田间地头直播，又无法背井离乡去另谋生计。对他们而言，康德拉季耶夫周期的变革给他们的生活带来了毁灭性的打击。比如日渐萧条的老式商场，还有街头巷尾那些零碎手艺——补鞋的、磨刀的、修表匠、纤裤边的小摊，修自行车的大爷，他们一度遍布大街小巷，今日在大城市中已经很难找到他们的踪影。这些人现在靠什么谋生吃饭或许难以得知，更为遗憾的是他们正随着社会变革逐渐淡出了人们的视野。

历史上发生的五次康德拉季耶夫周期中，这样的创造性毁灭从不缺席。在 19 世纪的英国，铁路取代了马车夫，工厂取代了自给自足的家庭生产，现代城市取代了分散的村落；在 20 世纪的美国，电灯取代了煤柴照明业，自动化生产取代了工人，计算机和互联网又取代了传统媒体和电报电话行业。康德拉季耶夫周期扩散到哪里，哪里就会发生从技术到制度再到工作岗位的创造性毁灭。一些人从中获利，另一些人则承担了时代的重担。

探索时间：当前的时代，速度为什么这么快

世界历史上的五次康德拉季耶夫周期从1771年开始，至今已经过去了200多年。

我国的康德拉季耶夫周期时长则有些不同。我国的康德拉季耶夫周期集中发生在新中国成立后的几十年，并且是几次康德拉季耶夫周期并行发生。

20世纪下半叶，我国国内同时存在着纺织工业的蓬勃发展、电力的应用、铁路铺设、石油化工建设，以及20世纪最后十年蓬勃兴起的信息技术产业建设。这是因为我国是康波的后发国家，可以一次性引进几次康德拉季耶夫周期的多种技术成果，而不必经历周期先发国家必须经历的早期技术试错期。

几次康德拉季耶夫周期在我国并行，造就了我国惊人的发展速度，也带来了各种技术惊人的淘汰速度。有很多技术在我国才刚刚出现，就马上又被更新的技术毁灭了。

下面的表格列出了五次康德拉季耶夫周期的主要技术创新。灵芝对着这个表格在她家做了一次小调查，识别出了不少分别来自五次康德拉季耶夫周期的技术硕果，她也想起了不少因技术迭代而消失的旧物。这些旧物里有很多是灵芝小时候用过的，但她还没长大到开始怀念过去的年龄，这些旧物就已经飞快地从她的生活中消失了。

灵芝身边的五次康波			
康波次序	五次康波的技术变革	灵芝身边的技术硕果	被“毁灭”的旧物
1	蒸汽机、机织纺织业	衣柜里有一大堆机织衣服	姥姥自己织的衣服

续上表

灵芝身边的五次康波			
康波次序	五次康波的技术变革	灵芝身边的技术硕果	被“毁灭”的旧物
2	铁路	玉米田的肥料有的是外省运来的	粪肥
3	电力	电视、电灯、鸡舍照明取暖	收音机、蜡烛、柴火
4	石油化工	家里所有塑料制品、柴油拖拉机	竹篮、瓷茶缸、所有人力农具
5	信息技术和互联网	电脑、手机、鸡舍里的智能温控系统	煤炉子、柴火

你也可以对照这个表格看看身边的东西，辨别一下它们分别是属于哪次康德拉季耶夫周期。有什么旧物被它们替代，悄悄从你身边消失了？你怀念它们吗？

你身边的五次康波			
康波次序	五次康波的技术变革	你身边的技术硕果	被“毁灭”的旧物
1	蒸汽机、机织纺织业		
2	铁路		
3	电力		
4	石油化工		
5	信息技术和互联网		

4. 创造性毁灭中孕育的未来：第六次康德拉季耶夫周期

我们处在第五次康德拉季耶夫周期的末尾，一个周期的结束同时又意味着另一个周期正在前方等待。一些经济学家认为,康德拉季耶夫周期并不是一个紧连着一个,而是在开头和末尾有重叠的部分。一个周期的结束一定包含着另一个周期开始的新火种。按照这个理论,2024 年时,第六次康德拉季耶夫周期的火种已经在这个世界上诞生了。

这枚新的火种会是什么呢?经济学家找到了一些有可能成为火种的技术,它们可能是:

- 生物科学。主要指医疗的全面改善,攻克癌症的技术,以及基因编辑技术。它会完全改变现有的劳动力结构,衰老和疾病不再成为阻碍人类发展的障碍,人类的寿命极限甚至也会出现突破。

- 可控核聚变研究。它有望像煤炭、电力和石油一样成为未来工业文明的基石能源,引领工业走向超越想象的新形态。

- 量子通信网络。它能实现超远距离的信息传输,有望将人类的活动范围扩展至太空,也会“毁灭”现有的信息技术体系。

- 人工智能技术。它能改变现有的生产方式,也会令一大批旧行业退场。

无论火种是否已在上面列出,或者是一项人们都没想到的新技术,第六次康德拉季耶夫周期都会遵循经济学家已经发现的路线自然到来——核心技术最先出现,核心行业发展逐渐成熟,全社会随之发生经济和制度的双重变革。繁荣之后,这一次康德拉季耶夫周期也会进入下行周期,直至结束。这个过程大约需要 54 年时间。生活在这个时代的我们很有机会见证这一切,甚至见证这一次周期的完整诞生和结束。

这里,留给读者的一个问题是:你认为第六次康德拉季耶夫周期的火种是什么?

5. 八卦时间:热心肠的愤怒青年——周期经济学家约瑟夫·熊彼特

创造性毁灭是一个非常著名的概念,由德国社会学家韦纳·桑巴特(Werner Sombart)提出,马克思在《资本论》中也论证了这个概念,最终将其发扬光大的是奥地利裔美籍经济学家约瑟夫·熊彼特。

约瑟夫·阿洛伊斯·熊彼特,1883年出生于特里施[①]。熊彼特的父亲是一位工厂主,但他在熊彼特年仅四岁时就去世了。1906年,熊彼特从维也纳大学获得经济学博士学位,而后开始了辗转的教职生涯。他曾在乌克兰切尔诺维茨大学、奥地利格拉茨大学、美国哥伦比亚大学、德国波恩大学、美国哈佛大学和日本东京商学院任教。除了教职,他也曾担任德奥共和国的财政部长和德国比得曼私人银行的总裁。但熊彼特作为银行总裁的生涯并不顺利,他遭遇了银行的破产危机,几年后被迫辞职。

1932年,熊彼特迁居美国,不久之后入籍。之后他一直在哈佛大学任经济学教授,也担任世界计量经济学会(the Econometric Society,康德拉季耶夫也是其中会员)的会长和美国经济学会会长。

熊彼特是一位非常高产的经济学家,堪称著作等身。他最著名的作品包括《商业周期》《经济发展理论》《资本主义、社会主义和民

① Triesch,今捷克共和国南部。

主》和遗作《经济分析史》。在《商业周期》中，熊彼特提出了著名的“三个周期层层套”的结构——即康德拉季耶夫周期(54 年左右)、朱格拉周期(9 年左右)和基钦周期(4 年左右)的三层嵌套关系。熊彼特认为，每个康德拉季耶夫周期可以包含 6 个朱格拉周期，每个朱格拉周期可以包含 2~3 个基钦周期①。

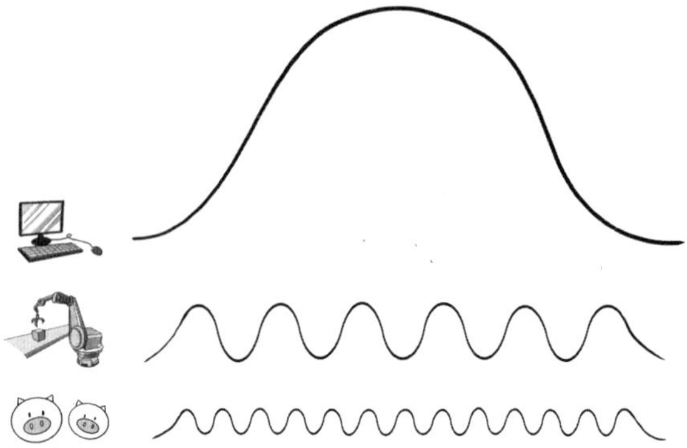

另外，熊彼特也在书中提到了那时人们刚刚发现但还了解不太深的库茨涅茨周期(15~25 年)。如果将库茨涅茨周期也加入这个嵌套结构，就会得到一个四个周期层层嵌套的大周期。如果恰逢这四个层层嵌套的周期一起上行，那就是宏观经济十分繁荣的大上行阶段；如果恰逢这四个层层嵌套的周期一起下行，那就是宏观经济的大衰退阶段。

对于一次经济周期的开启，熊彼特也给出了自己的见解。他认为像康德拉季耶夫周期这样的长周期是由创新带来的，并且是一种偶然事件。如果企业家愿意冒着创新的风险，尝试通过创新获得回

① Schumpeter, J. A. (1939). Business cycles: a theoretical, historical and statistical analysis of the capitalist process.

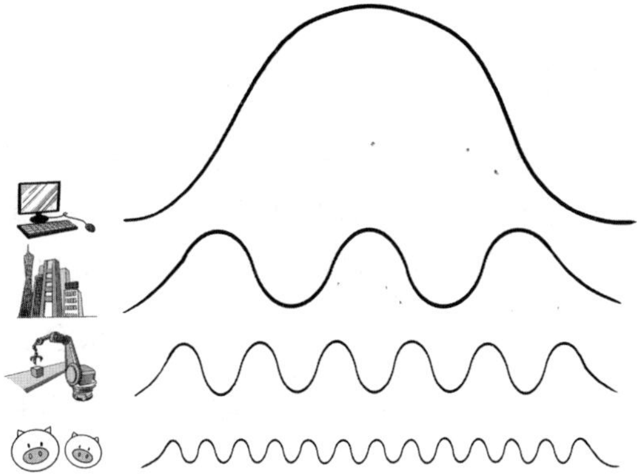

报，偶然事件的种子就有可能出现；如果大批企业家开始集群式创新，经济就会进入周期的上行阶段。

1950年，熊彼特在家中去世，享年66岁。

6.5 周期的时代与我们的未来

周期是一个迷人的词汇，理解它似乎就有了预测未来的可能。

在互联网上搜索周期两个字就会发现，有关它的讨论热烈得痴迷。人们密切关切各行各业的周期，激动地询问着应该买什么股票，该投资什么，该抛售什么。热情总是被周期的波浪一次又一次地牵动着。

人们真的可以精确预测周期吗？

答案不置可否。如果询问金融分析师和交易员，他们会告诉你不存在百分之百的正确预测，有赚就一定有赔；如果问研究周期的经济学家，他们更是会哈哈一笑，告诉你关于经济学家的诸多笑话中，数量最多的一类笑话就是关于预测的——经济学家仿佛从来就没猜对过。

或许我们可以根据过往的周期经验猜一猜未来,但是具体日期实在难以确定,更别提周期中偶尔还会游来一只黑天鹅呢。

在我们的时代,对周期的关注似乎更加热烈,因为我们处于第五次康德拉季耶夫周期的末尾,我们很想知道周期下行到底还有多久,什么时候才能转为上行。这远比预测什么股票会涨更牵动人心——下行的康德拉季耶夫周期承载的是历史的重量,我们都已或多或少亲身体会了。

研究康德拉季耶夫周期的经济学家卡萝塔·佩雷丝认为,新周期开始的前提一定是旧周期的一切发展到完全成熟,市场充分饱和,投资不再获利,人们再也无法从旧周期的一切中得到新利润的时候。这时,人们会既自满又怀疑——人们对旧周期创造的一切感到自满;人们对旧周期的固化和旧周期无法解决的问题感到疑惑①。

这两种情绪往往出现在同一次周期中的两代人身上。前一代创造了周期的一切,并从中获利,他们因而自满;后一代看不到上升希望,得不到发展空间,但又一时难以打破固化,他们因而疑惑。

在这样矛盾的情绪之中,第六次康德拉季耶夫的火种悄然诞生了。如同前几次周期的火种一样,它也会点燃一次史无前例的时代大潮,推动世界的飞跃,也燃尽旧周期的不合时宜。

---

① 卡萝塔·佩雷丝(Carlota Perez)著,田方萌等译:《技术革命与金融资本:泡沫与黄金时代的动力学》,中国人民大学出版社2007年版。

第7章 人类历史上的全球性经济危机

每一步前行，都留下了人类无数血泪；纵然无数血泪，人类仍向前行。

7.1 人类历史上最严重的全球性经济危机——1929年大萧条

1. 与现代经济一路相伴的危机

曾几何时，经济危机还是一个只存在于书中的词汇，但2008年那场著名的危机发生后，这个词就真实地走进了我们的视野。

经济危机发生时，每个人都会受到影响。失业人数大量增加，公司倒闭，资金链断裂，金融资产蒸发，整个社会陷入停滞。如此不景气通常伴随着悲剧与不忍听的故事，有时发生在我们身边，闻者唯有扼腕。一场经济危机是现代社会的噩梦。

经济危机也是宏观经济中最复杂的议题。如果把现代宏观经济比作一列缓慢前行的列车，人类在工业革命时代首次登车，为它的滚滚浓烟和轰隆巨响而惊叹沉迷,却尚未完全理解如何驾驶。列车一边前行,一边磕磕碰碰,人类也跌跌撞撞地学着如何控制方向,如何避免碰撞,如何加速和踩下刹车,以及如何处理事故、如何再度上路。在这样跌跌撞撞前行的时光里,人们付出了惨痛的代价,逐渐理解了列车的驾驶方式,最终乘着它一路驶向辉煌的现代文明。

而历史上最严重的车祸事故——几次全球性经济危机,每一次都酿成了惨痛的悲剧,每一次危机也都推动着整个世界迈出了历史性的一步,深刻而彻底地改变了世界的面貌,塑造了我们今日的生活。

现在,我们就来一起回顾一下历史上三次著名的全球性经济危机。

2. 1929 年大萧条

1929 年大萧条,是人类历史上最严重的全球性经济危机,著名的牛奶倒河诞生于此。一夜之间,无数美国人的生活从“锅里炖着鸡,院里停着车”的状态变成了还不上房贷、流离失所。街头领救济饭的长队里不乏公司高层和大学教授的身影。大萧条发生后,纽约的自杀率显著上升,其后五年里都没能回落到大萧条发生之前的水平,伦敦的报刊将此情此景描述为“投机者从高楼窗口往下跳,行人灵巧地在坠楼身亡的金融家的尸体间穿行①”。从 1929 年到 1940 年间,美国的失业率居高不下,最高的时候一度

① 如无特殊说明,本节 1、2、3 点中关于大萧条的历史记载大部分来自约翰·肯尼斯·加尔布雷斯(John Kenneth Galbraith)所著《1929 年大崩盘》,沈国华译,上海财经大学出版社 2017 年版。

飙升至25%，每四个人里就有一个失业者[①]。整个大萧条期间，美国人均生产总值减少了30.8%[②]。与此同时，大萧条迅速从美国扩张至欧洲、澳洲、非洲、南美和亚洲，最终席卷全世界。

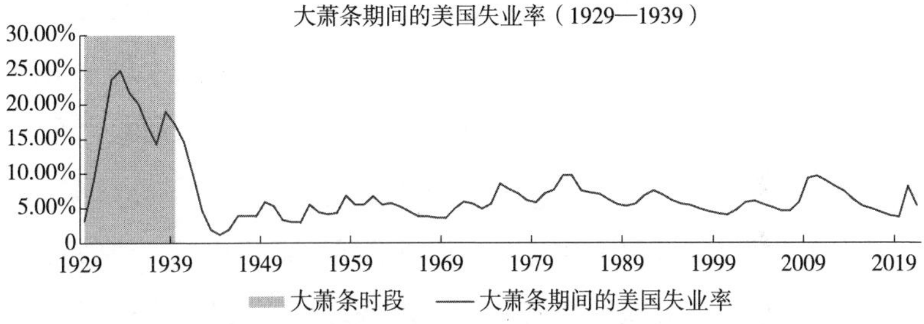

数据源：1929—1943年的失业率计算来自由美国劳工统计局发布的关于大萧条期间失业率研究的论文：Lebergott, S.（1948）. *Labor force, employment, and unemployment 1929-39: Estimating methods*. Monthly Labor Review, 67(1), 50-53. 1944年以后的失业率来自美国劳工统计局（U. S. Bureau of Labor Statistics）。

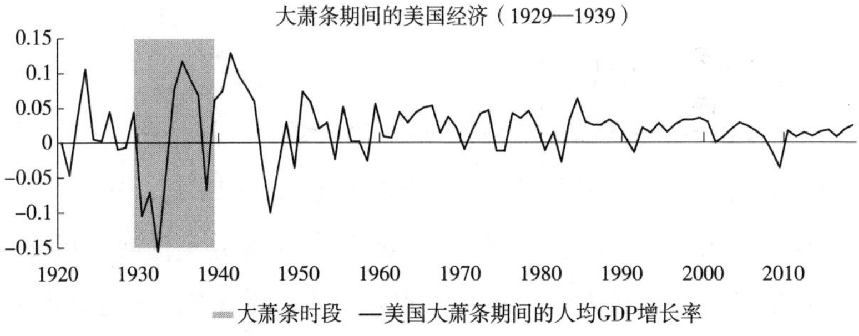

数据源：Maddison Project Database, version 2020. Bolt, Jutta and Jan Luiten van Zanden（2020），"Maddison style estimates of the evolution of the world economy. A new 2020 update".

---

① 数据来自美国劳工统计局 Bureau of Labor Statistics。

② 数据来自 Solimano, A.（2020）. *A history of big recessions in the long twentieth century*. Cambridge University Press.

这是人们第一次面对如此严重的现代经济危机,也第一次意识到现代宏观经济的复杂和脆弱。从1929年至1939年的十年间,各国政府和经济学家做出了各种努力,试图挽回崩溃的经济,著名的罗斯福新政和凯恩斯主义经济政策都诞生于此时。这些努力在美国起到了一定成效,但世界的结局归于悲剧——1929大萧条最终引致了第二次世界大战的爆发。这是经济危机能带来的最严重的后果。

至今为止,经济学家对这次大萧条的成因众说纷纭。不过无论怎么争论,有一个公认的事实——大萧条之前,美国的金融投机已经超越了白热化,根本是疯狂的状态。

3. 先投房产，再投股市

在大萧条发生的四年之前,也就是1925年,美国的金融投机已在房地产业蔚然成风。

被投机客们关注的是佛罗里达半岛的地产。这座半岛位于美国东南,就是美国地图右下角伸出来的那座长长的半岛。由于地处南部,深入大西洋,这座半岛常年气候宜人,也有秀丽的海景风光。苦寒的冬天,中老年人可以坐飞机来这里过冬;盛夏时,这里更是年轻人的海边天堂。

而且那时美国国内的交通已经十分发达,很多富人都在冬天坐飞机往南边来度假。佛罗里达半岛的房产开发也如火如荼地进行着。阳光洒下的海滩,温暖的气候,洋溢着南方风情的景色,一片又一片的海景地块和房产,沸沸扬扬的人群,这一切已经不是投资者对这座半岛的美好想象,而是即将兑现的“钱景”。

有着这样美好的板块题材，佛罗里达的地产投资也进入了白热化。

没盖起来的房子和光秃秃的地块每分每秒都在涨价。只要先买了，等上十天半个月一转手就能发财。

交不起首付，也没钱还贷款？

没关系，只需要付10%的定金就可以获得“地块拥有权”，先付定金买下来，涨价后把这个拥有权全价卖掉，就能赚到利润。

可是整个佛罗里达海滩就那么大点地方，不够卖怎么办？

没关系，把地块切开就好了。一英亩①切20块，一人买20平方米。人人都能买到。

然而地块切了还是不够卖，怎么办？

没关系，佛罗里达的房产虽然是“海景房属性”，但谁说看不见海的房子就没人要呢？哪怕是离海20千米远的房子也一样在涨价。

① 一英亩大约相当于中国亩的6亩地(约4 000平方米)。

1925 年，狂热的地产投机潮席卷了佛罗里达，离海边 20 千米远的房产地块最高能卖到 2 万美元，海边地块则是最低 2 万美元，最高能卖到 8 万美元。而那时，著名的福特汽车厂才刚刚宣布一个振奋人心的消息没多久——1914 年，福特汽车厂决定将流水线工人的工资从一天 2.5 美元提高到 5 美元，进入 20 年代，5 美元日薪又升至了一天至多 6 美元①。但在佛罗里达的地产利润面前，福特汽车厂这样的振奋消息根本不值一提。

不过投资故事并不总是激动人心，1926 年夏天，佛罗里达发生了两场极其严重的热带风暴，大量海边房屋被摧毁，美好的海景房故事褪色了。当年秋天，佛罗里达的地产热消退了下去，大量地块甚至还没动过一铲子土就已变得一文不值。

但投资热到此结束了吗？

没有。金融投机总有一种赌场般的魅力，哪怕输得倾家荡产，人们也还是如此着迷。比起在福特流水线上拧螺丝，投机来钱快多了。人们还想继续投机。

佛罗里达房产热在 1926 年褪去后，美国投机客的目光转向了股市。这个选择是非常有理有据的——从 1921 年起，美国股市就进入了稳健的长期牛市，道琼斯工业股指从 1921 年的 63.9 点涨到了 1926 年末的 157.2 点，足足翻了一倍还多。在投机客们看来，佛罗里达的房产投机没持续多久，股市这长期看好的大牛市总能长牛不衰了吧？

1927 年起，美国股市的牛市再创新高，接下来长达三年的时间

---

① Alex Taylor：《史上最伟大的一项抉择：亨利 · 福特将工人的工资翻番》，财富中文网。

里,若说股市每天都在涨属实有些过分,但没涨的日期用手指就能数过来。1927年,道琼斯工业指数从开年的155.16点左右涨到了年尾的202.4点;1928年新年以203.35开年,年尾时达到整整300点;1929年,开年307.01点的道琼斯指数在稳步爬升了几个月后,突然以极快的速度一路上扬,在1929年9月3日达到了历史顶峰——381.17点。

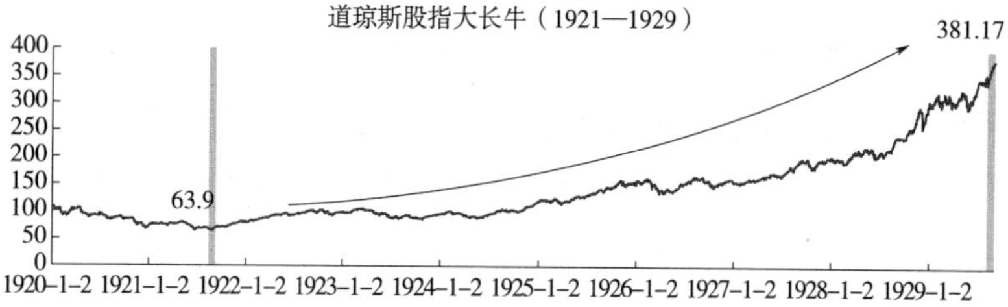

数据源:MacroTrends Historical Data.

如果你不炒股,或许对这个涨到381.17点的超长期大牛市没有什么具体的概念,那我们换个说法:

道琼斯工业股指创立于1896年,开盘点位是40点。自创立后到1921年为止,道琼斯工业股指的最高点位达到过119.62点[①]。这二十五年里的最大涨幅是200%。

而从1921年到1929年的九年里,道琼斯股指从63.9点涨到了381.17点,涨幅是496%。由于很多人是借钱炒股、贷款炒股、加杠杆炒股,实际的纸面财富增长额要远超496%。

假设你加了一个1∶10的杠杆——按那时的美国金融政策,你只需要为股票付10%的保证金就能拥有这只股票——那么这九年的

---

① 1919年11月3日道琼斯股指收盘价。

涨幅对你来说就是 496×10% = 4 960%。如果你为这个1:10的杠杆再加一个1:20的杠杆——你从银行借了这 10% 的保证金,为此只需要付 5% 的借款利息——然后再把借来的保证金投进股票市场,那最终涨幅还要再乘以 20,是 496×10×20% = 99 200%。

怎么样,感受到数字膨胀的魅力了吗? 如果你生活在 1921 年的美国,很难不动心。很多人倾家荡产都要炒这涨幅 99 200% 的股,涨完再把倾的家荡的产赎回来就是了。

在 1921 年到 1929 年这黄金的九年里,美国股市如梦似幻。入市炒股的人越来越多,一开始只有一些企业和金融机构在股市中投资,到 1929 年前夕时,股市中的股民几乎涵盖所有职业,从金融家到海员、保姆、保安、出租车司机和牛奶工人,各种职业的人士应有尽有。

而在 1928 年 10 月初,道琼斯指数的日成交量突破了 400 万手,也就是说这一天里人们就在股市上交易了 400 万次。1929 年 3 月底时,道琼斯指数的日成交量一度达到惊人的 825 万手。

这样如梦似幻的股市,有人感到害怕吗?

有。大长牛期间,美联储担忧股市存在泡沫,反复"尝试性地"警告人们不要在股市中过于狂热。但正如本节开头所言——人们刚登上宏观经济这趟列车时,其实不太清楚怎么驾驶;坐在车上的广大乘客不知道怎么坐,驾驶室里的政府和中央银行也不知道怎么开。美联储在这段狂热的牛市里时不时发出的警告则被经济学家称为"道义上的劝告①"——它除了从道义上劝了劝,什么作用也没有。

就这样,在劝无可劝的全民狂热之中,危机悄然来临了。

4. 1929年夏天的致命法案

1929年夏天,胡佛总统上台,他为美国的经济筹划了一项新法案,旨在提高进口产品的关税②。依据这项法案,美国的大约900种进口商品关税将提高40%~50%③。

在本书第三章的禀赋中,我们已经知道了进口关税的意义:它会为国内的工业垒起一座高墙,保护国内工业不受外国进口商品的冲击。这个政策十分有效,但也会让被挡在外面的外国产业失去非常多的销量。

所以,一旦某一国家决定建立高贸易壁垒,势必会引起其他国家的反制。

美国的高关税政策正是引起了世界多国的反制。尽管这项法

① 见约翰·肯尼斯·加尔布雷斯(John Kenneth Galbraith):《1929年大崩盘》第二章,沈国华译,上海财经大学出版社2017年版。

② 斯姆特-霍利关税法案(Smoot-Hawley Tariff Act)。

③ 见Priest, B. P. (2002). Steel Tariffs: A Shining Example of the Tension Between Politics and Economics in the United States Today. *Brook. J. Int'l L.*,28,第1035页的脚注53。

案在第二年才正式通过,但在1929年夏天,美国刚刚表露出提高关税的意图时,其他国家就纷纷发起了反制,也建起了关税高墙。

这一下,伤得最重的反而是美国自己——因为那时的美国工业已是庞然巨物,生产力冠绝全球。欧洲、南美和亚洲加在一起才能消费掉这个巨物的生产力。

而在美国率先表露出提高关税的意图后,各国的关税高墙纷纷建立起来,世界经济市场的大门一个接一个地对美国关上了。现在,只剩美国的国内市场自己面对着工业革命造就的生产力巨人,结局会如何呢?

显而易见。自1929年夏天的关税提案进入国会讨论程序后,美国国内的工业不见发展,反而开始衰退。工业生产赚不到利润,进一步导致了人们更愿意把资金投入股市。

1929年10月,美联储关于股市泡沫的警告已经重复了好几轮,美国国内著名的经济学家、经济研究机构和金融分析机构也已经讨论了不知道多少次股市泡沫到底有多大,报纸上的新闻也反复说了不知多少遍牛市即将结束,股价下跌即将开启。

这个10月也是我们之前提到的道琼斯指数冲上381.17点的月份。但这一整月的股价称不上如梦似幻,因为人们的狂热和不安交织在一起,一些主要股票的股价反复涨落,震荡不已。

人们不是意识不到风险,人们只是觉得自己绝不会是被风险光顾的那一个。

5. 黑色星期四

1929年10月23日星期三,疯狂的投资热潮和与之相伴大半年的不安情绪混合在一起,带来了周三下午股票收盘之前的严重下跌。人们在当天最后一段时间里疯狂抛售股票,很多贷款炒股和借钱炒股的人此时已经破产了。

好在没多久股市就收盘了,这一天最后一段时间里突如其来的股市恐慌被迫中断。但人们当时很难想到,这夜过后,便是美国铭刻史册的一日。

1929 年 10 月 24 日星期四,史称 1929 年大恐慌的第一日。这一日,人们挤在交易厅中,疯狂地抛售手中的股票。仅仅这一天,股票抛售量达到了 1 289 万股,而去年一整年的成交量也才 9 205 万股。这一天的抛售量是 1928 年全年交易量的 14%。

这一天里,股市的砸盘速度史无前例。交易所的报价机完全跟不上股价下跌的速度,显示不出当前的市价。看不到价格让人们变得更加恐慌,为了能把股票抛售出手,人们几乎是闭着眼把价格一压再压。一上午的砸盘过后,抛售行为已经进化成了恐慌潮,直到中午股市暂时收盘时,已经有 11 个金融投机者自杀身亡。

黑色星期四以一些银行家掏钱尝试救市而结束,股价在当天收盘时勉强稳住了——但仅仅稳住了三天。三天之后的 10 月 28 日星期一,股市再次一头扎了下去,有 925 万股股票抛售到市场上,一些主要股票的股价跌幅比黑色星期四还厉害。

再转天,10 月 29 日星期二,美国股市再次创造了新的崩溃纪录。这一日股票的抛售量达到了 1 641 万股,是 1928 年全年成交量的 18%。著名的高盛公司的交易信托股价在这一天跌了将近 50%,但还算跌得少的。此后的半个月中,股市每日直线往下砸,报纸上充斥着接连不断的金融家、企业家和政治家的自杀消息,以及比自杀消息还多的各种盗用公款的消息。自黑色星期四那天开始砸盘到 11 月中旬股市终于停止下跌为止,美股主要股指道琼斯工业指数从 381.17 点的高位直线跌到了 198.69 点,长达九年的大长牛在两个星期内完成了腰斩。到 1932 年 7 月 8 日,道琼斯股指的收盘价为 41.22 点,比 1921 年的大长牛刚开始时还要低一截。由于股市中相当多的资金是以借贷、抵押和杠杆方式入市的,股价腰斩的实际经济损失几乎是把脚底面抹了一层——只剩脚底面,上面的全没了。

这即是席卷全球的大萧条的开始。

道琼斯股指直线跳水

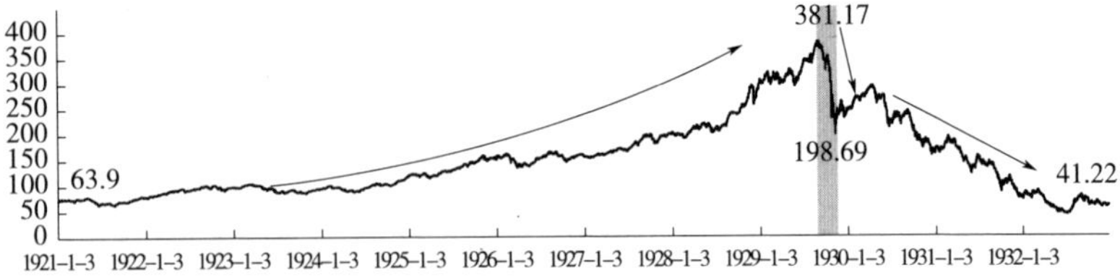

数据源:MacroTrends Historical Data。

股市崩溃,直接导致了大量上市公司的资金链断裂。倒闭潮开始了,失业潮也开始了。失去消费能力的人越来越多,卖不出去东西而倒闭的工厂也越来越多,陷入没人买得起也没人卖得出的死循环中,整个美国社会陷于停摆。经济一路下坠,上涨的却是自杀的人数。

如此令人绝望的大萧条在美国持续了四年之久,大萧条的崩溃也在第四年——1933 年达到了顶峰。密西西比河的倾倒牛奶事件就发生在这一年。它不是一次简单的"坏心眼的有钱人宁可倒了牛奶也不发给穷人免费喝"的经济崩溃,而是一场由底层奶农发起的有流血、有牺牲的暴力罢工事件。1933 年时,由于美国市场早已普遍丧失消费能力,卖不出去的牛奶已经跌价了 60%,而奶农能赚到的钱是每一百磅牛奶 80 美分,换算成每夸脱牛奶大约 1.5 美分。有些地方还要再从这 80 美分里扣去 1/4 的运费①,变成 60 美分。赚得最多的则是去城市里售卖巴氏灭菌瓶装牛奶的奶农,他们能赚到的钱是每一百磅牛奶大约 1.5 美元,占所有奶农人数的 10%。

如此低的收入面前,奶农几乎连生产成本都负担不起,奶农的暴力罢工事件在美国各地时有发生。在密西西比河所在的威斯康星州——也就是倾倒牛奶事件发生的地区,奶农自发组织起了纠察队(picket),他们持续倾倒牛奶、封锁道路、拦住运输乳品的卡车、破坏乳品厂和奶酪厂,期盼以此控制供给,从而提高牛奶价格。密西西比牛奶银河由此诞生。罢工期间,纠察队与美国国民警卫队多次发生暴力冲突,其中一些冲突被后人以战役(battle)冠名。从 1933 年 2 月到 1933 年 11 月,这样大规模的罢工在威斯康星州前后发生了三次,冲突中用上的工具包括箱子、木条、铲子、炸弹和扫雪机等,不一而足。第三次罢工时农民出现了伤亡。据当地的《威斯康星民主报》估计,从罢工开始到平息,农民的损失已经达到了一千万美元②。

密西西比牛奶河是美国四年大萧条的一个缩影。而事实上在大萧条中遭难的不只是美国人。20 世纪上半叶,世界各国的经济

① 一百磅约等于 45 公斤。一夸脱约等于 1.1 公升,大概是两瓶普通的娃哈哈矿泉水那么多。有关大萧条期间奶农收入和运费的计算,见 Jacobs, H. (1951). The Wisconsin Milk Strikes. The Wisconsin Magazine of History, 35(1), 30-35。

② 更详细的关于威斯康星牛奶罢工事件的研究,可以阅读 Herbert Jacobs (1951) 的论文:The Wisconsin Milk Strikes。

市场早已连在一起密不可分。美国的股市崩盘和金融崩溃导致其他国家的投资者遭受了严重损失,加拿大、英国的投资者都没逃过这一劫。

另外,为了让本国工业从大萧条中恢复过来,美国再次大幅提高了进口关税。其他国家的出口额急剧下降。纵然各国也采取了对美国的反制措施,但每个国家面对的世界市场份额都不可避免地缩小了——人人都在关上家门,最终人人都只能靠自己家里那点市场苦苦煎熬。

接下来,各国发生的危机和美国大萧条的四年如出一辙——工业革命以来的生产力爆炸成了累赘,因为单靠本国市场不可能消费掉如此庞大的机械化生产力。1929 年大萧条发生之后的十年里,失业狂潮、工厂倒闭和银行破产频繁发生在世界各国,萧条的阴霾笼罩在美洲和欧洲大陆上。

探索时间:胡佛总统冠名的大萧条

大萧条期间,美国的当政总统是赫伯特·胡佛(Herbert Hoover),他在 1929 年年初当选美国总统,之后颁布了提高进口关税的法令。

大萧条发生期间,胡佛政府推行的各种政策不见成效,美国经济深陷泥潭,美国人民对胡佛的怨气也越来越重。于是他们开始用胡佛冠名大萧条中的各种现象①。

无家可归的人在街上搭起棚户住着,棚户就叫“胡佛村儿

① United State History Ⅱ-Module 8: The Great Depression (1929—1932). (n. d.). *Public Reaction to Hoover*. Lumen Learning Simple Book Production.

(Hoovervilles)”。

人们盖着报纸睡在街上,报纸就叫“胡佛小被(Hoover Blanket)”。

人们口袋里一分钱都掏不出来,就把裤子口袋全都翻出来,拿一根棍支成旗子举着,这就叫“胡佛旗(Hoover Flag)”。

另外,美国地广人稀,在城市里出行得开汽车才方便,但大萧条中很多人开不起汽车,只能等着街头搭便车。1933 年总统选举时,有人搭车时会举一个牌子,上面写着“如果你不搭我,我就投给胡佛”。

1933 年,富兰克林·罗斯福当选新一任美国总统,胡佛黯然离开白宫。

6. 怎么就成这样了

自 1929 到 1939 年,美国从天堂般的盛景跌落谷底。人口增长率从 1928 年的 1.24%跌到 1931 年的 0.78%,这样的低增长保持了十几年,直到 1942 年才恢复到 1%以上[①]。

① 数据来源:美国人口普查局(US Census Bureau),人口增长含移民数量。

这一切究竟从何而起？

经济学家首先将目光投向了大萧条之前的金融市场。

大萧条之前，美国的金融市场上出现了疯狂的投机行为。人们先投资房产，又投资股市，盼着钱能生钱，好让自己一夜发财。而大萧条之前，美国的金融政策也是处处鼓励这样的投机——那个496×10×20%的数字爆炸并不是随意举的例子。当时在股市炒股，真的只需要付10%的保证金就能拥有股票，无须全价付款。而银行为了鼓励人们从自己这里贷款去炒股，以炒股保证金为目的的贷款利息也真的只有5%。要知道，496×10×20% = 99 200%，这天方夜谭一般的投机梦想掀起来的当然是天方夜谭一般的疯狂。

而且此时的金融市场上还充斥着实体行业的资金。大萧条之前，美国掀起了一股兼并和寡头垄断的风潮。有野心的企业家都想做大做强，想在自己的行业成为龙头甚至全美唯一的生产者。电力公司、自来水公司、钢铁和铁路公司等都在大兴兼并。

兼并的前提是入股和收购——这需要大笔的钱，需要股市操作。这样就有大量资金涌入了股市。大企业到处弄钱，广泛收购小公司，成立分公司。企业也将自己的资金托付给各种金融机构、信托机构，拜托他们融资。这就造成了实体行业的大量资金都投进了股市。股灾一发生，实体行业也随之瘫痪了。

这样看来，大萧条的起因是金融市场的投机，以及实体经济过度融入金融市场。是这样吗？

比起就这么下结论，经济学家还想继续追问——人们为什么投机？实体经济为什么过度融入金融市场？这才是更深层的原因所在。

而问到这一层次，经济学家之间的争论就开始了。

有的经济学家认为，是美国金融市场本身的政策漏洞导致了投机——10%的股票保证金怎么想都太过分了，而银行用5%的利率鼓励人们投资股市更是如同刀尖跳舞。在这样高风险的政策下，人人都会想去股市投机的。

也有经济学家认为，股市投机本身是可以理解的行为，因为美国的工业在20世纪20年代一直势头良好，就算没有10%的股市保证金投机政策，人们也会把资金投入股市——这是因为人们对工业发展充满了信心。一切的根源应该是1929年夏天的进口关税法，如果不是它引起了其他国家的反制措施，关闭了世界经济市场的大门，美国工业还是能找到足够的消费市场的。

还有经济学家认为，1929年的进口关税法也不过是一根导火索罢了。美国的工业在当时纵然世界领先，可其他国家也在你追我赶，大家都想发展起来。工业革命带来的生产力爆炸最终会在各个国家遍地开花，人人都得靠着出口世界市场才能消化掉生产力。由此看来，美国国内的工业遭遇瓶颈和竞争是早晚的事。出口市场的竞争陷入白热化乃至白刃战，也是早晚的事。就连其他国家遭遇生产力过剩也是早晚的事。1929年的关税法案不过是加速了这一进程，工业化带来的生产力爆炸才是根源。

也有经济学家觉得，既然都说到了生产力爆炸，那不妨看看美国的国内市场究竟是怎样的消费结构——大萧条前，美国国内的贫富差距已经非常大了，占1%人口的富人拥有着整个美国50%的财产①，这些人想买什么都买得起。但美国的工人阶级——像福特

① Zucman, G. (2019). Global wealth inequality. *Annual Review of Economics*, 11, 109-138.

汽车厂的工人，他们的日薪是5美元、6美元、7美元。苦干一年也只能拿到最多2 000美元的工资。他们的消费不可能像只占1%人口的富人一样洒脱。至于密西西比河倾倒牛奶的奶农，他们也不可能靠每45公斤牛奶只赚80美分的收入享受随便买随便花的生活。

问题是，纵然1%的有财富的人拥有半个美国的财富，其余99%的人口占剩余一半，但这99%的人才是工业时代庞大生产力最主要的消费者。毕竟1%的有财富的人就算再怎么有钱，再怎么用挥霍的方式去消费，一天也只需要吃三顿饭，一个人洗澡也不会用一百条毛巾和一千块肥皂，睡觉也不会一个人同时睡十张床。那么一旦发生意外——譬如股灾，譬如工厂倒闭——导致这99%的人大量失业，庞大的生产力就会一下失去最广泛的消费市场。接下来美国经济的全面崩溃就是理所当然的了。

谈到生产力过剩与贫富差距，经济学家又意识到了另一个问题——贫富差距给人们带来的心理影响是巨大的。1%的人拥有半个美国的财富，拥有垄断的资产和最顶层的社会地位，剩下的人无论在流水线上怎么努力，恐怕也一辈子达不到这1%的人的资产的一个零头。而且这些人的工作还正在陆陆续续被机器和流水线取代，失业风险时刻摆在面前。这样令人几乎看不到希望的社会氛围下，人们的选择若不是“躺平”，那恐怕只剩投机了。

巨大的贫富差距面前，勤劳致富的希望如此渺茫。但如果进入股市，就有可能见到496×10×20%（99 200%）的收益。谁会不动心呢？投机狂潮由此从金融业蔓延到全美各行各业，水手、保姆、司机和工人都在谈论着股票，仿佛那是跨越阶层的唯一可能。最终，在

1929年10月24日,无法逆转的抛售狂潮推着股市,也推着整个美国一起从高耸的悬崖上坠落。

人类历史上最严重的全球性经济危机就这样发生了。

7. 大萧条的应对之一：事已至此，只有政府出马

大萧条的原因虽然没有定论,但经济学家在争论中发现了症结所在。

其一,大萧条的生产严重过剩,但99%的消费者没钱消费。这导致了工厂生产的东西卖不出去,只能倒闭关门。工人失业后没有收入,更加买不起东西,这就陷入了恶性循环。

其二,美国金融市场上的投机很容易。10%的股票保证金和5%的贷款利息率简直就是敞开大门求着人来投机。绝不能继续沿用这么低的保证金率和利息率。

至于美国的贫富差距,此时倒是被大萧条用最极端的方式解决了不少。现在不管是普通人还是有财富的人,都是平等地在街上排队领救济,社会公平了不少。

找到症结就找到了应对方法。经济既然停摆,人们不消费而工厂也不生产,那就得想办法让他们重新运转起来。没工作的人就给他们找工作,没钱开工的工厂就给他们下订单,这样经济就会再次运转了。至于金融方面,就需要赶紧整顿股票市场和金融政策,别再让人们这么容易就去投机。

整顿金融其实相对容易处理一些,只需美国政府和美联储赶紧出台政策改掉这些规则即可。但消化生产力的工作开展起来着实费劲。大萧条发生后,没人能提供工作,也没人能掏钱采购这么大

量的工厂订单。此时此刻,全美上下能做到这件事的,其实只剩一个角色——就是国家政府。

这即是著名经济学家约翰·梅纳德·凯恩斯提出的“政府购买”的经济思想。具体而言,政府这时需要以最大消费者和最大生产者的身份进入市场,想办法掏钱购买工厂生产的东西,想办法给人们提供工作,想办法让人们赚到钱。大萧条中只剩政府有能力这么做,而政府也必须这么做。

1933 年,罗斯福当选美国第 32 任总统,上台之后开始推行罗斯福新政,其核心即是政府购买与金融改革。这套措施依据的经济思想——凯恩斯主义政策则成为现代宏观经济学的开端。

8. 新知识! 政府购买

政府购买,用大白话讲就是政府自己走进市场掏钱买东西,借此促进市场活跃起来。

至于政府会购买的东西五花八门,总的来说和我们日常生活需要买的所有东西差不多:

- 日常生活需要房子住,政府就出资请建筑公司盖房子。
- 日常生活需要吃粮食,政府就出资给农民补贴,让人们大力种地。
- 日常生活需要出门通勤,政府就掏钱请工程队修路、修桥、建铁路、开公共汽车、盖车站和盖机场。
- 日常生活还需要学校、医院、养老、育儿……政府就掏钱办学校、办医院、付养老金和发育儿补贴。还有全国的下水道,政府也请人好好修上一遍,每块砖都用心凿,这可是关乎生活质量的大事,马虎不得。

这样大范围的政府购买带动了整个社会的工业发展。从建筑业到电力、水利、铁路，再到食品消费、出行消费、家庭过日子的养老育儿消费、教育和医疗……所有行业都被带动起来了。“让人们有工作，让工厂有订单”的目的实现了。

但如果这么多的政府购买还是不够——其实确实不够，因为工业时代的生产过剩太严重了，仅靠日常生活的消费满足不了这样的生产力——那么政府还得购买更多。

1933 年开始的罗斯福新政中，最初的政府购买还局限于上面所说的日常生活的基础设施，像路、桥、机场、邮局、下水道、医院、学校……后面就越来越广泛。光是一项防护林带工程，新政就组织起了调查岗位、咨询岗位、运输岗位、采购岗位、育苗岗位、植树岗位、林木护理岗位、防火岗位、灭虫岗位、灭鼠岗位、巡林岗位、气象记录岗位、哨塔岗位、救援岗位，还有专门写论文论证“种这么多树究竟能为广大美国人民带来多少好处”的岗位……一大堆岗位和工作①。总之是变着法儿地给人们找事情做。

新政还大力鼓励艺术家进行艺术创作。为此，罗斯福还给美国的艺术家写过一封信，表达他的艺术追求——“我有一个梦想，就是向那些住在偏僻地区的人展示一些他们没法从书上看到的东西，展示一些真正的绘画、版画、蚀刻画和真正的音乐。这些地区不仅包

---

① 关于罗斯福新政中植树造林工程的介绍，可以阅读 Dahl, J. (1940) 的论文：Progress and development of the prairie states forestry project. *Journal of Forestry*, 38(4), 301-306.

括小村庄，还包括纽约市的各个角落。[①]”总而言之，罗斯福话里话外的意思是，那么多新修的路、桥、车站、机场，那么多大大小小远远近近的村子，希望艺术家们组团去画墙画和唱歌吧，这样就能找个由头给他们钱了。

这些措施成功促进了就业，停滞的经济重新出现了活力。而这些创造就业的方案也被凯恩斯形象地称为“雇人挖个坑，再雇人填上”。顺便一提，凯恩斯本人也身体力行地践行着“挖坑创造工作”的理念。他住酒店时会弄翻毛巾，但不捡起来。据他本人说，这样能让酒店服务员不至于失业[②]。

这样广泛的大买特买起了效果。罗斯福新政推行后，美国经济出现了短暂的复苏迹象。不过读者可能已经注意到了一个问题——政府大买特买是需要钱的。大萧条时人们没有工作，根本交不上税，政府的钱是哪里来的？

---

① FDR library. (n. d.). *Art of the New Deal*. Franklin D. Roosevelt Presidential Library and Museum.

② 哈里·兰德雷斯，大卫·柯南德尔著，周文译：《经济思想史（第四版）》，人民邮电出版社 2011 年版。

这就要提到另一个与政府购买的配套措施了，它叫“财政赤字”。

探索时间：找找你家周围的基础设施

基础设施建设是一个国家投资规模最大、影响最广泛、最能带动就业的建设方式。基础设施本身也是人们生活中不可或缺的部分。有了这些基础设施，一国的经济才有了发展基础。

有了水、有了电，人们才享受到了现代文明的生活方式。

有了道路和桥梁，一个个分散的城市、乡镇、村落才能连接在一起。

有了高速公路和铁路，这些城市、乡镇、村落里的人和他们生产的东西才能快捷地运出来，走向千家万户。

有了光纤和基站，人们才借由互联网连在一起，从而有了互联网经济，有了微信和支付宝，有了短视频和直播。

这类由政府出资建设的基础设施是我们今日经济社会繁荣的基石。所以不管有没有发生经济危机，各国政府都会尽可能地建设基础设施，保证人们能在此基础上建设繁荣的经济社会。

想要建设这些庞大的基础设施工程，有两个难题需要解决：其一，它们的投资额巨大，工程量巨大，需要协调的人员和资源极多；其二，这些工程的盈利可能难以覆盖成本，甚至很多基础设施工程根本不会盈利，只会倒赔，比如公交车、残障服务和义务教育等。

凯恩斯政策的妙处就在于此——把基建工程交给国家来做，就能由国家调动起大量的人员和资源。两个难题都解决了，同时还创造了大量的订单和就业，人们也能享受到基础设施带来的福利，这实在是一举多得。

现在不妨走出家门，看看你的周围的街道上，哪些是基础设施建设？电线杆、光纤箱子、脚下的路、路过的公共汽车，这些都是基础设施吗？它们给你的生活带来了怎样的作用？

9. 大萧条的应对之二：向未来借钱

大萧条时，人们口袋里没钱，政府口袋里其实也没钱。因为没人交得上税。但政府又得想办法弄到钱，这样才能大兴土木，大批量下订单。那么问题来了：全社会都没钱，政府上哪弄钱呢？

经济学家将眼光投向了三维世界的第四维——时间。我们在当前的时间上没有钱，那就……向未来借吧。

这即是凯恩斯主义政策的另一个核心思想：向未来打欠条借钱，然后在当下消费；等经济恢复之后，人们再慢慢还钱。

10. 新知识！ 财政赤字

向未来借钱，其过程非常简单：

政府先找银行借钱，而银行要记上一笔欠账，写上政府于某年某月某日借了多少，预计在将来某年某月某日偿还多少。然后银行就可以开动印钞机，把这些来自未来的钱印出来交给政府。

拿到钱之后，政府就把钱投向市场，开始基建。最后，等所有的设施都建好了，人们有了工作，开始进行生产和消费，政府就能收到纳税。这时政府再拿这些纳税还给银行，划掉当年的欠条。

这就是向未来借钱的全过程。它的正式名称叫财政赤字。1933 年罗斯福新政推行后，美国政府开始扩大财政赤字，赤字额从胡佛时期的 225 亿美元左右涨到了将近 500 亿美元，翻了一倍还多。这一时期，美国的财政赤字高，GDP 就能略微涨涨；但财政赤字一旦低下来,经济立刻低头。

而接下来的第二次世界大战期间,美国更是全力开动国家工业,打赤字生产,持续进行对外贸易。整个二战期间,美国的赤字额在原有的基础上又多了 1 800 亿美元[①]。到此,美国的赤字额从胡佛时期的 225 亿美元涨到了 2 360 亿美元,涨幅是 1 048%。

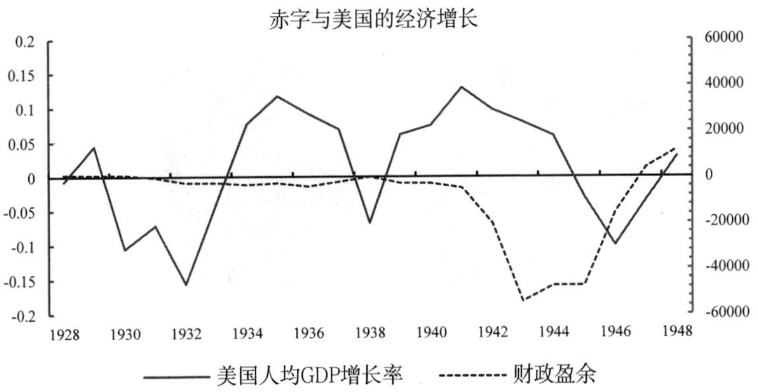

数据源:Maddison Project Database, version 2020. Bolt, Jutta and Jan Luiten van Zanden (2020), "Maddison style estimates of the evolution of the world economy. A new 2020 update". 财政盈余额来自美国联邦储备委员会 Federal Reserve Board,单位为百万美元。

但是,这么庞大的赤字额,每个人都会自然而然地担心一个问题:未来真的还得上吗?

确实没还上。自美国推行赤字政策以来,世界各国陆续跟进打赤字,自此赤字情况一个比一个严重。原因也非常无奈:谁都知道赤字是寅吃卯粮,但国际竞争如此剧烈,不发展就会落后,落后就要被挨打。除了打赤字发展起来还能怎么办呢?

面对赤字,各国政府的选择十分无奈。而经济学家从经济学角

① 1933 年和二战期间的赤字额计算自 Amadeo K. (n. d.). *US Debt by President: By Dollar and Percentage*. The Balance.

度给出的回答也一样无奈，赤字是没有办法的办法，而漫长的偿还过程——在赤字帮一代人度过危机活下来之后，就只能交由下一代人，下下代，下下下代……去还了。提出此项政策的凯恩斯对此也有一句十分经典的点评——“长期？长期来看我们都死了。①”

探索时间：赤字还不上会发生什么

2012 年，也就是凯恩斯提出赤字理论大约 100 年后，世界上出现了一次由还不上赤字引起的大规模经济危机——2012 年爆发的欧洲主权债务危机，简称欧债危机。

欧债危机的爆发始于希腊。因为连年赤字叠赤字，希腊的国债还不上了。欧洲各国的国债都是你买我的，我买你的，资金链层层嵌套在一起。某一个国家还不上，欧洲突然大范围就都陷入财政危机了。

更糟糕的是，欧盟检查了希腊的账本，发现希腊根本没有还钱能力。希腊的国库没存款，税收收入也没多高，每年还要给国民发很多福利，财政常年入不敷出而且将持续入不敷出。设想一个人被

---

① “In the long run we are all dead.”出自凯恩斯 1923 年发表的 *A Tract on Monetary Reform*，第 80 页。

债主追到家里，结果债主发现他家徒四壁什么也没有，这就是欧盟追到希腊家里发现的窘境。

但就算这样也得想办法还。

面对希腊的这种情况，只剩两个办法：其一，让这个欠债者用接下来的时间打工还债，能还多少还多少；其二，把家里的“四壁”也拆下来卖了，好歹弄点钱。

这就是欧债危机的还债方式。面对欧盟的追债，希腊只能硬着头皮勒紧裤腰带，大家多纳税少消费，多工作多生产，努力慢慢还。

而家里的“四壁”，希腊也真给拆了——希腊坐拥地中海第一大港比雷埃夫斯港，欧债危机之后，希腊把它给卖了。这即是赤字的最极端后果。

11. 大萧条的结局：第二次世界大战全面爆发

1934 年，历经第一期罗斯福新政后，美国经济出现了复苏的迹象，失业率有所下降，GDP 出现回升。政府购买和财政赤字的组合措施发挥了作用。

从 1935 年开始，罗斯福政府开始推行第二期新政，再次扩大就业岗位，举国上下进行投资建设。但这一次的结果不像第一期那样尽如人意。在第二期新政末尾，也就是 1938 年，美国的失业率又再次回升，而 GDP 增长也又一次回落至负数——如纽约时报所言，1937 年和 1938 年的新政效果并不理想①。

① 见 Cowen, T. (2008, November 23). *The New Deal Didn't Always Work, Either.* The New York Times.

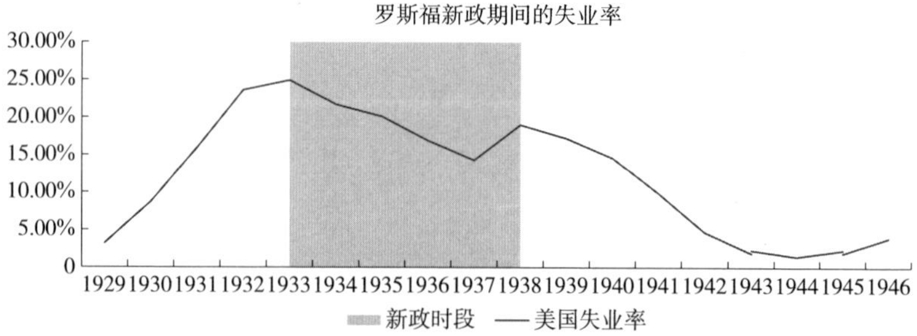

数据源:1929—1943 年的失业率计算来自由美国劳工统计局发布的关于大萧条期间失业率研究的论文:Lebergott, S. (1948). *Labor force, employment, and unemployment 1929-39: Estimating methods*. Monthly Labor Review, 67(1), 50-53. 1944 年以后的失业率来自美国劳工统计局(U. S. Bureau of Labor Statistics)。

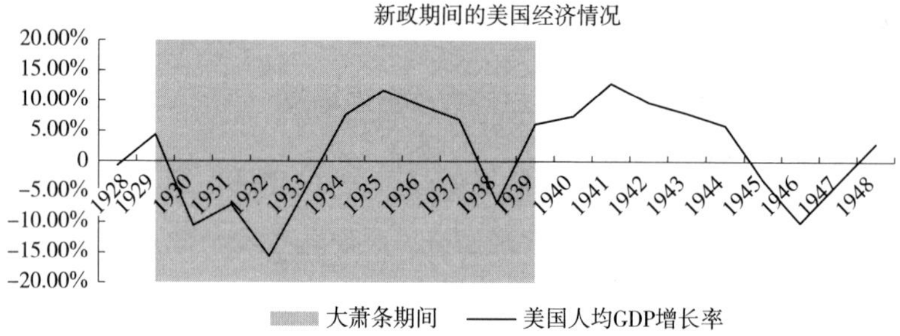

数据源:Maddison Project Database, version 2020. "Maddison style estimates of the evolution of the world economy. A new 2020 update".

时至今日,两期新政的效果到底如何,经济学家之间仍旧存在争议①。但不争的事实是,1939 年以前,美国仍未能恢复到大萧条前的经济发展水平。整个世界的情况此时也很不好,英、法、

① 第二期新政进一步加强了对金融业的管控,提高了银行的存款准备金。有些经济学家认为这导致了市场缺乏现金流,也就是"拿不出足够的钱来花"。诺奖经济学家米尔顿·弗里德曼即持此观点。

德、意、日等主要资本主义国家都在大萧条期间经历了严重衰退，经济惨不忍睹。

在战争的军火消耗面前，纵然是工业时代的生产力爆炸也不值一提。各国的工厂此刻日夜运转，举国上下人力物力统统投入战争。从1940年到1945年，英国的军费占GDP比例一直保持在50%左右。德国从1940年开始将44%的GDP用于军费开支，到1943年时军费占比达到了惊人的76%，同年的苏联军费占比与德国持平，苏德双方此时可谓是殊死搏一搏。日本在投降前一年(1944年)的军费占比达到了GDP的64%，全国上下的资源接近耗竭。

而在二战全面爆发的1939年，美国修改了《战争中立法》，宣布自己可以向交战国出售武器。而后，美国国内的工业全力开动，将食物、原材料、零件和军事装备源源不断卖向欧洲。从1939年到1944年这短短五年中，美国的GDP增长了88%之多，军费开支从1939年GDP占比的2%猛增至1942年GDP占比的34%，1944年达到了GDP占比的45%①。其间，大量美国民用工业转为军用工业，加入了全球急剧扩张的军火市场。像福特汽车公司就在二战期间转为坦克生产公司，充分利用了其车辆生产力。

席卷全球的1929年大萧条以第二次世界大战的全面爆发而结束，过剩的生产力最终以最残酷的方式消耗尽了。凯恩斯也在自己的著作《就业、利息和货币通论》中悲哀地指出了这一事实——造金字塔，发生地震甚至战争可能都会起到增加财富的作用②。

---

① 各国军费占比数据来自 Solimano, A. (2020). *A history of big recessions in the long twentieth century*. Cambridge University Press.

② 哈里·兰德雷斯(Harry Landreth，大卫·柯南德尔(David C. Colander)著，周文译:《经济思想史(第四版)》，人民邮电出版社2011年版。

但凯恩斯的增加财富的说法在二战中最终也被推翻了。工业革命的生产力再怎么强大也应对不了战争这种残酷的消耗，二战末期，无论是没有发生本土战争的美国，还是二战参战国英、法、德、意、日等国家，其经济生产都出现了严重的衰退，时长持续数年之久。

（1）英、法、美二战期间的人均GDP增长率

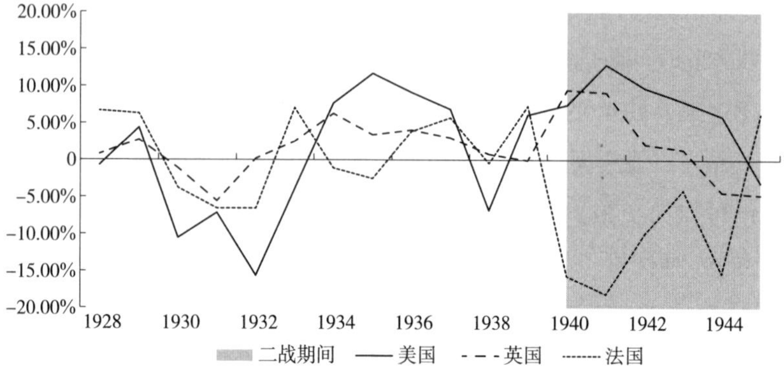

（2）德、意、日二战期间的人均GDP增长率

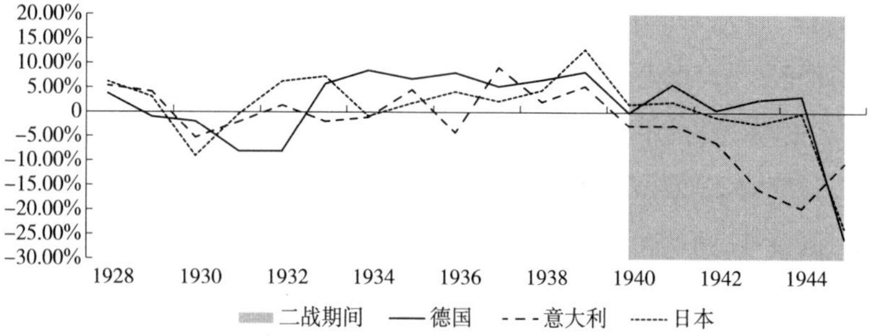

数据源：Maddison Project Database, version 2020. "Maddison style estimates of the evolution of the world economy. A new 2020 update".

12. 1929 年的产物：现代宏观经济政策的开端

1840 年工业革命以来，人类正式登上了现代宏观经济这列冒着滚滚浓烟的列车，工业生产力爆炸带来了物质生活的极大丰富，带来了短短几十年内迅速融合的国际市场。

虽然成功登上了工业文明的列车，但人们起初并未学会如何驾驶。直到 1929 年列车发生严重事故，人们才终于开始理解列车行驶的原理，学着如何应对危机，如何让列车重新启动运行。

人们学到的是政府购买和财政赤字这两项措施，现代宏观经济学由此开端，经济学家约翰·梅纳德·凯恩斯也被誉为现代宏观经济学之父。二战后，大部分国家的经济重建和发展都离不开政府购买和财政赤字，美国也好，苏联也好，在其发展与腾飞的过程中，政府干预经济和扩张性财政政策的影子随处可见。大萧条中人们学会的驾驶列车的方式最终造就了二战之后全球几十年的经济繁荣。

13. 八卦时间：现代宏观经济学之父——约翰·梅纳德·凯恩斯

如果问及谁是 20 世纪最伟大的经济学家，经济学家们会毫不犹豫地回答凯恩斯。如果提及人类历史上最伟大的经济学家都有哪些，经济学家的回答中一定会包括凯恩斯。2008 年第三次全球性经济危机发生时，经济学家思考的是："如果凯恩斯在世，他会如何做？"

约翰·梅纳德·凯恩斯，现代宏观经济学之父。由他带来的凯恩斯革命彻底改变了人类对宏观经济的理解。自凯恩斯起，政府正式作为市场参与者走上宏观经济的舞台，成为一国经济发展必然也必需的引领者。

1883 年，约翰·梅纳德·凯恩斯出生于英国剑桥郡。他的父亲是剑桥大学的经济学家，母亲也从剑桥毕业，曾任剑桥市长。1897 年，凯恩斯进入伊顿公学攻读数学，之后进入剑桥大学继续攻读数学和哲学。毕业后，凯恩斯受时任剑桥经济学教授的阿尔弗雷德·马歇尔邀请，又在学校读了一学期的经济学，这一学期就是他一生中接受过的全部的科班经济学教育。

1906 年，凯恩斯成为一名英国公务员，几年之后辞职回到剑桥大学任教。第一次世界大战爆发后，凯恩斯重返政府部门，进入英国财政部参与外交工作和货币政策研究。一战结束后，凯恩斯作为经济顾问陪同英国首相前往法国，参加对德国的战后谈判。这即是著名的凡尔赛条约谈判会议。

在谈判中，凯恩斯深感一战后战胜国对德国提出的索赔过于高昂。凯恩斯认为，战后的德国没有能力偿还这样的债务，这会导致德国的长期贫穷和政治极度不稳定，埋下战争隐患。但凯恩斯的意见没有得到采纳，1919 年 6 月，凡尔赛条约正式签署，德国需要赔偿 1320 亿金马克。从法国返回国内后，凯恩斯辞去了财政部的职务，并发表了著作《和平的经济后果》(*The Economic Consequences of the Peace*)，详细论述了凡尔赛条约的隐患。

之后发生的事情正如凯恩斯所预想的一样。《凡尔赛条约》的债务给时为魏玛共和国的德国带来了严重的经济压力，魏玛共和国不得不直接开印钞机还债。这并非委婉的说辞，当时的魏玛共和国银行是真的在昼夜不停地用印钞机印钱，恶性通货膨胀随之而来。

1918 年,也就是一战最后一年,魏玛共和国国民买一条面包需要支付 0.63 马克。到了 1923 年,一条面包变成了 201 000 000 000 马克(读者数零都要数好几秒)[①]。如此恶性的通货膨胀给魏玛共和国国民的生活带来了极大的影响,国民也将《凡尔赛条约》视为国耻。《凡尔赛条约》签署后还没到 20 年,第二次世界大战爆发了,欧洲再次坠入战火。

那么,《凡尔赛条约》这笔欠款是什么时候还清的呢?是 2010 年。现在读者对这笔钱到底有多少应该有概念了。凯恩斯没说错,当时的德国根本还不上,怎么想都还不上。

辞去英国财政部职务后,凯恩斯重回剑桥任教。其间,他撰写了大量经济学著作,其中包括最著名的《就业、利息和货币通论》(简称《通论》)。书中,凯恩斯提出了著名的总需求、总供给、消费、投资、政府购买和充分就业等现代宏观经济的奠基概念。消费、投资和政府购买这三个概念也与进出口值一起构成了我们今日使用的最著名的宏观经济指标——国内生产总值(GDP)。

《通论》还分析了 1929 年大萧条中人们普遍面对的失业问题,也分析了政府购买是如何创造就业的。凯恩斯认为政府购买可以创造出指数级的价值,能以有限的财政投入带动巨大的就业。这就是现代宏观经济政策中著名的乘数理论,它为政府调控经济的合理性做了背书。凯恩斯也提出了向未来借钱的赤字政策,那句名言"长期来看我们都死了"则成为他最具代表性的言论。

《通论》写作完成后,凯恩斯十分满意。他认为这本书将在未

---

① 是 2 010 亿。数据引自 Pillai, N. (2023, November 7). *Hyperinflation in 1920s Germany*. Discover Economics.

来深刻地影响人们看待宏观经济的方式。这本书其后确实成为现代宏观经济学的开山之作，今日如果提及宏观经济，人们必言凯恩斯与他的《通论》，无论赞同与否。

不久之后，凯恩斯再次回到英国财政部担任财政顾问。在他的倡议下，英国正式开始进行国民经济统计。他也接受了英国国王的授勋。此后，凯恩斯频繁活跃在英国政坛上，并多次出席英国的对外会议和谈判，其中包括 1944 年的布雷顿森林会议。

1946 年，凯恩斯因突发心脏病去世，享年 64 岁。

7.2　布雷顿森林体系的崩溃——1973 年滞胀危机

1. 1973 年滞胀危机

1973 年，另一次全球性经济危机发生了。与 1929 年大萧条相似，这次危机同样发源于美国，同样带来了失业、破产、动荡，还有牺牲。这次经济危机爆发前后,战争也同样如影随形。

这不是人们第一次面对如此大规模的经济危机,大萧条刚过去40余年,所以人们记忆犹新。有了应对大萧条的经验,面对这次危机时,经济学家再一次拿出了当年的药方——刺激性经济政策,希望以此让经济重回繁荣。但未料这一剂药用下去,经济差点背过气儿。

这可急坏了人们。要知道,1929年大萧条留下的药方是那时的现代宏观经济学能拿出来的唯一的药方。唯一的药方失灵了,人们就陷入了手足无措。经历了好一阵焦头烂额,乃至再次付出了血的代价之后,人们终于意识到,这次危机之所以越治越糟,是因为它的病根正是应对1929年大萧条的药。

俗话说,是药三分毒。接下来,我们就来看一看原本治愈上一次危机的良药是如何成为又一次危机的病根的。

2. 吃多了的补药,发多了的钱

时至今日,关于1973危机的成因经济学家们已经达成了共识,它就是源于过度使用刺激性政策,也就是把1929大萧条中的药吃过头了。

让我们先来回忆一下1929大萧条中的药方是什么。

大萧条发生时,宏观经济学之父凯恩斯提出了后世著名的凯恩斯主义经济政策——政府应当主动调控经济,进行巨额投资,从而强有力地促进整个国家的经济增长。

这即是应对大萧条的药方,简而言之就是给市场发钱。钱发得够多,经济就繁荣起来了。

凯恩斯主义的刺激性措施有效地挽救了大萧条。而在大萧条结束后，人们逐渐发觉刺激性措施不只对大萧条有效，对平日的经济建设也很有效。毕竟，主动给市场发钱去搞生产建设，远比等着市场自己一点点积累资本要快得多①。

于是，从 20 世纪 60 年代中期开始，美国再次开始实施了这套刺激性政策，时不时地给市场里发点钱。此时这项政策的名字叫“伟大社会计划(The Great Society Programs)”。也是在这一时期，美国发动了越南战争，这一下花的钱就更多了②。

不过这套刺激性措施是有副作用的——市场里的钱越发越多，就一定会引发通货膨胀。

美国政府也清楚这一点。所以在发钱时，美国小心翼翼地盯着通货膨胀率来投放货币，以防货币超发。具体而言，如果通货膨胀率走高，美国就会控制货币投放，让通胀率缓一缓；但如果通胀率很低，美国就会放心地往市场里多发些钱，经济就又能涨一涨。这个

① 传统经济学理论认为，经济繁荣的前提是先积累足够的资本，也就是先赚到足够的钱。有了足够的钱，生产者才能进行更多投资，进行扩大再生产。积累的过程往往需要很久，但直接给市场发钱就可以跳过漫长的积累过程。

② 伟大社会计划和越南战争都非常费钱，美国为此发行了大量的货币。货币基金组织(IMF)认为这是导致之后美元购买力下降的主因。见 *The End of the Bretton Woods System (1972-81)*. International Monetary Fund.

做法的官方名称叫“走走停停，停停走走(stop-go)”原则。

自从美国开始这个做法，原本稳定的通货膨胀率就逐渐上升了。二战之后的十多年里，美国原本一直保持着非常稳定的1%左右的通货膨胀率。实行这套政策后，通胀率一下上升成了3%、4.3%，甚至5.5%①。

美国发生通胀，其他国家也开始感受到压力。因为二战之后美元成了世界货币，美国就相当于整个世界的中央银行②。各国看着作为“世界中央银行”的美国开始印钱，心里也感到发慌。各国非常担心美元增发会导致自己国家内出现通货膨胀③。

1971年12月，比利时、加拿大、法国、德国、意大利、日本、荷兰、瑞典、英国与美国组成十国集团，共同签署了一项协议，意在将美元的购买力降低④。毕竟美元超发了这么多，购买力理应下降。

---

① 数据引自美国劳工统计局 U. S. Bureau of Labor Statistics。1966年为3.3%，1968年为4.3%，1969年为5.5%。

② 世界中央银行的叫法见 NBER：Garber, P. M. (1993). The collapse of the Bretton Woods fixed exchange rate system. A Retrospective on the Bretton Woods system: Lessons for international monetary reform, 461-494.

③ 关于美元与其他国家市场通货膨胀的关系，更详细的介绍参见 Barry Eichengreen, Globalizing Capital: A History of the International Monetary System (Princeton, NJ: Princeton University Press, 1996)。

④ 这项协议叫《史密森协定(The Smithsonian Agreement)》。

但在这项协议签署后,这些国家觉得,美元的购买力只降低这么小的幅度还是不够,大家还在心慌。在越来越大的心理压力面前,各国陆续宣布:在自己国家的市场上,美元的购买力必须自由下降,由市场来决定最终到底降多少。

随着各国相继宣布这个决定,到1973年3月时,美元的购买力急转直下。美国的通货膨胀顿时爆发了。1973年2月时,美国的通胀率还保持3.9%,3月时通胀率就立刻涨到了4.6%,到1973年10月为7.8%[①],比起2月翻了整整一倍。

3. 石油引爆的危机

不过,由各国的决定带来的美元跳水还不是全部。

就在美元购买力跳水没多久时,1973年10月,叙利亚和以色列之间就爆发了战争。10月19日,美国总统尼克松宣布将对以色列提供22亿美元的战争援助[②],阿拉伯石油输出国组织OPEC立刻采取了反制措施,宣布对美国及其盟友禁运石油。世界市场上的石油价格一下从2.9美元一桶涨到了11.6美元一桶[③]。

如果说十国集团促使美元购买力的自由下降,给美国带来的只是货币层面的影响,石油禁运就是在实体生产层面一下切断了美国的大动脉。20世纪70年代时人类社会已经离不开石油,OPEC一宣布禁运,随之而来的就是全行业缺油和生产停滞,连交通都停了。

---

① 数据引自美国劳工统计局 U. S. Bureau of Labor Statistics。

② 储永正:《美国对以色列军援政策的变化及其成因》,西亚非洲,2011,(09):78-91页。

③ Corbett, M. (2013, November 22). *Oil Shock of 1973-74*. Federal Reserve History.

全美的加油站通通缺油，只能限制每个顾客加 10 加仑油①，一辆车从华盛顿去趟纽约，回来的路上就得抛锚。

石油的欠缺理所当然地导致了石油价格暴增，于是美国的工业生产成本也跟着暴增，原本就飙升的通货膨胀率又被石油禁用抬高了一截，在 1973 年 12 月达到了 8.7%。

石油禁运时的通货膨胀率

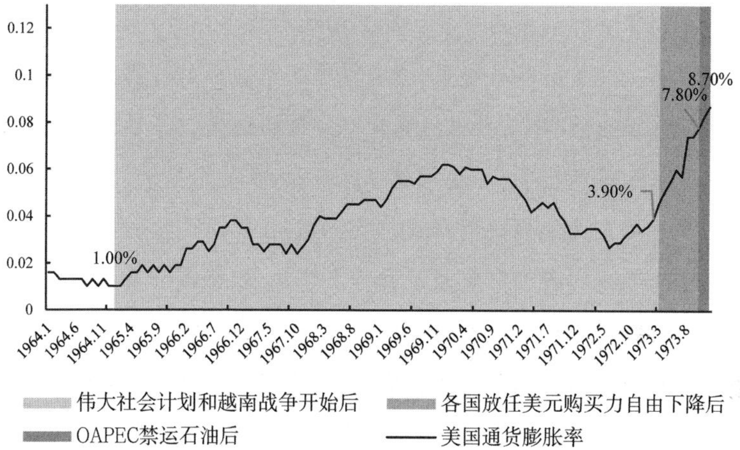

数据源：美国劳工统计局 U. S. Bureau of Labor Statistics。

① 见 Corbet, M. (2013, November 22). *Oil Shock of 1973-74*. Federal Reserve History. 10 加仑约等于 37 公升。

通货膨胀率如此之高,经济生产又停滞下来,美国是又滞又胀。1973 经济危机正式爆发了,它的名字就叫"滞胀危机"。

探索时间:布雷顿森林体系传导的通货膨胀

九国集团要求美国下调美元购买力,即是世界历史上赫赫有名的布雷顿森林体系崩溃事件。

布雷顿森林体系是二战后建立的世界货币体系,它将美元规定为世界市场交易的基准货币,所有其他国家的货币都要和美元保持固定的兑换比例,也就是保持固定汇率制。而美元单独与黄金保持一个固定的兑换比例,一盎司黄金定价为 35 美元①。

这种固定的兑换比例制度一定程度上保持了各国的货币稳定性。但这也意味着如果美国多发行 1 美元,就得多储备等值 1 美元的黄金。而在 20 世纪 60 年代,随着一次次地发钱,美国逐渐发觉自己的黄金储备开始吃力了。事实上,有经济学家指出,在 1964 年时,美国的黄金储备就少于了世界市场上的美元数量②。

最终,十国集团要求调整美元的购买力,因为美元的数量已经超过了黄金,35 美元理应买不到一盎司黄金了。于是在 1971 年底,美元进行了一次购买力调整,宣布购买一盎司黄金需要 38 美元。这就相当于美元的贬值。

但到了 1973 年,各国感觉这样的贬值还是远远不够,他们也实在撑不下去,纷纷各自宣布彻底解除对美元固定汇率,由市场自由

---

① 1 盎司约等于 28 克。

② 见 Bordo, M. D. (2017). *The operation and demise of the Bretton Woods system: 1958 to 1971* (No. w23189). National Bureau of Economic Research.

决定本国货币兑换多少美元。于是在1973年3月,随着曾经参与协定的十个国家全部解除对美元的固定汇率,布雷顿森林体系彻底终结。美元和黄金的兑换比例也从此一路高飞。

4. 走走停停,通胀飞升

1973年10月滞胀危机爆发后,美联储选择顶着高通胀略略降了息,想让经济先恢复起来。利率从10月的10.01%降到12月的9.95%,而后又在转年2月降到了8.97%。

然而很可惜的是,降息的这段时间里,美国经济并没有好转。失业率从10月的4.6%一路向上,到了转年2月变成了5.2%①。

发钱刺激经济往前走,结果把失业人数刺激多了,这是美联储没想到的。

与此同时,因为发了钱,通货膨胀率理所当然地飙升——1974年2月,美国的通货膨胀率随着降息一路涨到了10.00%。

通货膨胀率如此之高,美联储赶紧叫停了降息政策。3月起,美联储又开始加息,美国经济又进入了走走停停中"停"的时期。从1974年3月到7月,美联储将利率从8.97%慢慢上调到了7月份的12.92%。

那么,加息抑制了多少的通货膨胀呢?抑制了-1.5%。

是的,你没看错,这里有个负号。在美联储想要"停"的这段日子里,通货膨胀继续上升,一路从10%畅通无阻地涨到了11.5%。这一通加息操作有效地实现了对通货膨胀的负抑制。

---

① 数据引自美国劳工统计局 U. S. Bureau of Labor Statistics。

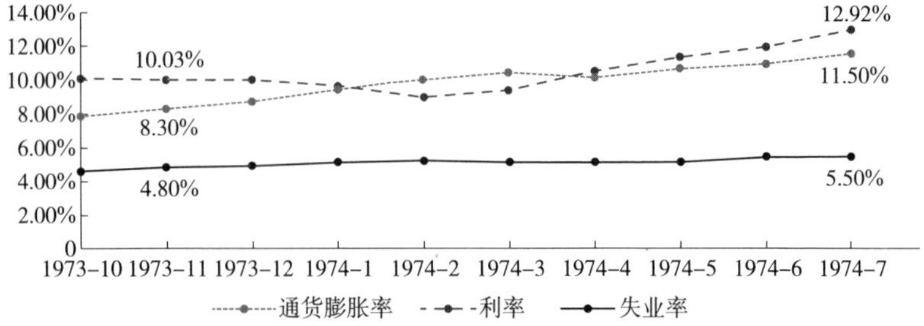

数据源:通货膨胀率和失业率来自美国劳工统计局 U. S. Bureau of Labor Statistics,利率来自美国联邦储备委员会 Federal Reserve Board。

经济学家此时目瞪口呆。这是怎么做到的?

5. 失控的局面，无用的政策

一般来讲,加息必然能抑制通货膨胀,这是现代宏观经济学的基本定理。

因为这时存款利率变高,人们很愿意往银行里存钱得利息;而贷款利率也很高,人们不愿意从银行借钱,还得多向银行还利息。这样,市场上的钱就会大量流进银行里,通货膨胀率会自然而然地降下来。

但在 1973 年这次滞胀危机中,美联储却打破了经济学定律,做到了越加息通胀率就越高。这在宏观经济史上算是比较罕见的“成就”。

但经济学家们还没来得及研究美联储到底是怎么做到的,美国的另一项数据又新鲜出炉了:1973 年 10 月石油危机刚刚爆发时,美国的失业率还在 4.6%左右徘徊,但经过先降息又加息这么一折腾,失业率在 1974 年 7 月达到了 5.5%①。

当然,加息使失业率增加倒是经济学家意料之中的事。一方面,利率上升会让投资成本变得很高。人们不愿意再从银行借钱出来投资,工作岗位就变少了。另一方面,很多工厂的运转依赖于贷款现金流。利息上升意味着要还的钱变多了,经营成本变高,所以工厂要么裁员要么减产,人们也会因此失业。

但问题是,美国在二战后把政府必须保证就业写进了法律②,总统有义务给大家找工作。失业率的上升,加上不久之前又刚刚爆发了水门事件丑闻,最终尼克松于 1974 年 8 月辞职,离开了白宫。

接任总统职位的是前副总统卡特。新总统新气象,从 8 月起,美联储又把政策从“停”变成了“走”,降息再次开始了。这一次,利率从 12.92%一路降到转年 5 月的 5.22%。现在贷款利息变低,企业从银行拿钱容易了,这样应该多投资、多消费、多创造工作岗位了吧?

理论上,降息肯定能刺激经济,毕竟在过去二十多年里这个方法非常有用。所以这次降息减少了多少失业率呢?减少了-3.5%。

---

① 数据引自美国劳工统计局 U. S. Bureau of Labor Statistics。

② Scitovszky, A. (1946). The Employment Act of 1946. *Soc. Sec. Bull.*, 9, 25.

没错，又有个负号——新总统的这一通操作又成功地实现了对失业率的负降低，从5.5%降到了9%。

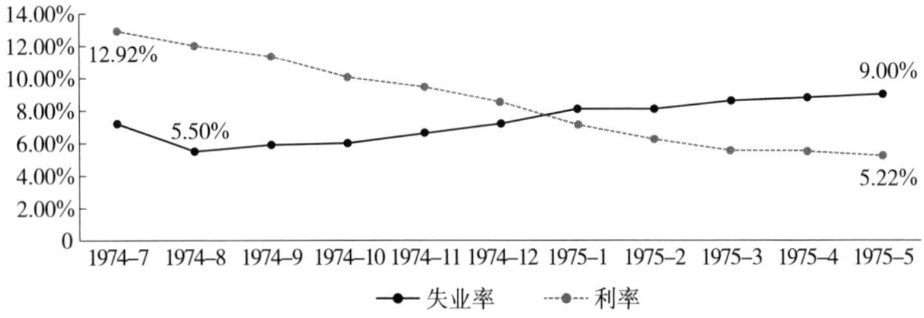

数据源：失业率来自美国劳工统计局 U. S. Bureau of Labor Statistics，利率来自美国联邦储备委员会 Federal Reserve Board。

短短几个月里，美联储完成了史无前例的两项成就——想通过加息让物价便宜点儿，结果把物价加贵了；想通过降息帮人们创造工作岗位，结果把工作市场搞得更萧条了。不要小看这两项成就，它们完全逆转了现代宏观经济学深信不疑的基本定理：

加息会让市场上流通的钱变少，这有利于抑制物价，但会让人们失去工作；降息会让市场上流通的钱变多，这不利于抑制物价，但可以帮助人们找到工作。

在二战后的几十年里，这项基本定理一直没有出错，市场一直是这么运行的。而美国也是依照这项基本定理，一直“走走停停、停停走走”地调整利息率，这期间没怎么出过错。

但在危机爆发的这段时间里，这项基本定理却被打破了。随着美联储的加息降息，事态越来越恶化。

经济学家实在不理解这样的结果，不只是目瞪口呆，甚至开始怀疑，怀疑一直以来信奉的经济理论到底有没有问题。但比起理论大厦的崩塌，现实中的问题更加急迫——加息降息的政策不管用了，那人们还能用什么方法拯救危机中的经济呢？

读到这里，你可以想一想，如果你是1975年的美联储主席，你该怎么做？不妨花五分钟思考一下，五分钟之后再往下读。

探索时间：菲利普斯曲线

在美国采用“走走停停，停停走走”政策调控经济发展时，有一个很重要的参考依据，叫作菲利普斯曲线。这是由美国经济学家威廉·菲利普斯(William Phillips)在1958年发现的。

这条曲线展示了一个简洁明快的规律：通胀率上升，失业率就会降低。

失业率与通货膨胀率的“疑似”关系（美国）

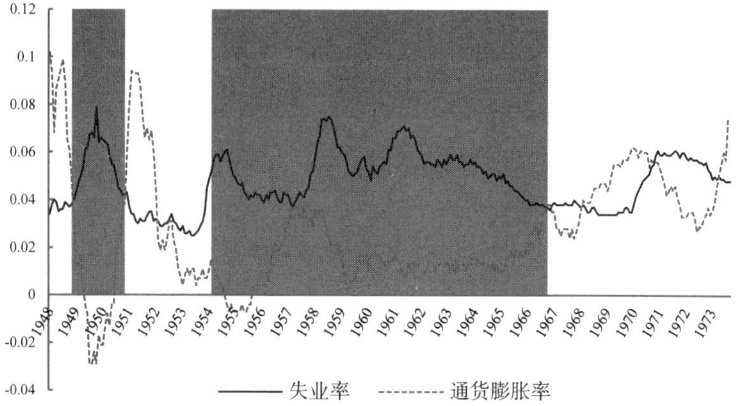

数据源：美国劳工统计局 U. S. Bureau of Labor Statistics。

从图上可以看到，在 1949—1951、1954—1967 这两个阶段，美国的失业率和通胀率有非常明显的呼应关系，一起一伏。这即是菲利普斯曲线展现的规律。

在一片混沌的宏观经济中，像菲利普斯曲线这样的数学标尺十分罕见，它为宏观经济政策的量化提供了一个难得的数学指标。因此，菲利普斯曲线一经发现，就在经济学界引起了轰动。菲利普斯曲线展示出了通胀率和失业率的数学关系，这就意味着人们可以通过控制通胀率来调节失业率。

更重要的是，经历了 1929 年大萧条中高达 25% 的失业率后，美国对失业率这个指标十分关注，生怕重现 1929 年大萧条的惨剧。为此，二战刚一结束的 1946 年，美国就出台了《保障就业法》（*The Employment Act of 1946*），将政府需要促进就业写进了法律①。

---

① Scitovszky, A. (1946). The Employment Act of 1946. *Soc. Sec. Bull.*, 9, 25。

面对《保障就业法》带来的压力，每一任美国总统都会盯紧失业率，生怕它升高。

而这时，菲利普斯曲线提供的规律无疑帮了大忙。如果失业率有升高的苗头，美国就赶紧增发货币，让通货膨胀率上升一些，失业率就能降下来了。

如果没有1973年的经济危机，菲利普斯曲线足以被称为20世纪最重要的经济发现之一，它也不会面临被证伪的风险。

6. 停停走走，希望还是落空

五分钟过去了，不知道你是否为1975年的美国想出了办法？

应该是没想出来，因为确实没办法。

从1973年底到1975年，美国想控制物价，物价就被控制得反而涨了；美国又想控制失业率，失业率也被控制得反而升了。其间，美国人民还弹劾下去了一任总统，但经济的滞和胀哪个也没解决。

最终，从1975年6月，美国再次开始了“走走停停，停停走走”的政策，盼着将经济从又滞又胀中一点点地调节过来。这一走一停就长达四年。其间，美国的利率一直小幅度地上上下下，如同高空走钢索一般惊险地平衡着通胀与就业。因为除了这样，也不知还有什么能做的了。

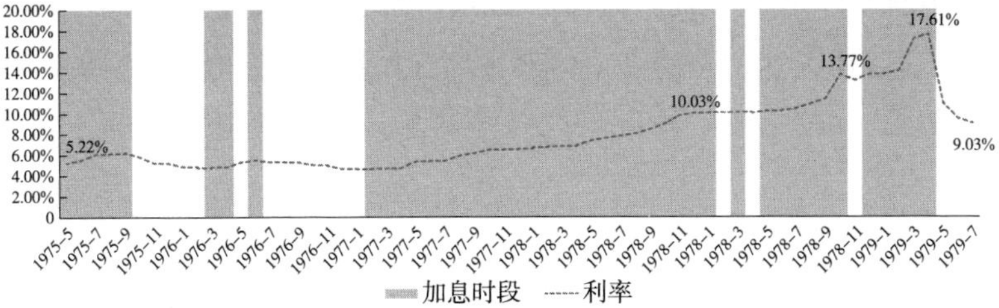

数据源：美国联邦储备委员会 Federal Reserve Board。

这一次，政策刚开始，美国的失业率是9.0%。到了政策第三年，也就是1978年，美国将失业率保持在了稳定的5.9%。这比较接近危机之前的失业率了。

但未料，美国国内刚刚见到了稳定的迹象，国外又突然爆发了冲突——1978年底，伊朗停止了石油出口，国际油价再次蹿升。转年1979年，油价突破了20美元一桶，比1973年危机刚爆发时的油价又翻了一倍。到1980年4月，国际油价直抵39.5美元一桶，是1973年时的近4倍[①]。

毫无疑问，这一次油价飙升，给美国经济又带来了一次巨大的打击。美国失业率再次猛增，在1979年时升到了7.8%。纵然此时美联储赶紧降息，失业率还是在猛涨。

至此，美联储控制失业的努力宣告失败。戏剧性的是，这并非全是美联储的责任，外部也加了一把火。身不由己的感受此刻平等地降临在了每一个国家头上。

那，通货膨胀呢？

这四年政策期间，通货膨胀率一度在1976年11月时下降了4.9%，形势一片大好。但从1977年新年开始，越加息越通胀的神秘情景再一次出现了。随着美联储逐渐加息，通货膨胀率从4.9%一路涨到了14.8%，此时时间已经是1980年3月。

这一次长达四年的走走停停，终究以通胀飞升和经济再次恶化而结束。

---

① 数据源：Macrotrends。

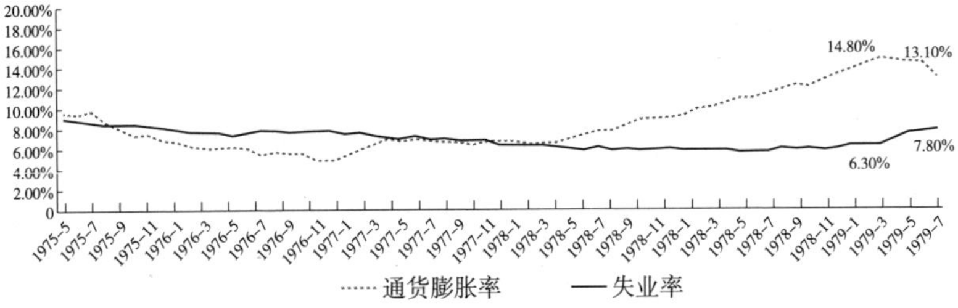

数据源:通货膨胀率和失业率来自美国劳工统计局 U. S. Bureau of Labor Statistics,利率来自美国联邦储备委员会 Federal Reserve Board。

7. 愤怒的美国人民和坐不住的白宫

1979 年 7 月,困于这么多年一直反复不定的政策和再次开始的又滞又胀,时任美国总统卡特一口气罢免了内阁里 30 多名官员,接着把卫生部长和财政部长也罢免了。一时间卡特不知道任命谁来接任财政部长为好,他就又把原本独立于内阁的美联储主席也罢免了,然后把这位主席塞进财政部当部长①。这一个月里,白宫里人们进进出出,十分热闹。可是解决办法还得想。

降息就会刺激经济,加息就会给经济降温,这个规律真的是对的吗?

---

① 见 Cooper, R. N. , & Treaster, J. B. (2004). *Paul Volcker: The Making of a Financial Legend*. Foreign affairs (New York, NY), 83(5), 167-167. 脚注 5.

美国在过去这几十年里一直奉为圭臬的大兴土木和货币增发，是不是个彻头彻尾的错误？到底怎样才能拯救美国的又滞又胀？

一连串的拷问，直指经济学的存在意义。对拷问的回答最终由两位划时代的经济学家给出：一位经济学家叫米尔顿·弗里德曼，另一位经济学家叫罗伯特·小卢卡斯。

探索时间：美国的物价到底涨了多少

从 1973 年到 1980 年，美国调控通货膨胀率的努力最终失败了。而这些年里，美国的物价到底上涨了多少呢？

让我们用黄金为例来回答这个问题吧——以 1970 年的物价为标准，这时我们可以用一捆美元买一份黄金。

而 1973 年美元贬值后，购买同样一份黄金要花 3 捆美元才能买到。1974 年时要花 4 捆。到 1980 年时，足足 18 捆美元才能买到同样一份黄金①。

换句话说，美国的物价上涨了 17 倍。真贵。

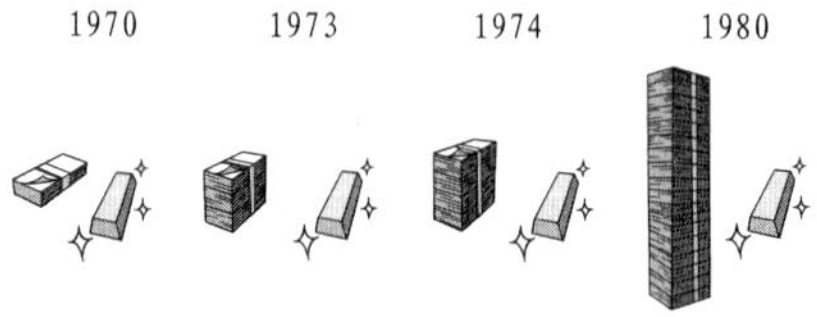

8. 新知识！ 自然失业率假说

1973 年，美国深陷滞胀泥潭。而经济学家米尔顿·弗里德曼给出了回答。他提出了货币主义理论用于解释当前的困境，这项理

① 美元与黄金比例为本书依据历史金价和美元价值计算得出，数据源 Macrotrends。

论中最具针对性的当属自然失业率假说。

自然失业率假说直接抨击了美国试图靠发钱创造就业的政策。假说认为,经济社会中总会存在一些自然失业的人,这部分失业是没办法通过刺激性措施解决的。如果有人从公司离职,但因为一些很平常的原因还没找到下家公司——比如约了面试但还没去,或者暂时还没找到合意的工作,或者就是想休息几天不想急着找工作。那这段没工作的时间就是一种自然失业。

另外,如果一个人的工作技能和当前的环境不匹配,比如一个电报工人想在21世纪找一份发电报的工作,或者一位畜牧兽医想在北京二环找一份给奶牛看病的工作,都是不现实的。这样造成的失业也叫自然失业。

经济生活中存在大量的自然失业。这些失业问题无法用任何短期刺激手段解决。与此同时,市场还在一次又一次货币增发中变得钱满为患了。

9. 新知识! 理性预期革命

另一个对1973年滞胀危机的详细解释由经济学家罗伯特·小卢卡斯给出。这个理论有个非常霸气的名字,叫"理性预期革命"。

小卢卡斯认为,从1973年到1979年,美国的"走走停停,停停走走"的政策让人们产生了一个非常理性的预期[①]:

美国一次次地降息,一次次地向市场上增发货币,但经济仍旧没有好转。这让人们理性地判断出美国国内的市场早已饱和了,根

---

① Lucas Jr, R. E. (1976, January). Econometric policy evaluation: A critique. In *Carnegie-Rochester conference series on public policy* (Vol. 1, pp. 19-46). North-Holland.

本不存在新增的消费需求,也就没人愿意投资进行生产了。

所以,即使银行降息,人们也不会用低息贷款去建厂投资,不会提供就业。人们只会再次理性地判断出市场上只会多出一大堆钱。这时,人们就只会做一件事——把自家产品的价格标签扔进垃圾桶,再重新贴一个更贵的价签,但扩张生产是绝对不可能的。

这就导致了美联储的降息根本无法提振经济,只会让通胀更严重。

理性预期理论一经提出,就激起了经济学家们热烈的讨论。经济学家们意识到这正是1973危机的现状。

可更要命的是,基于理性预期的思路,经济学家还发现了一个更加严峻的问题——经历了这么久的“走走停停,停停走走”的政策,人们很可能还产生了另一个理性的判断:就是美国绝不会下狠心控制物价,绝不会长期加息。因为加息政策一定会迫于经济下行和失业率的压力而终止。美联储最终还是会向市场投钱。

理性预期的诞生,标志着美国人民对这些年复杂多变的政策的不信任。

10. 危机的根源:被钱淹没

自然失业率假说告诉了人们,通过货币增发来创造就业的政策完全是错误的,它没能改善就业,还让市场上的钱越来越多,越来越通胀。

两位经济学家给出了关于危机的回答,人们终于知道了这个错误的根本原因。而一旦知道了错误是怎么犯的,正确的——或者看似正确的做法也就呼之欲出了:既然一切的根源是钱太多了,那就想办法把钱减少点。

11. 沃尔克时刻之一:硬刚物价

1973 年美国大滞胀,政府综合了各种考虑和经济学家们给出的解答,最终的解决方案就是收回市场上的货币。

具体的方式就是加息,加到通胀降下来为止。

不过,由于政策已经丧失了公信力,想要通过加息回收货币,就必须展示出坚决贯彻,义无反顾的决心——加息,一直加息,加到破除人们的理性预期为止,让人们相信美国真的要不顾一切地控制物价,无论失业率怎么暴升或者经济怎么衰退都不管,只顾着把市场上的钱玩命往银行里收,这样才行。

1979 年 7 月底,总统卡特任命保罗·沃尔克成为新一任美联储主席。沃尔克在任只有一个目标,就是把通胀率降下来。

沃尔克采用的方法正是这赌气式的加息。1979 年 8 月沃尔克上任,他便开始了加息政策,利率从 8 月的 10.94%一路涨到了转年 4 月的 17.61%。

但纵然利率如此之高,通货膨胀率却还是继续升高,一路从 11.8%涨到了 14.8%。人们的理性预期仍旧保持着。

更糟糕的是,加息途中,原本还算平缓的失业率突然攀升。从 1980 年 3 月起,失业率一路涨到了 7.5%。

迫于失业压力,1980 年 5 月,沃尔克将利率降到了 10.98%,之后又降到 9.47%,然后是 9.03%。但没想到,失业率丝毫不受影响,继续保持在 7.8%,该有多少人找不到工作还是有多少人找不到工作。

而通胀率也并没有什么明显改善。于是 1980 年 9 月,沃尔克开始了第二轮加息。这一次的沃尔克铁了心要将通胀降下来。1980 年 10 月,美联储利率从 9.03%涨到了 12.81%。

11 月,利率是 15.85%。

12 月,利率升到了 18.90%。

1981 年 1 月,沃尔克将利率提到了史无前例的 19.08%。这时从美国银行里借 100 元钱,要还 119 元。莫说正常的营业利润赶不上美联储这个官方利率,就连一些黑市的高利贷利息都赶不上它。沃尔克的策略因此被美国人民怒称为“政府合法发高利贷”①。

---

① Klein, M. (2019, December 10). *Paul Volcker Helped Shape an Independent Federal Reserve-a Vital Legacy That's under Threat*. The Conversation.

这样的"政府高利贷"持续了一个月,1981 年 2 月,沃尔克稍稍降低了利率,3 月也继续降低了一些。

但 4 月开始,沃尔克再次把利率提了起来。到了 1981 年 6 月,"政府高利贷"再一次现身,而且比上一次还高,高达 19.10%。这是沃尔克加息政策中的历史最高利率,也是美联储自成立以来史无前例的最高点。到本书写作的 2024 年夏天为止,它仍旧是美联储史上的最高利率。

美联储历史利率峰值

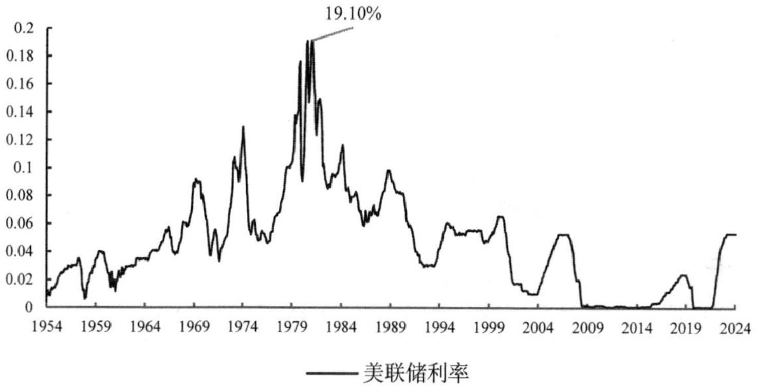

数据源:美国联邦储备委员会 Federal Reserve Boar。

1981 年 6 月,沃尔克在创造了美联储的利率纪录之后,又保持了整整一年的高利率。到 1982 年 6 月,利率仍在 14.15% 的高位。此时这高利贷般的第二轮加息已经持续了 22 个月,将近两年。

那么,在这漫长的 22 个月里,通货膨胀率怎样了呢?

它终于降下来了。从 1980 年 9 月的 12.6% 慢慢降到了 1982 年 6 月的 7.1%。

更好的消息是,沃尔克这长达 22 个月的"政府高利贷"彻底打消了人们的理性预期，让人们相信了美国再也不会“走走停停，停停走走”，而是铁了心要把加息贯彻到底。于是自 1982 年 6 月起，哪怕沃尔克开始降息，而且足足降了一整年，市面上的货币还是在持续向银行回流，根本无法阻止。通胀率在降息的这一年里从 8.87% 一路下降到了 2.6%。

要知道，上一次美国出现 2.6% 的通胀率是在 1966 年 2 月，那是此次危机发生之前还要好几年。经过这次长达 22 个月的加息之后，美国的通货膨胀率成功地跌到了谷底，重回 1966 年的水平。

滞胀危机中的胀终于结束了。

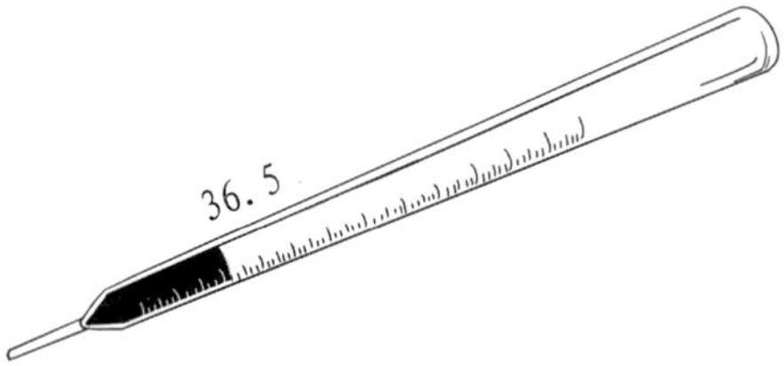

12. 沃尔克时刻之二：经济史上的凡尔登绞肉机

沃尔克的两轮加息终于把物价降下来了，贯彻到底的政策起效了。但失业率又是怎么样呢？非常不好。

从 1980 年 9 月到 1982 年 6 月，也就是第二轮加息的 22 个月里，美国的失业率从 7.5% 涨到了 9.6%。而加息结束的那个月，也就是 1982 年 7 月，失业率更是突破了 10%。虽然从这个月起，沃尔克开始一路降息，连续降了一年，失业率却一直稳稳地保持在 10% 以上。

面对这样的失业率，美国人民感受怎样呢？

非常非常不高兴。

1979 年 10 月 14 日，也就是沃尔克上任刚刚三个月，纽约时报刊文称，沃尔克就如同凡尔登战役中的法军贝当元帅（Henri Philippe Pétain）一样——贝当当时确实保住了凡尔登要塞，代价却是 35 万人的伤亡①。

事实确实如此。长久的加息，其代价是失业，是倒闭和破产，是牺牲和血。美国人民当然不高兴。他们将怒火瞄准了沃尔克。在加息的日子里，沃尔克只能吃住都在办公室，而愤怒的人们堵在美联储门口等着他，农户也开来了拖拉机围住了美联储大楼。有人给沃尔克寄木头②、寄砖头、寄装着车钥匙的棺材，沃尔克还反复收到死亡威胁，不得不申请特勤局的保护③。

沃尔克的政策说是赌气，其实是在付出血的代价——美国人民的血的代价。时至今日，美联储仍旧将沃克尔的做法称为“引发了自大萧条以来最严重的衰退④”。

而这样付出血的代价的做法效

① 这篇报道的标题叫“沃尔克先生的凡尔登（Mr. Volcker's Verdun）”，《纽约时报》的官方网站提供了这篇报道的原文和这期报纸的原始照片。

② 这块木头被命名为“沃尔克木头”，目前收藏于美国金融博物馆 Museum of american finance.（n. d.）. 2×4 *Wood Mailed in Protest to Paul Volcker*. Museum of American Finance。

③ 参见 FRH.（2013，November 22）. *Volcker's Announcement of Anti-Inflation Measures*. Federal Reserve History 和 NPR.（2019，December 9）. *Former Fed Chairman Paul Volcker Dies At* 92. National Public Radio.

④ Graefe，L.（2013，November 22）. Oil Shock of 1978-79. Federal Reserve History.

果如何？

1983年，沃尔克的加息政策正式结束一年之后，美国经济终于摆脱了危机中的负增长，重新回到了4.6%的正增长率，1984年的经济增长率达到了7.2%①。

这即是1973年滞胀危机的结局。而沃尔克这长达三年的高利贷式加息政策，则被称为美联储史上最惊心动魄的"沃尔克时刻"。

探索时间：危机中遭殃的各国

现在，我们来看看这场危机中其他国家的情况。

1973年危机的导火索是石油涨价，而这次涨价影响了全世界。在20世纪70年代，世界发展已经离不开石油，各个国家都需要这种能源。而OPEC刚刚宣布对美国及其盟国的禁运，世界市场上的油价便应声上涨，影响的不只是美国及其盟国，而是几乎所有石油进口国。所有这些国家的工业成本都因为石油涨价跟着上升了。

美国的盟国也在此次危机中受到了严重影响。因为1973年叙利亚和以色列爆发战争时，美国的盟国与美国立场相同，OPEC就把他们也列入了石油禁运国的名单。这些国家同样遭遇了石油短缺和严重的通货膨胀。

在滞胀危机中，主要资本主义国家里通胀率上涨得最高的是日本、意大利和英国。日本的通胀率在1974年达到了23.22%，意大利的通胀率在1974年达到了19.16%。英国通胀率则在

① 数据源：世界银行。

1975 年达到了 24.21%。法国、比利时、荷兰、加拿大、瑞典等国也经历了 1974 年的通胀率突涨。

滞胀危机中的各国通胀率

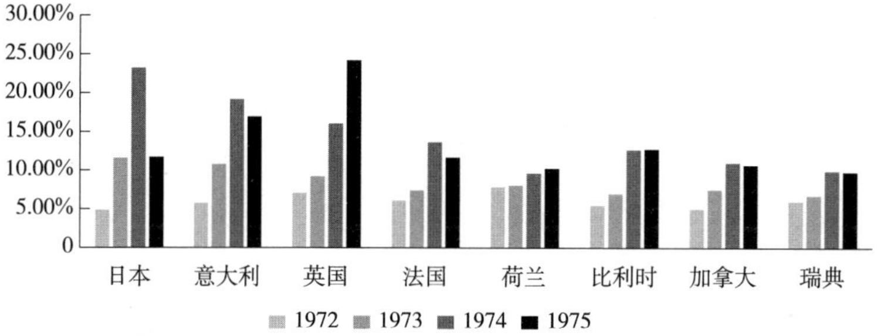

数据源:世界银行。

另外,美国在危机末期的加息也影响了很多国家持有的美债情况——1979 年的沃尔克加息政策让美国进入了长达三年的硬着陆过程。可是在此期间,别的国家从美国借的钱也是要按这么高的利息率来还的。

更甚者,美国国内的利率如此之高,其他国家市场上的美元就大量流向美国国内,试图吃到美国的高利率。其他国家的美元储备越来越少,更加还不上欠美国的债了。

这样的影响下,首当其冲最受影响的是大量持有美国债务的拉美国家。1982 年,美国即将从危机中恢复的时候,拉美地区的经济遭却受了严重打击。美国的邻居墨西哥在当年发出了公告,说自己国家的外汇已经用光,已经无法偿还欠美国的国债,所以不得不无限期关闭外币兑换市场。拉美债务危机就此爆发。此后陆续有十几个拉美国家遭遇了金融危机和债务重组。由此带来了拉丁美洲"停滞的十年"。

来看看北美地区、欧盟区、拉美和加勒比海地区在此次危机中的经济情况对比：

此次滞胀危机的第一阶段(1973 年—1975 年)，受到严重影响的是美国和欧盟地区。拉美和加勒比海地区的经济发展尚处在健康水平。

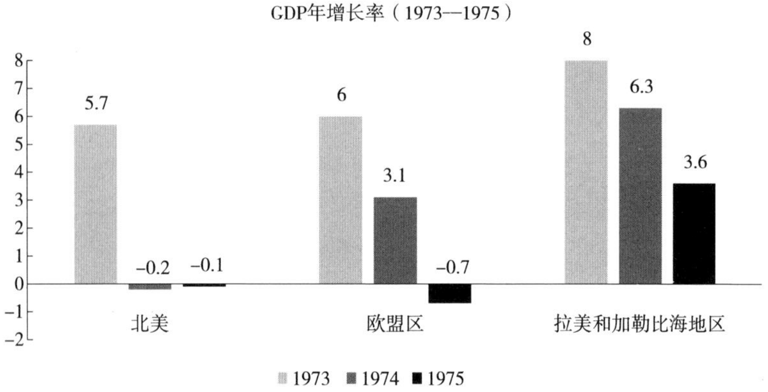

数据源：World Bank，World Development Indicators。

但到了此次危机的第二阶段(1980 年—1983 年)，也就是美国经历沃尔克时刻的两年之后，拉美和加勒比海地区遭遇了严重的经济危机。此后，拉美和加勒比海地区经历了长达二十余年的恶性通货膨胀，1980 年的整体通胀率高达 17.9%，1991 年时达到了 21.6%。直到 1999 年时，拉美和加勒比海地区的通胀率才回归到大约 3.5% 的水平①。

① 数据源：世界银行。

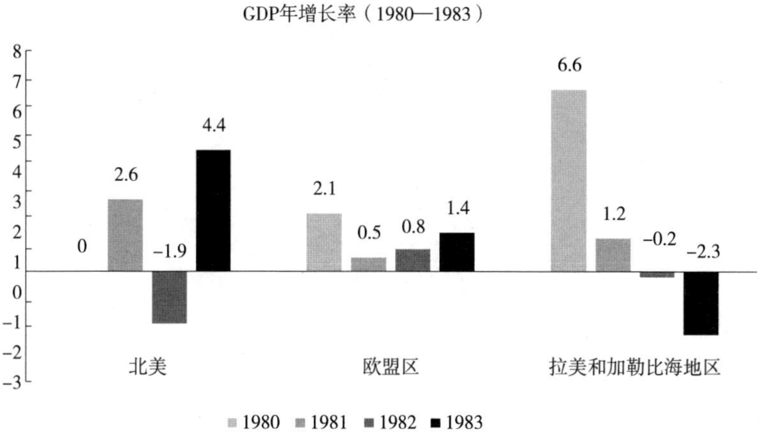

数据源：World Bank，World Development Indicators。

13. 1973 年的启示：凯恩斯主义的反思

如果说 1929 年大萧条让经济学家第一次学到了如何驾驶宏观经济这列列车，那么 1973 年这次危机就是明明白白地告诉经济学家，宏观经济系统远比看上去复杂得多，也脆弱得多。

由此，经济学家们开始反思大萧条中得来的凯恩斯主义政策——一年又一年的大兴土木和增发货币是不是把市场上的钱积得太多了？

凯恩斯主义的扩张措施一定会带来通货膨胀。而美国从 20 世纪 60 年代中期开始持续实行着这套措施，市场上的货币确实变得越来越多。通货膨胀的风险自然滋生了。

这即是经济学家弗里德曼提出的货币主义思想：钱也不总是越多越好。在 1973 年滞胀危机中，人们切实地看到了钱多的坏处。

另外,在反思凯恩斯主义政策的基础上,经济学家还开始思考另一件事——危机之中,政府的政策一直反反复复,真的合适吗?

小卢卡斯的理性预期革命思潮让所有国家政府和中央银行意识到一件非常重要的事——在宏观经济这列列车上,试图驾驶列车的或许是一国中央银行或者一国政府,但列车最终会怎么行驶,取决于国家里每一位勤勤恳恳的劳动者。他们才是这列列车的引擎。

而引擎拥有自己的理性预期,他们会根据驾驶员的政策给出自己的应对。长期来看,人们是不会被通货膨胀创造出来的虚假繁荣所欺骗的。看到实业有利可图,人们才会去投资实业。但如果看不到希望,人们就不会理睬政策,甚至不再信任驾驶员。这时,人们会自行决定列车的走向,让列车驶向人们觉得它真正该驶向的方向。

驾驶员对列车的把控如果太过度了,列车也会失控。

时至今日,关于凯恩斯主义政策究竟应该如何使用,经济学家之间存在较大的争议。因为它确确实实地拯救了一次危机,但又确确实实地酝酿了一次危机。或许人们还需要更久的时间才能得出答案。

14. 八卦时间：理性预期革命与不具理性预期的离婚协议——诺贝尔奖经济学家罗伯特·小卢卡斯

罗伯特·小卢卡斯，美国芝加哥大学经济学系主席教授，经济学五大顶刊之一《政治经济学杂志》编辑，美国经济学会副主席，美国国家科学院院士，美国人文科学学院院士，美国计量经济学会第二副主席，1995年诺贝尔经济学奖得主。

这么多耀眼的头衔并不足以概括卢卡斯的职业生涯。2023年5月15日卢卡斯逝世后，整个经济学界为之震动，经济学家纷纷发文缅怀卢卡斯，溢美之词不计其数。

“……卢卡斯是自1970年以来对宏观经济研究影响最大的经济学家。”——颁布诺贝尔奖的瑞典皇家科学研究院。

“……卢卡斯改变了整个宏观经济学领域和我们对经济政策的理解。”——卢卡斯生前任职的芝加哥大学。

“他的工作改变了经济学家思考宏观经济学的方式。”——已故芝加哥大学经济学家舍温·罗森（Sherwin Rosen）。

这样的评价并不足以概括卢卡斯的贡献。经济学家认为，卢卡斯指明了1973年危机中美国调控政策一直失灵的原因——宏观经济学总是从天上往地下看，却一直没有从生活在地上的人们的视角出发。

当然，这是有原因的。现代宏观经济学诞生于大萧条时期，而在大萧条那么恶劣的情况下，只有政府有能力承担起重振经济的任务。所以最初的宏观经济分析一直是从政府视角出发的。

但这不意味着市场中的个人视角没有意义。无论宏观经济再怎么宏大叙事，它也是由市场中的每一个人组成的，所以每个人的想法又怎可能不影响宏观经济的情况呢？

1976年，亲身处于美国经济危机中的卢卡斯发表了一篇名为《量化的经济政策的评估：一项批判》（*Econometric policy evaluation：A critique*）的论文。这篇论文中，卢卡斯提出了理性预期的概念，并试图修正现代宏观经济学缺乏地面视角这一致命缺陷。他也详细论证了菲利普斯曲线的问题——失业率应该是由实业发展的情况而决定的，与通货膨胀率没有关系。这些思想被称为“卢卡斯批判”。

卢卡斯的论文一经发表，就在学界和整个美国掀起了巨大的反响。经济学家意识到，正是这个原因使人们对当前的危机束手无策，这是现代宏观经济学的盲区。由此，一场由理性预期带来的现代宏观经济学的理论革命开始了。以卢卡斯这篇论文为基石，经济学的思考方式开始扭转，宏观经济研究开始寻求微观的分析基础，思考如何将个人行为纳入整体的宏大分析之中。这即是“理性预期革命”的由来。

1995年，卢卡斯以他对宏观经济学的革命性贡献荣获诺贝尔经济学奖。

1937年，卢卡斯出生于美国华盛顿，他的父母以经营一家冰激凌店为生，店名就叫“卢卡斯冰激凌”。大萧条中，冰激凌店关店，卢卡斯一家举家迁离华盛顿，搬往西雅图另谋生路。在西雅图，卢卡斯的父亲找到了一份工厂中的工作，卢卡斯受到影响也想成为一名工程师。1955 年，卢卡斯获得芝加哥大学的奖学金，但芝加哥大学并没有工科专业，所以卢卡斯进入了芝加哥大学的历史学系。取得历史学学位后，卢卡斯开始对经济学产生兴趣，转而开始研究经济学。1964 年，卢卡斯获得芝加哥大学经济学博士学位，毕业后在卡内基梅隆大学任教。几年后卢卡斯返回芝加哥大学任教，直至去世。

有趣的是，在芝加哥大学任教期间，卢卡斯与菲利普斯关系十分密切——就是提出“菲利普斯曲线”的菲利普斯。两人是很好的朋友，经常一起讨论问题。而卢卡斯荣获诺奖的研究详细地讨论了为什么菲利普斯曲线是错的。对此卢卡斯表示，自己进行这项研究基本上是因为菲利普斯非要和自己讨论学术观点，非要让自己对他的论文发表一些意见，结果就成了这样①。

1976 年，卢卡斯发表了他的“卢卡斯批判”论文，这是他学术生涯的高峰，但转年是卢卡斯心情极其不佳的一年，因为他自觉即将与妻子离婚。心情不佳的卢卡斯没去抽烟喝酒，没去旅游散心，但大笔一挥开始写论文，抨击了 OECD 刚发布的一份经济分析报告。论文里，卢卡斯直说 OECD 这份报告“只有摘要部分能让人乐意看看”“通篇充满着爱咋咋地的语气”“对我们面临的每个问题都给出了模棱两可又毫无根据的建议”“其作用也就是用来给政府官员和央行行长的讲话稿提供点素材”。洋洋洒洒地写了八页批评文字之后，卢卡斯在论文结尾写到，这份报告根本就没有对未来的经济发

---

① 引自 Beatrice Cherrier 在 X 上发布的消息：“卢卡斯说自己是被菲利普斯推着研究的一般均衡理论（Lucas said he was pushed by Phelps to move to general equilibrium）”，2021 年 10 月 8 日。

展提出任何原则性指导。

“如果经济理论无法为政策提供指导,那将来政府的政策实行失败后,人们又会回过头来抨击经济理论一无是处。发表这样的理论有什么用吗?①”

这是卢卡斯这篇论文的最后一句话。写完这篇论文,卢卡斯就把它投刊发表了。可以预见的是,写完这篇文章,卢卡斯的心情好不好尚未可知,但撰写这份报告的 OECD 学者们肯定心情不佳。

不久之后,卢卡斯的婚姻走向了悲伤的结局。他与妻子丽塔正式分居了。到 1989 年时,两人正式签署了离婚协议。令卢卡斯意外的是,签离婚协议时,妻子丽塔坚持要求在协议中加一项条款:

如果卢卡斯在 1995 年 10 月 31 日之前获得诺贝尔奖,丽塔有权获得一半的诺贝尔奖奖金。

卢卡斯没有在意这项条款,他觉得丽塔简直是太高看自己了。他就签了字,与丽塔和平分手。而后在 1995 年 10 月 10 日,瑞典皇家科学院隆重地宣布,本年的诺贝尔经济学奖得主是罗伯特·小卢卡斯,所得奖金是 100 万美元。

这一天距离婚协议的失效日仅剩 21 天。

---

① 卢卡斯这篇论文名为 A report to the OECD by a group of independent experts OECD, June 1977 (Lucas, 1979)。被不幸地批评了好一大通的报告是 McCracken, P. W 于 1978 年发表的 Towards full employment and price stability. Nebraska Journal of Economics and Business, 17(4), 5-19. 卢卡斯十分直白的原文如下:“There is every reason to believe that the economic policies of the coming decade will, being guided by no economic principles, lead to very bad results. What can be the benefit of claiming for economic theory the blame for a collection of policies which in no way follow from it?”

卢卡斯获奖之后，洛杉矶时报的记者打电话采访卢卡斯，询问他对于这条神奇的离婚协议的看法。卢卡斯坦诚地回答："我当时要是知道能实现获诺奖，那我肯定不同意签这条协议①。"

如此看来，卢卡斯的前妻丽塔显然深谙理性预期之道，但卢卡斯自己或许未必——至少在预知自己是否能获诺贝尔奖这件事上，确实未必。

15. 八卦时间：货币与自由主义的代言人——诺贝尔奖经济学家弗里德曼

1973 年的滞胀危机中，另一位脱颖而出的伟大经济学家是米尔顿·弗里德曼(Milton Friedman)。在美国绞尽脑汁也无法有效刺激消费的时候，弗里德曼为人们揭开了货币政策的秘密。基于货币主义思想，弗里德曼对 1973 年危机的诊断非常明确：美国市场上的

---

① Groves, M. (1995, October 21). *Economist's Former Wife Cashes In on His Nobel Prize: Law: Thanks to Her Foresight in Crafting a 1989 Divorce Agreement, Rita Lucas Gets Half of the \$1-Million Award.* Los Angeles Times.

钱太多了,必须把这些钱收回来。

这就是其后惊心动魄的沃尔克时刻的理论基础之一。1979年末,基于弗里德曼的货币主义理论和小卢卡斯的理性预期革命,时任美联储主席沃尔克实行了长达三年的极端通货紧缩政策。付出了近三年的惨痛代价之后,市场上的货币大量流回银行,美国经济终于喘了口气,逐渐复苏。

1976年,弗里德曼以他对自然失业率、消费周期和货币主义思想的贡献荣获诺贝尔经济学奖。

1912年,米尔顿·弗里德曼出生于美国纽约的一个普通家庭,他的父母是移民到美国的犹太人。弗里德曼的家境平平,父母收入也不太稳定,但弗里德曼在回忆录中自述“家里的食物总是足够的,而且家庭气氛很温馨”。传统的犹太人家庭是不过圣诞节的,但当弗里德曼和他的几个妹妹想要一棵好看的圣诞树时,父母就真的给他们买了一棵,还把爆米花挂在圣诞树上①。

1928年,16岁的弗里德曼获得罗格斯大学的本科奖学金,毕业后他又获得了芝加哥大学的经济学研究生奖学金。但弗里德曼毕业后没能找到大学任教,此时恰逢罗斯福实行新政,弗里德曼就前往华盛顿特区,找到了一个有关经济政策规划的政府公职,协助推行罗斯福的新政。

1937年,弗里德曼进入美国国家经济研究局。他调查了美国大萧条期间的经济情况后,对大萧条提出了与凯恩斯截然不同的看法。弗里德曼认为,1929大萧条的原因其实是市场上的货币不

---

① Friedman, M., & Friedman, R. D. (1999). *Two lucky people: Memoirs*. University of Chicago Press.

够了,人们没足够的钱用,所以才发生了经济停滞。尤其在大萧条期间,美国市场上的货币减少了三分之一,银行因此没钱发贷款,也没钱给储户提款,市场极度缺乏现金流,这才造成了经济衰退。

在当时,弗里德曼的这项看法并没有受到关注。因为主张政府干预经济的凯恩斯主义盛行,而且凯恩斯的建议在大萧条中确实有效。弗里德曼的货币观点便在茫茫众多的经济论文中沉寂了。但到 1973 年危机时,美国经历了长达几十年的增发货币和扩张投资,市场上的货币已经严重超发。1929 年时是否没钱用暂时没有定论;但 1973 年时,人们确实已经被钱淹没。

此时人们想起了弗里德曼的观点,他的论文被人重新拿出来研究,他原本用于解释 1929 年大萧条的货币理论此时被用来反向解释 1973 年的滞胀危机,弗里德曼一举成名。2008 年,美国发生系统性金融危机,美联储当即开启了量化宽松政策,向金融系统内注入大量货币,以防止资金链断裂。这一政策即是以弗里德曼的货币主义思想为基础。

另外,弗里德曼可能也是引起争议最多的经济学家之一。其中一个著名的争议是弗里德曼倡导的美国税制改革。弗里德曼认为,减少对富人的纳税可以促进富人更努力地工作，但加税会让富人想偷懒，最终有损经济发展。这项建议在美国得到了广泛的支持，美国税改就这样大刀阔斧地进行了。从此，美国的累进税制退出舞台，个人所得税率从70%锐减至28%①。

而在税改过去二十年之后，2003年，法国经济学家托马斯·皮凯蒂和伊曼纽尔·赛斯（Thomas Piketty，Emmanuel Saez）在《经济学季刊》上发表了论文，一针见血地指出美国税改在其后几十年内极大地加剧了收入不平等，大量财富聚集到少数人手上②。2019年的诺贝尔奖得主班纳吉和达弗洛则指出减税并没有带来经济增长③。时至2024年，美国政府仍旧在为里根和弗里德曼的税改买单，并试图出台政策将富人阶层的税率再提高一点。

弗里德曼另一个备受争议的观点莫过于他的自由主义思想。弗里德曼认为，市场应该越自由越好，越没有门槛越好，而且这个门槛是非常广义的——既不该有各种法律法规的限制，人们心中又不该有任何思想限制。人的出生、国籍、肤色、宗教、性别或任何其他不相关的特征都不该成为人们寻找机会的障碍，唯一有决定作用的只有个人能力。

另外，弗里德曼也认为，自由主义还意味着政府对经济的干预也是越少越好。除了那些非干不可、非政府参与不可的事，其他一切活动都应交给市场完成。诸如邮政、医疗和教育这些行业都该放

---

① 《1981年复兴经济税改法案》The Economic Recovery Tax Act of 1981和《1986年税改法案》The Tax Reform Act of 1986。

② Piketty，T.，& Saez，E.（2003）. Income inequality in the United States，1913—1998. *The Quarterly journal of economics*，118（1），1-41.

③ Banerjee，A. V.，& Duflo，E.（2019）. *Good economics for hard times*. PublicAffairs.

开给市场去做,并且交给自由市场来调节。军队也应该交给市场来雇佣。美国的募兵制改革正是依据弗里德曼的这个思想进行的。

弗里德曼这些观点引起了极大的争议。不过作为自由主义的倡议者,弗里德曼坚持"自由地发表观点",并且身体力行地践行着"人们应该想做什么就做什么"的弗里德曼式自由主义。在1973年危机期间,弗里德曼参加了一档长达三年的电视节目,持续宣传着美国政府不该管这管那的观点。他也访问过智利政府,那时正值智利与美国外交关系恶化。但弗里德曼明确表示,他不觉得自己给智利政府出谋划策是什么邪恶的行为,除非人们把医生救治瘟疫也当作十恶不赦。在中国和美国处于较为冷淡的外交关系期间,弗里德曼也自行访问过中国,做过巡回演讲。

从思想到行为,弗里德曼身体力行地实行着由他定义的自由主义,可谓是一位言行一致的经济学家。他出版的著作包括《资本主义与自由》《消费函数理论》《美国货币史》等。其中《资本主义与自由》一书被翻译成18种语言,在全世界引起了广泛的反响。这本书也成为1980年美国的最畅销非虚构类书籍。

2006年,弗里德曼在家中去世,享年94岁。

7.3 华尔街开幕的金融海啸——2008年次贷危机

1. 2008年次贷危机

2008年,全球再一次发生经济危机。它仍旧发源于世界金融中心美国,从金融系统的核心部门爆发,然后迅速传遍全球。其传播速度之快,波及范围之广都是史无前例的。有些经济学家认为,2008年危机的严重程度超过了1929年大萧条,是迄今为止最严重的经济危机,或许还是其后十几年世界动荡的开端。

这次危机有一个非常特别的地方——它与互联网的诞生息息相关。得益于互联网,信息可以飞快地在全世界范围内传输,金融资产数据和新闻信息也可以在一秒之内跨越大洋,从地球的一头传到另一头。如此高速的信息传输提升了全世界的生产效率和金融效率,但也让危机以同样的高速在全世界扩散了开来。

2008年危机爆发始于华尔街投行震惊世界的通告。2008年2月23日,美国五大投资银行之一贝尔斯登公司宣布破产。2008年9月15日,五大投行中的雷曼兄弟和美林证券先后宣布破产。短短半年间,五大投行突然倒闭了三家,让全世界为之震惊。

要知道,公司破产意味着这家公司没有钱了,但金融业是把各行各业的钱汇集到一起的行业,投资银行又是金融业中的核心部门,而华尔街又是全世界金融的中心。这五大投行在半年之内轰然倒下三家,这得是有多大的亏空呢?

更要命的是,华尔街的五大投行有钱,是因为它们汇集了全世界的钱。像破产的雷曼兄弟,它的业务涉及美国国内的商业贷款和低收入家庭的房地产贷款业务,涉及来自欧洲、亚洲和大洋洲的多国资金业务,涉及主要石油出口国的资产管理,涉及德国和中国的储蓄存款业务,涉及建设银行、招商银行、工商银行的债券业务①。

① 三家银行关于雷曼兄弟债券的公告见中国建设银行:《关于持有美国雷曼兄弟债券的公告》和王晓璐:《建行持有雷曼兄弟债券1.914亿美元》,财新网。

破产清算时,雷曼兄弟的负债额初步计算就有 6 130 亿美元①。另一家投行美林证券的业务则涉及美国国内广泛的金融服务,涉及大量低收入家庭的房地产贷款业务,海外业务涉及欧洲、中东、非洲、亚洲、澳大利亚、北美和南美等。

就这样,金融海啸正式从华尔街发源,掀起了全球性的经济危机。

2. 遍及全球的连锁反应

根据世界银行的统计数据,2007 年时,美国的经济增长率是比较健康的 2.01%,2008 年次贷危机发生时增长率降到了 0.12%。转年 2009 年,美国的经济增长了-2.6%。英国在 2008 年和 2009 年实现了-0.22%和-4.61%的经济增长率,欧盟为 0.64%和-4.35%②。

我们一起来看看这次危机前后的 GDP 增长率对比图:

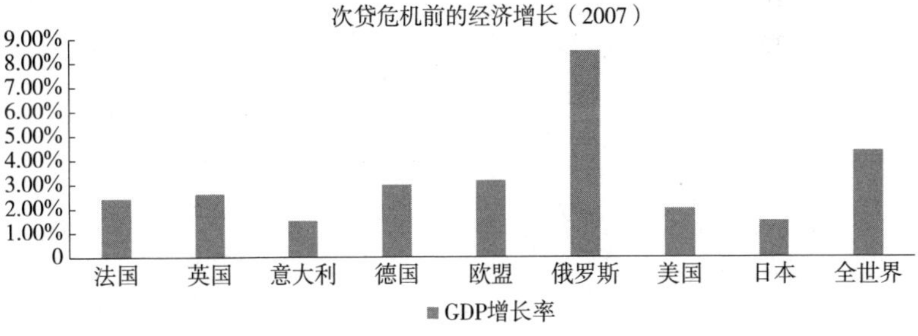

数据源:World Bank,World Development Indicators。

---

① Mamudi,S.(2008, September 15). *Lehman Folds with Record $613 Billion Debt*. MarketWatch. Com.

② 美国的增长率数据来自世界银行。英国与欧盟的数据来自 Solimano, A.(2020). *A history of big recessions in the long twentieth century*. Cambridge University Press.

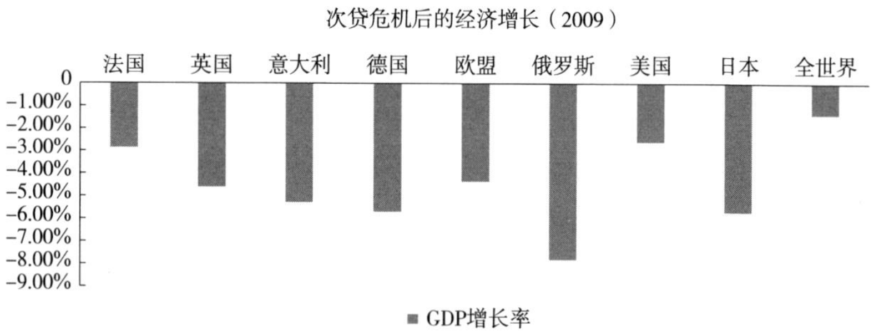

数据源：World Bank，World Development Indicators。

次贷危机也导致了全球出现了大范围的经济衰退。危机发生之前，全球纳入世界银行统计的200多个国家中，有198个国家都保持着经济正增长，占比96%，仅有9个国家出现了负增长。

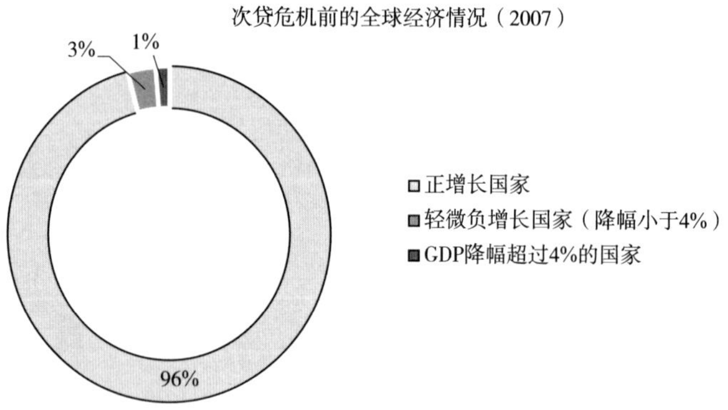

数据源：World Bank，World Development Indicators。本书共统计了207个国家。

而次贷危机发生后，2009年，207个国家中有103个国家的GDP增长率变成了负值。其中有54个国家的降幅超过4%，包括英国、德国、意大利、瑞典、丹麦和日本等国家。另有11个国家的降幅甚至超过了10%。

次贷危机后的全球经济情况（2009）

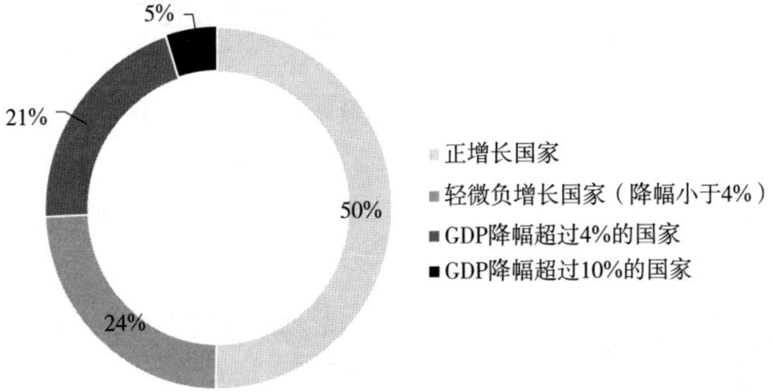

数据源：World Bank，World Development Indicators。本书共统计了 207 个国家。

截止到本书写作的 2024 年，此次危机的影响仍旧没有彻底消退，因此本书暂时无法呈现此次危机的全貌，旨在展示 2008 年危机是如何发生的。

其导火索就是美国的次级住房贷款。

3. 新知识！ 次级贷款

次级贷款的概念很好理解，是指会被赖账一部分的贷款。

一般来讲，贷款可以按借款人的偿还能力分为五个等级，分别是正常、关注、次级、可疑和损失。贷款分级越靠后，赖账可能性就越大，其中次级贷款往往会赖账一半。

而这次危机的导火索正是一种定向发放的次级贷款，是贷给美国的低收入家庭的，其用途是让他们购买保障房。这些家庭的收入非常不稳定，很多人没有固定工作①，他们是非常标准的次级贷款者。

① 见《信用衍生品不是次贷危机发生的根源需辩证看待》，(2016，October 10)，中国工商银行网站。

贷款的五种评级		
种类	风险程度	借款人情况
正常贷款	最为稳妥,一定能按时偿还	最受欢迎的借款人,信用良好,资金充裕
关注贷款	需要留心注意一下	借款人可能会拖欠一段时间,或者没办法全还上
次级贷款	没办法全还上	借款人就算用尽全力,也只能还上大概一半的钱
可疑贷款	比次级贷款更收不回来	借款人能还上一小半的钱就已经十分不错了
损失贷款	最糟糕	借款人连十分之一的钱都还不上

2003 年 12 月,时任美国总统的小布什签署了《美国梦首付法案》(*American Dream Downpayment Act*),目的是帮助美国的低收入家庭得到住房贷款,让他们也能拥有自己的住房。

当然,美国政府也很清楚这些家庭是非常标准的次级贷款者,用尽全力也只能还上一半的钱,所以在法案推出的时候,美国一并划拨了总计 4 亿美元的财政补贴,发放给大约 22 000 个低收入家庭用于购房首付,预计每个贷款者能拿到 7 500 美元[①]。另外,在这项法案颁布的 2003 年 12 月,美联储的利率仅为 0.98%[②],房贷的压力不大。

一项本意不错的法案,一批风险很明显的次级贷款,总计 4 亿

① *H. Rept*. 108-164-*AMERICAN DREAM DOWNPAYMENT ACT*. (n. d.). Congress. Gov。

② 数据源:美国联邦储备委员会 Federal Reserve Board。

美元的财政补贴，按理来说已经把贷款会亏多少、贷款能预计还上多少都规划清楚了。而且比起发达的美国经济，这些家庭的贷款额实在不算什么，他们就算还不上，给美国带来的损失也不会有多少①。但为何它导致了何华尔街的五大投行有三家破产，甚至使全球陷入了衰退呢？

这要从华尔街的一项金融发明说起，它的名字叫“金融衍生品”。

4. 危机前的金融衍生品：时间就是金钱

金融衍生品，就是把股票、期货、债务这些金融产品当作一种可以倒卖的商品，买到手以后把它们装进一个新盒子里，加一点过手费再倒卖给别人。

举个例子，假如有一只工厂的股票，一个月之后确定会分红10%。如果你买了100元钱的这只股票，一个月后你就能拿回110元钱，净赚10元。

这里假设你是个急性子，不想坐等这一个月，盼着在买入股票的当天就见到实实在在的收益。于是你把这只股票装进一个新盒子，给它起了个名字叫“新概念证券”。然后你把这个盒子加了1元钱的过手费，以101元的价格卖给了另一个人。

这个做法有什么好处呢？

首先，你不必坐等一个月之后才能收回钱。毕竟这一个月里不

① 还记得格莱珉银行吗？赤贫的穷人就算贷款违约，因其贷款额度相对于银行整体资产而言实在太小，甚至根本没有追讨的必要。相对于美国的金融体量，次级住房贷款的损失完全承担得起。

一定会发生什么事,万一到时候没法分红就坏了。比起承担未来的不确定性,你在当天把盒子卖掉,就能直接收回 100 元的本金,还能稳稳赚到 1 元钱的收益。

其次,既然你已经收回了 101 元钱,你就可以用这 101 元钱再去买一次股票,然后再加一点过手费卖掉。这样你又能赚到更多的过手费。

只要你愿意,这种“找一只好股买下来,装进一个新盒子,加点过手费卖掉”的事情可以反复做下去,做无穷多次。你到底能赚多少,取决于你能在股票分红之前的一个月里倒卖多少次。倒卖一百次,你就能净赚 100 元;倒卖一千次,你就能净赚 1 000 元。这远比坐等一个月净赚 10 元钱的收益高多了。

更甚者,接手你股票的人还能继续倒卖。如果他愿意坐等 1 个月,他能拿到 10% 的收益;但如果他和你一样是个急性子,他可以把 101 元买的股票也加一点过手费,比如用 102 元卖出去。然后他也用 102 元继续买股票,继续加过手费卖出去。

看,这样迅速地倒卖,你们就能迅速地赚到大量过手费,而且也不用承担一个月后股票可能无法分红的风险。

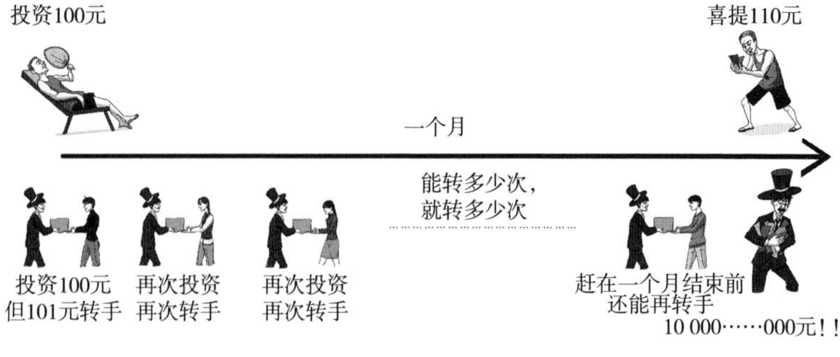

这就是金融衍生品赚钱的方式，它是真正意义上的争分夺秒——你能在股票分红之前的一个月里反复买卖倒手多少次，就能多挣多少钱。

得益于极其高效的互联网信息传输速度，在华尔街里，计算机能够昼夜不停地以毫秒级进行各种金融交易，其中就包括金融衍生品交易。交易慢一秒，就是错过了一秒内能进行的好多次倒手，少赚了好多笔倒手费。

什么叫时间就是金钱？这就是华尔街里真实的回答。

5. 装了次级贷款的水果盒

理解了金融衍生品，我们来看看华尔街是怎么倒卖次级住房贷款的。

本质上，次级住房贷款的金融衍生品也是一种盒子，但它是反向交易的一种盒子。

假设你是一个符合《美国梦首付法案》定义的低收入美国家庭，你打算申请一笔 100 美元的住房贷款，此时的贷款利率是 10%。申请获批后，你就欠下银行一笔 110 美元的债务，要在将来的某一天归还 110 美元。

而依照法案规定，银行批准了你的贷款，银行就知道自己能在将来的某一天收到 110 美元。

但银行觉得，坐等收钱实在是太慢了，而你又是一位收入不稳定的次级贷款人，将来能不能准时还款 110 美元，实在是不好说。

所以银行决定把这笔欠款的“收债权利”装进一个盒子，加一点点倒手费卖出去。这样银行就能立刻得到一笔现金了。

想好了之后，银行就把你这笔欠款的收债权利包装了一下，放进一个精美的“包装盒”，标价 109 美元卖掉。这样，银行在发贷款的当天就收回了本金，又净赚了 9 美元，而且还不用承担未来你还不上钱的风险。

而一段时间之后，你按时还了 110 美元，但这 110 美元实际上并不是给银行，而是通过银行转给了买盒子的人——他们用 109 美元买了盒子，等待一段时间后收到了 110 美元，他们也净赚了 1 美元。

此外，倒卖盒子的过程也可以重复进行很多次——银行可以用 109 美元再发放一份次级住房贷款，然后再把收债权利装进盒子卖出去，然后再用收到的现金继续发放贷款。而买盒子的人同样可以把收债权利装一个新盒子，再卖出去，收到现金后继续买盒子。

这样，通过短时间内的反复倒卖银行就能赚到非常多的钱，远比一开始的 10 美元利息要多得多。而买卖盒子的人也能通过反复倒卖赚到非常多的钱，远比 1 美元要多得多。

这即是次级住房贷款的金融衍生品倒卖方式。

当然，这里有个小问题——你可是个次级贷款者，收入不稳定，工作不固定，你其实很难还上全部 110 美元欠款，能还 50 美元就不错了。

那么，银行把你的应收欠款装进新盒子里，标价 109 美元真能卖得出去吗？而买盒子的人又真的能收到 110 美元的总回报吗？答案是能。

这就是装盒的真正意义所在——在装盒时，银行不会只放入你这一份次级贷款，还会把一大堆债券、股票、期货，乃至其他金融衍生品……总之各种各样的产品全都放进盒子里。这些产品中，有一部分是和你这份次级贷款一样很难偿清的劣质金融品，但也有一部分是非常优质的金融产品，它们的预期利润很高，能赚很多钱。

而银行会精确计算哪种产品放入多少数量，以保证一个盒子整体上是赚钱的。这就如同水果商会在同一个果篮里同时放入好水果和坏水果，而水果商为了让买家不至于太亏，会按比例往篮子里放，保证好水果多于坏水果。

一盒装好的金融衍生品正是一个有好有坏的果篮。银行向你放出了 100 美元的次级贷款，记下了 110 美元的次级贷款债务后，会把这份收债权利和一大堆其他的金融产品一起打包成一个水果盒子，其中好水果和坏水果的比例经过了精确计算，确保这一盒子在整体上能收回 110 美元①。然后，银行才会把盒子标价成 109 美元进行出售。

这就是把 110 美元的次级贷款债务成功卖掉的方法。

① 事实上，只要这个盒子能收回大于 100 美元的总回报，银行就是净赚的。再进一步，就算盒子收不回 100 美元，只要能通过卖盒子收回一定的现金流，银行还是可以用这笔现金继续寻找有收益的交易，以弥补赔钱卖盒子的损失，甚至从中挤出利润。

在2008年次贷危机爆发之前，承担《美国梦首付法案》次级贷款债务的是一些商业银行和一些专门的房贷公司。这些银行和房贷公司把收债权利直接卖给了华尔街的五大投行。这笔交易的官方名称叫抵押贷款支持证券(MBS)交易。

而五大投行拿到了这些次级贷款的收债权利之后，就把它们作为坏水果和诸多好水果混在了一起，然后开始装盒。形形色色的盒子装出来，五大投行便开始反复倒卖这些盒子。买盒子的人包括五大行的那些国内国外的客户，也包括五大行自己。

倒卖得太多，盒子外面又套上了新盒子，新盒子外面又套上了更新的盒子，更新的盒子还被切成了一大堆小盒子，再重新装起来继续卖[①]。直到最后，买盒子的人根本不清楚盒子最里面装了次级贷款这个烂水果，或者根本不清楚里面装了烂水果的一小块，而卖盒子的人到底清不清楚，恐怕也未可知。

唯一可以确定的事是，五大投行把盒子包装得层数实在是太多了，而盒子倒卖的次数也太多了。装来装去，卖来卖去，烂水果就卖给了千家万户——无论千家万户知道与否，也不管他们乐意与否。

① 还记得佛罗里达切分的地块吗？

顺便介绍一下，这些盒子、盒子再套盒子、更大的盒子再套盒子……的官方名称叫担保债务凭证(CDO)。

此时此刻，我们眼睁睁地看着次级贷款作为烂水果放进了包装精美的盒子，又被层层再包装和层层倒卖，最终卖给了千家万户。现在就要回到了那个一开始就让人十分担心的问题了：

如果低收入家庭不能按时还清次级贷款呢？

这即是2008年次贷危机的导火索——次级住房贷款还不上，导致了相应的水果盒子也无法偿还了。

但这还远远不是全部。要知道，对于华尔街五大投行的资产来说，次级住房贷款的金额真的不多，投行足以应对贷款违约。而盒子里的水果也放入了很多好水果。就算次级贷款还不上钱，那些好水果的收入也能抵消损失，确保盒子的整体收益。

所以接下来又发生了什么，才让华尔街的五大投行倒闭了三家？

6. 杠杆，加上去

2008年次贷危机爆发，盒子爆炸的时候，人们发现盒子的损失远比坏水果的价值高得多，高到了天价。

为什么？答案是杠杆。

还记得1929年大萧条中我们说到的那个496×10×20(即99 200%)的股票利润吗？那就是杠杆。它可以把一样东西的价格抬到天价。

假如最初你买100元钱的工厂股票时，只需要付10%的保证金就能买下这只股票的所有权。那你用100元本金实际买到的就是

1 000 元钱的股票。

然后,急性子的你把这 1 000 元钱的股票装进盒子,标价 1 010 元钱出售,这样你就得到了 1 010 元。按照市场规定,这 1 010 元钱里属于你的是原本的 100 元钱本金和赚到的 10 元钱倒手费。

也就是说,加上杠杆之后,100 元钱只倒了一次手,你就得到了高达 10% 的利润,这和坐等一个月分红得的钱一样多。这就是杠杆的威力。

但还没完,你还可以再加一个杠杆——你可以用这 100 元本金作为抵押,去银行里借 1 000 元钱,然后再用这 1 000 元钱去买 10 000 元钱的股票,再装盒出售得到 10 100 元。现在,你一下用 100 元钱的本金赚到了 100 元钱的利润,利润率高达 100%。

而且别忘了,你还能在股票分红之前的一个月里反复购买、反复倒手,杠杆带来的利润率会更惊人。

现在你知道华尔街的五大投行是怎么赔的了吧。

商业银行和房贷公司发放的住房贷款可以是借来的,商业银行和房贷公司向五大投行出售收债权利时,五大投行也可以借钱来买。而五大投行把这些收债权利作为坏水果装盒时,一起装进去的好水果也可以是借钱买来的。而反复装盒、反复倒卖的所有交易过程也可以靠借钱来进行。至于最终买到了水果盒子的千家万户,他们当然也可以借钱来买。

是的,这一连串的金融交易的每一步都有机会加上杠杆。

得益于这些不知加多少倍的杠杆,水果盒子的价格最终被撬上了天。次贷危机爆发时,盒子的价格已经被活生生地加了一大排0。一下子,连五大投行也撑不住了。

但这还没完，为什么 2008 年的危机叫作金融海啸？因为它一浪更比一浪高。

探索时间：杠杆的威力与风险

杠杆的威力十分之大，你现在见识到了。它能用极少量的资金带来成倍的回报。

但杠杆的风险比它的威力还大。

如果你用 100 元钱借了 1 000 元，又用这 1 000 元作为保证金买了 10 000 元钱的股票，但这只股票赔了，那你损失的就是用 10 000 元计算的股票跌幅。

- 股票跌 5%，你的损失就是 10 000×5% =500 元钱。这项损失要从你的保证金里扣掉，你的 1 000 元保证金现在只剩 500 元。
- 股票跌 10%，你的保证金就扣光了。
- 股票一下跌了 20%，你的保证金不仅一分不剩，还倒欠出借人 1 000 元。另外，你的保证金也是从银行借的，你还得偿还银行 1 000 元钱，利息另算。现在你总共欠了 2 000 元钱，杠杆成功地帮你用 100 元本金撬动了高达 20 倍的负债。

这就是杠杆的风险。

7. 给水果盒子买份保险

衍生品盒子里装着坏水果,交易流程加上了杠杆,这样的风险有多高,华尔街的金融分析师们当然清楚。

为了防止意外,投行就又想出了一个办法:给这些盒子买点保险。

这样的话,万一哪个盒子出了事,投行不用自己赔钱,保险公司来掏钱赔付就可以了。

买保险的办法属实是非常明智,有效地转移了投行的风险。不过这些盒子已经在杠杆和反复倒卖的过程中变成了天价,一旦出事,赔偿也是天价。真有保险公司愿意给这么高风险的盒子担责吗?

巧了,投行的做法非常巧妙:它们把大量的水果盒子一起搬到了保险公司面前,跟保险公司说,虽然这些盒子炸了之后要赔的是天价,但自己愿意为所有这些盒子定期支付非常高昂的保费。这些保费高到什么程度呢?就算偶尔爆炸几个盒子,保险公司赔付之后还能赚不少。

这一下,保险公司就非常乐意做这份保险了。不仅乐意,而且还抢着做,没抢到的保险公司十分眼红。

投行成功地转移了风险,付出的成本虽然是定期支付一次高昂的保费,但相比于盒子的天价利润,保费完全不值一提;保险公司则赚到了天价保费,偶尔炸几个盒子的赔付金额同样是不值一提。这份保险的官方名称叫作信用违约互换(CDS)。

可是,最终爆炸的不是一两个盒子,而是大量盒子一起炸了。保险公司赔不起了,只能破产。

而保险公司的业务也涉及海量行业和公司,它们的破产牵连了大量的行业。这正是2008年危机中发生的情况。

但就算这样,这波金融海啸的浪潮竟然还没完。

8. 保险公司的开动脑筋与最后的一小浪

还有保险公司的开动脑筋——高额保费实在是太诱人了,但它是定期支付,每隔一段时间才能收到一笔。这就如同一个月之后才能兑现的股票分红。

所以说,为什么不能把保险合同也像盒子一样倒手卖掉呢?而且所有的交易过程不也可以用上杠杆吗?

于是就这么做吧。

到这里，读者或许需要放下书喘口气。这一浪又一浪的金融海啸走到这一步，已经不只是心惊胆战。

而这时，谁还记得最初盒子里那一份坏水果——那些低收入家庭的次级贷款，真能还得上吗？

别急，再喘口气，因为这场滔天的金融海啸还有最后一浪——小小的一浪：

这些生活艰难的低收入家庭，他们面对《美国梦首付法案》提供的首付补贴，面对极低的购房利率，面对廉价房产可能快速增值的前景，为什么不就此放手一搏，借钱多买几套房盼着升值呢？

简而言之，他们用次级贷款买房时，何不也加上杠杆搏一下呢？

9. 盒子爆炸

2007 年，大量次级住房贷款出现违约，涉及大量次级贷款业务的美国新世纪金融公司和美国住房抵押贷款投资公司宣布破产。美国以国家财政尝试注资救市，但终究没有撑住。2008 年 2 月，华尔街五大投行之一贝尔斯登公司宣布破产，9 月，雷曼兄弟公司和美林证券同日宣布破产，五大投行倒闭了三家。剩下两家高盛和摩根大通怀抱海量的坏水果盒子，靠着美国财政的再次紧急注资得以幸存。

那么，这些次级贷款最终造成了多大规模的损失呢？

根据世界货币金融组织（IMF）的估算，截至 2008 年 3 月，全球因信用市场恶化带来的损失总额为 9 450 亿美元。其中 5 650 亿美元是居民房屋抵押贷款债务的损失，而这 5 650 亿损失里，次级贷款占比仅为450亿美元①,尚不到十分之一。

而这场危机对美国造成的最终损失估值是多少呢?是200 000亿美元②。

转年到2009年,这场诞生于华尔街的金融海啸席卷到了全球。由于华尔街五大投行资产涉及全球几乎所有主要国家,全球200多个国家里有100多个出现了GDP负增长。

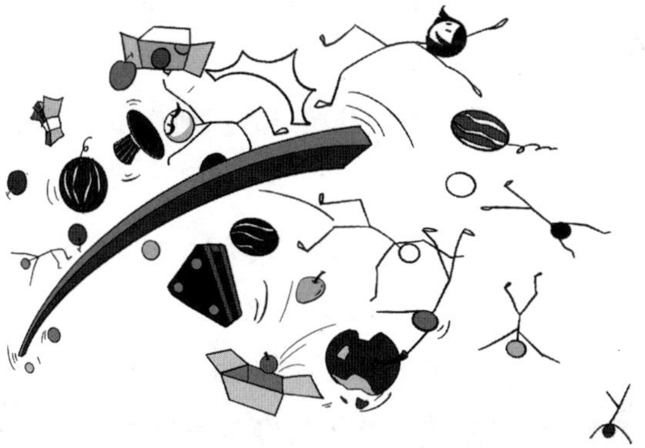

10. 2008年危机的反思:实业不振

最后来回顾一下这场危机的开端——美国梦住房贷款是怎么出问题的吧。

在《美国梦首付法案》出台的2003年12月,美联储利率仅为0.98%,但进入2005年,美联储一路上调利率,先突破了2%,又在

① 数据来自深圳证券交易所衍生品工作小组《担保债务凭证(CDO)与金融危机》,2009年1月16日。

② 数据来自 Better markets. (2015, July). *THE COST OF THE CRISIS $20 Trillion and Counting*. Better Markets.

年中到了 3%，年底达到了 4.16%。2006 年 7 月时，利率达到了 5.24%[①]。对这些低收入家庭来讲，这样的利率上涨已经让他们无法承担了。

美国为什么要在 2005 年开始上调利率呢？

因为当时有很多人进入了房地产市场。为了防止房地产泡沫，美联储从 2005 年一路加息，从几乎零利率加到了 2007 年 7 月的 5.26%，但美联储上调利率时，大概不会想到华尔街的三家大投行倒闭。

再深究一下，为什么人们开始进入房地产市场了呢？这是此次危机的根源吗？

市场上的炒房行为是和实体经济的表现联系在一起的。如果实体经济不景气，人们就会手持资金寻找其他投资品，房子会成为其中一个选项。2000 年，美国的互联网行业泡沫破裂，大量互联网企业倒闭关停，美国整体的经济发展受到了严重影响。正是这时，美国房地产业开始上行，有大量资金进入房地产行业开始“布局”。随着越来越多的资金涌入房地产行业，房产泡沫逐渐膨胀，迫使美联储开始加息。但加息面前，最先倒下的不是重金炒房的投资者，而是依靠美国梦贷款计划才能买房的低收入家庭。

一切的根源来自生产领域的不景气，而金融工具把这些不景气放大了不知多少倍，高效的信息传输技术又把这些不景气的扩散速度放大了不知道多少倍。一浪又一浪的推动下，海啸最终滔

---

① 数据源：美国联邦储备委员会 Federal Reserve Board。

天而起。

探索时间：互联网泡沫与康德拉季耶夫周期的持续时长

2000年前后，美国互联网行业泡沫破裂，引发了其后的一系列经济事件。

记住2000年这个年份，然后回忆一下康德拉季耶夫周期的时长：一次康德拉季耶夫周期从开始到结束大约是54年。

那么，互联网行业的技术火种——现代电子计算机是什么时候发明的？

是1946年。

1946年，美国发明了第一台现代电子计算机，54年后的2000年，美国互联网泡沫破裂，最终引发2008年的美国次贷危机。

1946年+54年=2000年

是不是十分精准？当然，康德拉季耶夫周期其实不是以火种诞生的年份开始计算，但这一次从火种诞生到互联网泡沫破裂，恰好就是54年。

再回忆一下康德拉季耶夫周期那一章的内容。那其中提到经济学家认为第五次康德拉季耶夫周期其实是从1971年开始的。

那么1971年加上54年是多少呢？是2025年。

所以在2025年，我们就要进入第六次康德拉季耶夫周期了吗？

1971年+54年=2025年？

关于这个问题，经济学家与读者一起拭目以待。

11. 次贷危机的解决：重回 1929 年和 1973 年

2008 年次贷危机的根本原因很清晰，就是美国低收入家庭的次级住房贷款违约，导致了金融业中的大规模资金链断裂。

所以美联储选择的解决方法也很直接——直接往断裂的资金链里注入资金。它的理论基础是 1973 年危机中经济学家弗里德曼提出的货币主义主张。这一方式的官方名称正是著名的量化宽松政策(quantitative easing)，第一笔注资额度总计为 6 000 亿美元①。得益于此次注资，美国成功在 2010 年重新将经济推回上行周期。

不过，往资金链里注入的这么多钱是哪里来的呢?

寻寻觅觅，人们回望向了 1929 年——是的，美国又一次打了赤字，向未来财政借了钱。借了这些钱注入资金链，先给经济续一口“人参鸡汤”抢救过来，再靠未来的纳税慢慢还。2008 年危机爆发时，美国的财政赤字是 4 586 亿美元，2009 年的赤字额飙升到了 14 127 亿美元②——前面多了一个 1。

而这多的一个 1 会带来什么，这次危机最终将在历史上留下怎样的一笔，仍需更久的时间来回答。

---

① FED. (2008, November 25). *Federal Reserve Announces It Will Initiate a Program to Purchase the Direct Obligations of Housing-Related Government-Sponsored Enterprises and Mortgage-Backed Securities Backed by Fannie Mae, Freddie Mac, and Ginnie Mae.* BOARD OF GOVERNORS of the FEDERAL RESERVE SYSTEM.

② 赤字额数据来自美国联邦储备委员会 Federal Reserve Board。

7.4 危机中孕育的新生

自人类脱离农耕时代走入工业文明时代，经济危机的阴影就从未离开。每一次经济危机都造成了巨大的损失，包括失业、倒闭、财富蒸发，也包括牺牲，甚至包括战争。人类为此付出了沉重代价。

而人们也从历次危机中学会了很多。

1929 年大萧条中，人们知道了宏观经济是一项极其复杂混沌的科学，知道了危机发生的时候政府可以而且理应站出来。人们于是发展出了一门新的学科和一项普适性的危机应对政策——政府购买。

1973 年滞胀危机则教会了人们钱并不是越多越好，而政府如果采用持续的摇摆政策，可能会对预期造成毁灭性的冲击。人们于是开始更谨慎地对待通货膨胀，也开始实施连贯稳定的政策，保证市场参与者的预期。

到 2008 年，人们面对金融投机带来的海啸，知道了金融行业不透明的危害，知道了危机在信息时代可以以怎样惊人的速度传播至全球。于是人们着手规范金融，开始以更新的视角审视货币层面的风险。

历次危机，每一次危机都为人类社会带来了巨大的变革。它们推动着人们找出了更合适的政策、更规范的制度、更及时的救援措施，从而推动着经济社会向前走出了关键一步。

不过，被危机推着前进还是太被动了，人们要付出巨大的牺牲才行。能不能提前做好准备，提前找到这些新政策、新制度、新的救援措施呢？经济学家用经济学的方式思考这个问题后，回答是有点难。

因为推动每一项新政策、新制度和新措施都意味着改变现状，而改变现状的成本总是很高，维持现状的成本才是最低的。如果只是寥寥数人，多花一点成本改变现状不是难事，但想让整个社会改变现状，远没有那么简单。往往是当时的社会为了维持现状付出了足以载入史书的血泪后，人们才会费力地向前推动一下文明的车轮。

改变现状很艰难，但三次危机中也有一些从未改变的事情——就是人类解决问题的决心与前进的勇气。依靠着这样的决心和勇气，宏观经济这列列车才会一路前行，驶向辉煌的现代文明。

危机中永远孕育着新生。

第8章
发展的时代

古往今来，万家灯火。

8.1 姗姗来迟的GDP

1. 耳熟能详的知识！ GDP

我们讨论了宏观经济中三个重要的话题：通货膨胀、经济周期和经济危机。现在让我们回到一个宏观经济中最基础也最标志性的概念上来：国民生产总值GDP。

GDP，这可能是提到宏观经济时很多人想到的第一个词。它表示一个国家生产的全部产品加在一起的价值，是衡量一国经济发展的最首要指标。如果某个国家在某一年的GDP是增长的，意味着该国在这一年比去年多生产了一些东西，这年的经济比去年更繁荣一些。如果GDP是下降的，就意味着该国在这一年比去年生产的东西少，这年的经济情况比去年要艰难。

不过，宏观经济只用GDP就能概括吗？

确实不能。虽然经济学家发明了 GDP 的概念,同时他们也很清楚 GDP 的局限性。它只能反映一国经济大概的发展情况,既非全部,也不精确。

2. GDP 的缺陷所在

在经济学家看来,GDP 的缺陷还挺多的。

首先,GDP 是用商品价格来计算的。一年中生产的所有商品的价格加在一起就是一年的总 GDP。

但价格无法展示技术的更新换代。十年前一台 5 000 元的电脑和十年后一台 3 000 元的电脑在纳入 GDP 统计时只会以 5 000 元和 3 000 元统计,但是十年前 5 000 元的电脑显然不如十年后 3 000 元的电脑更先进。GDP 无法体现这种变化。

其次,GDP 的统计有很多遗漏。

家务劳动是不计入 GDP 的。可这意味着家务劳动对经济生活没有价值吗?当然不是。工厂排放的污水也不计入 GDP。但人人都知道污水会对环境产生严重影响,绝不能无视污水排放。另外,人们每天工作时到底开心与否,GDP 也并不反映。GDP 无法呈现生产出来的商品承载的是快乐的笑声还是疲惫的叹息。

生产时消耗的自然资源也不会计入 GDP。比如,矿泉水商家把天然的山泉水处理后灌装进瓶,这样生产出来的每瓶水都会计入 GDP,但还在山中流淌的泉水就没有计入了,而人们也不会思考"如果不灌装的话,这些水还留在山上时,价值该是多少"这样的问题。

最后，GDP 的统计过程包含大量抽样调查。它并不是真的把整个国家里所有产品挨个统计了一遍，而是用一些专业的统计方法估算出来的。由于调查和估算总会存在误差，所以 GDP 很难称得上精确。

存在着这么多的缺陷，GDP 真能衡量一国经济的发展吗？

GDP 统计了一些信息出来，这些信息一定会或多或少地呈现经济的样貌。但它衡量得不精确，只是一种模糊的样貌。

3. 经济学家为何选择 GDP？ 实用的战时指标

GDP 是一个这么模糊的指标，为什么经济学家还在用 GDP 来衡量宏观经济？

GDP 诞生于 1934 年的美国①。那时美国经历了大萧条，刚开始推行罗斯福新政，刚刚开始尝试由政府来主导经济发展。为了检验市场在新政的主导下到底生产出来了多少东西，GDP 统计就诞生了②。

---

① Moore, D. H. (2021, October 11). *Opinion: Beyond GDP: Here's a Better Way to Measure People's Prosperity*. World Economic Forum.

② Vanham, P. (2022, December 12). *A Brief History of GDP-and What Could Come Next*. World Economic Forum.

不久后第二次世界大战爆发，各个国家突然发现 GDP 在战争时期也非常有用——帮助一个国家衡量自己到底有多少资源可以应对战争。当然，在战争的极端环境下很多事必须从简考虑。像家务劳动和生产污染就不是特别重要，5 000 元的老电脑和 3 000 元的新电脑的质量差异也不太重要，它们能用就行。

这样，GDP 就成为一个非常实用主义的统计。战争结束后，人们觉得这种衡量方式至少能让人模糊地估计一个国家到底有多少东西，GDP 统计就沿袭了下来，直至今天。

战时统计与和平的日常生活终归不同。和平时期，人们考虑的事情会更多——人们希望家务劳动能计入价值，希望污染能计入损失，希望在 GDP 中看到电脑的升级换代，因为这无疑代表了经济和科技的进步。人们也开始讨论没有进入生产环节的自然资源到底该不该呈现在 GDP 中，开始考虑自然资源消耗到底意味着什么。这时，GDP 的弊端就显露出来了。

为了解决用 GDP 统计时存在的弊端，经济学家们一直在寻找更好的衡量指标。这需要回归宏观经济的本质，明确宏观经济到底是什么，到底该统计什么。

4. 宏观经济到底是什么

宏观经济究竟是什么？

它是我们每人度过的每一天。每人每日的衣食住行，每人每日的劳作、娱乐与休憩，一代又一代人一直延续的生活，最终组成了整个宏观经济的图景。

它是街头巷尾的忙碌身影，是路上的车水马龙，是夜晚亮起的万家灯火,是由我们每个人一起织就的画卷。

宏观经济,它其实既现实又诗意。

这样诗意的描述似乎更全面,但无法用数字衡量。不过,经济学家真的从这样的诗意中找到了一个别出心裁的衡量方式——夜晚的灯光。

5. 万家灯火

夜晚,从卫星上看地球,我们会发现经济发达的区域的灯光会更明亮,它们能连成璀璨的一大片。而在经济发展较为落后的地方,灯光则是暗淡的、零散的。至于那些没有人类活动的地方——也就是没有发生经济行为的地方,夜晚则是一片漆黑,没有灯光。

这就是经济学家找到的一个可以协助 GDP 来衡量宏观经济的指标——从卫星上观测到的夜间地表灯光亮度。一个地区的夜间灯光亮度越亮,这个地区的经济就越发达。

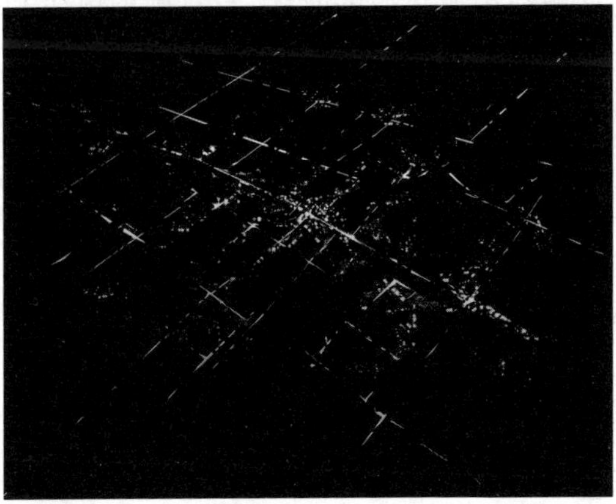

乍一看,夜间灯光图和宏观经济的概念一样模糊——卫星观测的亮度就很模糊,亮度指代的概念更模糊。但每个听过这个指数的人在略加思考之后,往往会觉得,这个模糊的灯光亮度好像比 GDP 更贴近宏观经济的真实。

现行的宏观经济研究中,使用 GDP 测算之后再用夜间灯光亮度指数来验证一遍,已经成了很流行的方法。而经济学家惊喜地发现,GDP 的衡量结果和夜间灯光亮度的验证结果往往是吻合的。人们离孜孜以求的精确估计又近了一步。

夜晚亮起的万家灯火,说它是宏观经济真实又诗意的样貌,确实并不为过。

8.2　小城的发展记录

全书最后,让我们回到我生活的小城,看看那里经济的样貌。

我们会回溯到小城建城的时候,看看她的诞生和成长,看看她是如何走到今日的。小城一代又一代人曾遇到的问题,就是小城发展中遇到的问题;小城的人们做出的牺牲和取得的成就,就是小城失去的和得到的。小城的未来,则会由小城的人们自己去创造。

希望这一次回顾能为读者带来关于这个世界更有趣的理解。

1. 近代

小城元年

小城重新建城,依山傍水。此时小城的货币用的还是白银,最著名的产品是棉布和丝绸。四面八方的人都来小城买布和丝绸,小城名声传遍海内外。

小城四年

外来的洋商人带着洋布敲开了小城的大门。人们发现洋布便宜质量又好,纷纷购买。一年之间,小城人人穿上了用洋布做的衣服,用起了洋布做的手绢,盖着洋布做的被子。

同年,因为被洋布抢占市场,小城引以为豪的棉布行和丝绸行纷纷倒闭,一部分布行工人回到田间再次成为耕农,另一部分人去了山里的白银矿场做工。

同年,有流言说小城山上有灵芝,采摘售卖可以赚到金子。闻者趋之若鹜,入山采摘,或一无所获,或再也没有回来。

小城七年

小城最后一家布行倒闭,布商携妻女远赴他乡,另谋生计。

同年,洋商的洋布突然涨价。小城家家户户买不起衣服,更多的人进了山里的白银矿场成为矿工。有人惊奇地发现,洋布商人不知何时已经收购了整座山的银矿,挖出来的白银全都需要运往海边装船出海。

传说中小城山上的灵芝,仍旧没有人找到过。

小城十一年

矿脉干涸,小城失去了最后的贸易资源。洋布商人带着全部白银退出小城,去其他小城另谋发展。

同年,突发大旱,小城粮食歉收。大批人像当年的布商一样永远离开了小城,远赴他乡。

小城中剩下的人再次进山寻找灵芝,仍旧一无所获。

小城十二年

战乱突发。拿着砍刀和木犁的小城人们第一次见到了钢铁制成的枪炮,见到了原本用于庆祝春耕的烟花炮仗制成的军火。

兵荒马乱,小城人口锐减。

小城十四年

战乱结束。小城一片荒废。同年,小城仅剩的几户人家凑在一起商量去留。几户人家最终达成共识:就算死也要死在小城里,因为祖坟在这里。

同年,几户人家再次商议如何重建小城。有人表示想借钱购买洋布商人的洋布织机,因为“洋人能做,咱们肯定也能做。”也有人提议再次进山寻找灵芝,因为现在根本没钱买织机,非得把灵芝找到,卖了换钱才行。

晚秋,几户人家敲定方案,其中一户曹氏人家进山为大家寻找灵芝,其余几户想办法联系洋人,购买洋布织机。

小城近代的发展记录到此结束。

2. 现代

小城十五年

小城正在与洋商联络购买织机。

同年,有从其他小城远道而来的旅客,听闻了小城购买织机的计划。旅客大惊失色。旅客说,战乱虽已结束,但不意味着从此永远没有了。如果又打起来,小城仅存的这几户人家难道扛着织机御敌吗?

同年,小城几户人家商议暂缓购买织机,转而购买洋商的钢铁和枪炮。有人又问买了不会用怎么办,用坏了不会修怎么办。小城最终决定直接请洋师傅来小城,手把手教小城的人怎么建钢铁厂和枪炮厂。

小城十六年

小城与洋商签了合同,请洋商来建钢铁厂和枪炮厂。建厂的款项就等进山的曹氏发现灵芝之后,用卖灵芝的钱还款。

同年,进山寻找灵芝的曹氏回到小城,没有带回灵芝,只带回了几只喜欢啄山上白土的野鸡。曹氏说,山上每一寸土地她都走遍了,没有找到一点灵芝的踪迹,传说是骗人的。这几只鸡能生蛋,吃的也只是山上到处都是的白土,生的几个蛋兴许能卖几个铜板,能给钢铁厂和枪炮厂添一块砖,再不济就给小城建厂的工人补营养。

小城与洋商重新商谈,取消交易灵芝的合同,改为欠条。未来几年内,建厂的钱用小城仅有的一点农田产粮和手工织的糙土布一点点偿还。

小城十七年

来建厂的洋商如约而至,浩浩荡荡一队汽车轰动了整个小城。家家户户老老少少聚在路边围观,城里刚刚三里地的土路,洋商的汽车队开了两个小时才开到头。

钢铁厂和枪炮厂开工,洋商敲着人们从来没见过的洋算盘,告诉小城建厂的款项须在未来四年内还清。小城的人们拿出土算盘打了半天,自觉四年有些紧张,但努努力或许也行。

小城欠下了四年的盖厂欠款。

小城十八年

枪炮厂和钢铁厂开工,洋商的车队一趟一趟开过去又开过来。

小城的人们习以为常，不再围观。

小城的人们扛着日头耕地，守着月亮织布。一年吭哧吭哧干下来，工厂的地基打好了，洋商的欠款还上了四分之一。

小城十九年

小城的人们扛着日头耕地，守着月亮织布。又一年吭哧吭哧干下来，工厂的墙砖垒了起来，洋商的欠款还上了四分之二。

小城二十年

小城的人们顶着日头垦地，守着月亮织布。第三年吭哧吭哧干下来，工厂的烟囱立起来了，洋商的欠款还上了四分之三。

年末，小城喜逢大雪。人们喜气洋洋地等着过年，谈论着明年即将还清的欠款和即将建好的工厂。不听话的小孩吵闹着要看枪炮厂试炮，大人吓唬小孩说，离得太近，小心脸被崩花。

小城二十一年

小城气候反常，四月飞起春雪，五六七月无雨，八月突发山洪。

粮食歉收，但洋商收粮的车队如约而至，小城的人们从草筐缝里拍下谷粒，连着口粮一起装上车，看着土路上远去的漫天尘土。

小城中有很多老者因灾荒去世，其中包括李氏一家年长的爷爷。生前最后几日，李老爷子拄着拐杖来到盖厂工地前，对着尚未点火的烟囱絮絮叨叨。李老爷子说，洋人能建的，咱们自己怎么就不能建？早晚有一天，后生们得把这些都学会来，建得比洋人还好，让洋人来买我们的。

同年，曾经上山寻找灵芝但一无所获的曹老太太去世。曹老太太身体健康，只是去世之前十几日拒绝进食，滴米不沾，滴水不进。弥留之际，曹老太太人已经糊涂，口中还是不停念叨着，说她如果真的找着了灵芝,是不是大伙现在就不用还钱,不用挨饿了?

小城二十二年

枪炮厂和钢铁厂相继建成,小城的人们第一次看到烟囱上冒出了浓烟。

小城还清了拖欠洋商的款项。虽然食不果腹,衣不遮体,小城的人们仍旧聚集到小城中央开集市的空地上进行了庆祝。有些小孩问爹妈,为什么好多爷爷和奶奶都不见了,庆祝于是变成了眯着眼睛的庆祝,人们说是风太大,眼里进了沙土。

枪炮不能穿,钢铁不能吃。同年,小城再次把购买洋布织机的计划提上议程。清点各家各户财产后,人们发现谁也没有存款,买不起织机。

同年,小城再次与洋商签订购买洋布织机的合同。织机的款项用未来几年织的洋布一点点还。

小城二十三年

洋商的车队运来了洋布织机,贴心地一家一家送上门,一户一户教会了小城的人们怎么用。

小城的人们开始使用洋布织机织布做衣服。做完衣服的布头人们舍不得不丢掉,一块一块攒起来,拼拼凑凑给小孩做衣服。布头拼起来的衣服颜色花花绿绿,看着十分喜庆。小孩吵闹着现在就要穿,大人训斥小孩说穿新衣要等过年。

小城的人们扛着日头耕地,守着月亮织布。一年吭哧吭哧干下来,洋布织机的欠款还上了四分之一。

小城二十四年

年初,喜气洋洋的大人把去年做好的新衣找出来,给小孩换上,惊讶地发现一年过去小孩长个了。去年做好的新衣袖子短半截,领口扣子系不上,下摆遮不住肚脐眼。

小城的人们扛着日头耕地,守着月亮织布。又一年吭哧吭哧干下来,洋布织机的欠款还上了一半。

小城二十五年

小城的人们扛着日头耕地,守着月亮织布。吭哧吭哧干到夏天,人们不约而同抬头看天气,生怕又来灾年。有上年纪的人连着几天看到南边的星星闪得太亮,惊慌失措,说这是不祥之兆,今冬会比往年更冷,大雪定然封山覆城。

人们大惊失色,纷纷议论着是不是当年建枪炮厂和钢铁厂时的灾年又要来了。又有另外上年纪的人却突然拍手大笑,说既然冬天寒冷,洋布衣服必然卖得更好,这不是灾年是喜年。

是灾年还是喜年,小城的人们实在分不清。但人们认定了一件事,就是今年衣服做得越多越好,钱攒得越多心里越踏实。小城的人们自此耕地耕到天黑也不愿歇脚,家家户户的织机昼夜不停。

年末,洋布织机的欠款还上了四分之三。前来结账的洋商看着小城的账本,问小城的人们今年既然有了不少结余,要不要考虑提前还清债务。小城的人们如临大敌,连连摆手,说攒下来的钱是等着过冬和明年花的,不想现在就动这笔钱。

小城二十六年

开年大雪如约而至,但冬天并不比往常冷,也不比往常热。人们坐在家中,紧张地等着开春。

开春,小城风调雨顺。人们算着日子赶紧下地,赶紧插苗,生怕转天天气就变了。下完地,人们赶紧回家织布,多织一匹算一匹。

夏天，小城风调雨顺。人们算着日子赶紧下地，赶紧收夏谷，赶紧种秋谷，生怕转天天气又变了。下完地，人们赶紧回家织布，多织一匹算一匹。

秋天，小城风调雨顺，粮食丰收。人们终于发现今年不是喜年，但也不是灾年，之前是虚惊一场。

入冬，人们还清了洋商的款项。洋布织机织的洋布现在全都属于小城自己了。

小城二十七年

开年，小城第一次织出了属于自己的洋布。

第一批布装上货车准备运走时，人们七嘴八舌地议论着这些布能卖多少钱，赚了钱自己准备置办什么东西，有什么新计划。过年时先大吃一顿，人人都穿新衣服。还有人说要盖新房，有人说想置田地，有人说自己看中了洋商的大汽车，这一批布卖掉想买一辆。好事的人拿出了从洋商那里学会的洋算盘给他敲了敲价格，告诉他买来的大汽车只能装三个车轮，还差一点钱装不上最后一个。

喜气洋洋的议论持续到了货车开走，持续到了春耕，持续到了夏种，持续到了秋收，持续到了立冬，持续到了年末仍旧没有停歇。

小城二十八年

开年，小城第一次收到了属于自己的卖布款。

持续了一年的喜气洋洋的议论终于停下来了。期待了这么久的人们一个个地带着钱回了家，却没有人盖起新房，没有人置上田地，没有人买来汽车数数车轮子是三个还是四个。人们只是默默地准备起家里的晚饭，感叹着宽松一点的日子或许就快来了。

同年,小城的人们扛着日头耕地,守着月亮织布。大人又扯了布头给小孩做了新衣服。小孩现在懂了事,把衣服收进箱子里等着过年穿。大人打开箱子又把衣服拿出来,告诉小孩不用等,现在就穿上吧。

小城二十九年

年头到年尾,货车走了又来,来了又走,一匹匹的洋布运出了小城。

年末,有人掏出了攒了很久的钱盒子,张罗着置办了一块新地,准备盖一间新房。邻里乡亲纷纷来祝贺,有人带了锅碗瓢盆,有人带了床单被罩,有人带了自家的菜和鸡。空手来的邻居不闲着,帮忙垒砖叠瓦,新房盖起来时,人们在屋门口坐下来,好好地吃了一顿大席。

一年过去,又是深冬。人们像往年一样准备着过年,有人感叹着宽松一点的日子或许快要来了,有人拿出钱箱开始数钱,然后半信半疑地和家人说,或许咱们也能置办一块新地,盖一间新房了?

小城三十年

小城中,有更多的人置了地,有更多的人盖起了新房。

夏天,小城开来了一辆新汽车。人们起初一点都不觉得新鲜,后来听说这不是洋商的汽车,而是小城中的一户人家自己买的,人们立刻就觉得新鲜得不行了。汽车开进城里时,小城的土路两边再一次挤满了人,家家户户都想看看小城人自己的汽车,三里地的土路,汽车又是开了两个小时才到头。

同年,小城中李家的小孙子出生。按照在大旱中去世的李老爷子的遗愿,小孙子要把洋人的东西都学回来,首先要把名字起得洋气。小孙子因此得名“李皮特”。

同年,小城山边曹家的小孙女出生。按照当年进山寻找灵芝但最终一无所获的曹老太太的遗愿,山上没找到灵芝,后生横竖得把灵芝变出来。小孙女因此得名“曹灵芝”。

新来的喜悦传遍了邻里,有人拿了鞭炮挂上竹竿,招呼着大家散开点,之后十里八乡都听到了热闹。听到了,十里八乡就都举起了竹竿,挂上了更多的热闹。

一时之间,噼里啪啦的热闹传遍了小城内外,人们听着,心里萌生了迟来的希望。

小城现代的发展记录到此结束。

3. 当代

小城三十一年

小城中的汽车变多了,飞转的四个轮子在小城中压出了更多的路。三里的土路变成了三十三里,又变成三十三里的柏油路和通向四面八方的不知多少的土路,汇在一起,连上了地平线上的黎明。

同年,小城中开了第一家小城自己的农机厂,第一家小城自己的化工厂,第一家小城自己的罐头厂,以及第一家小城自己的汽车零件厂。前面三家厂开业时,人们都去庆贺,东家和工人们喜气洋洋。第四家厂开门时,人们照例前去贺喜,厂子的东家李大叔看着却没那么高兴。人们问李大叔喜事为何不觉喜,李大叔说,想起了家里在大旱中去世的老爷子。人们都劝李大叔,说李老爷子要是看到这零件厂,一定能心生欢喜,李大叔再次摆手,说厂子里里外外用的都是洋人的机器,什么时候都能换成小城自己造的,才算告慰老爷子在天之灵。

小城三十三年

更多的工厂在小城开了起来,住在城边的人开始搬向小城中央。

小城自战乱以来第一次扩大了城区。城周边的农田变成了厂房和大路,城中央的集市广场边上盖起了百货商店。小城的人们排着队在门口等着逛商店,有好事的人发现柜台里的售货员是邻村的熟人,问她新搬进城里的感觉怎么样。售货员红着脸坦诚地说,搬进城住了楼房虽然气派,但不下地总感觉浑身不得劲,在家弄了几个竹筐放在阳台上种点菜,哪怕长不出来也算活动筋骨。

小城三十五年

迁进小城的人变多了。更多的农田变成了更多的厂房和更多的大路,小城中开始有了一片片居民区。每到夜晚,居民区里亮起的灯光照亮了细碎的道路,回家路上,人们一边走,一边闻着飘来的饭香味,猜着别人家今晚吃的是什么。

彩电、洗衣机、冰箱,一个接一个地进了小城的每一家。电话、录像机和空调,小城中的新潮人家也开始置办。不懂事的小孩去别人家里吃了进口的巧克力,看了彩电上的录像动画片,回到家里和大人吵着也要买。大人训斥说不能随便浪费钱,大人的大人训斥大人说,那时候苦惯了,节约惯了,现在给小孩子吃点好的,玩点好的,有什么不行?我来掏钱给孙子孙女买,都买。

同年,李大叔的零件厂盖起了研究室,小小一间屋子蛇虫鼠咬,冬冷夏热。几个老师傅挽着袖子戴上老花镜,研究起了当年洋人盖钢铁厂和枪炮厂的图纸。图纸上的文字不好认,老师傅就抱着字典一个一个查,用汉字写上发音照着念。

小城三十八年

小城再次扩大了城区。工厂连成了片,百货商店连成了片,居民区的灯光连成了绵延的线。

小城的人们发现路上的车多了,人多了,商店里的商品变得眼花缭乱。

同年,李皮特学会了打酱油,蘸着自己打来的酱油吃煮鸡腿能吃一大只。李大叔牵着李皮特的油手带他来到家里的零件厂,告诉他世界上除了酱油还有机油,除了鸡腿还有机床,只要跟这里的叔叔伯伯学会敲敲打打,每天都能吃大鸡腿。

同年,曹灵芝学会了喂小鸡,拌好料往食槽里一倒,母鸡扑棱扑棱飞过来抢着啄。曹阿姨牵着曹灵芝的脏手带她来到小城的学校前,告诉她世界上除了鸡舍还有别的风景,小鸡能飞人也能飞,只要多念书,将来一定能触到天空。

小城四十一年

小城变得更大了。成片的工厂一个接一个地搬离了小城,去了以前的农田边上。百货商店变成了新潮的商厦。绵延的居民区开始向上发展,夜晚的灯光攀上了天空。

夏去秋来,有人来也有人走。小城里,有些熟悉的人不见了,有些熟悉的店关门了,有些工作找不到人做了,有些熟悉的灯光灭了,再也没有亮起来。一家纺织厂用铁链锁上了大门,一家木材厂院里的原木长出了新芽,一家果汁厂的老板卖掉了所有机器设备、瓶瓶罐罐、果园果林,转而买了一辆出租车。搭车的客人有时认识,车里就开始了一番熟悉的寒暄。

同年，小城开始了修建，医院翻新、学校翻新、下水道翻新、道路翻新，地下也挖开来，埋上了没有铜的网线。

跟着小城的修建，一直在山脚边养鸡的曹阿姨翻新了曹老太太当年盖起来的老鸡舍。鸡舍里接了水管，连上了电，装上了暖气。现在曹阿姨不需要每天挑水给鸡喝，也不用单独烧炉子给鸡取暖，费劲的体力活只剩下了爬山挖白土喂鸡。因为这群由曹老太太从山上带下来的野鸡出奇地挑食，一天吃不到山里的白土就赌气，光叫唤，不生蛋。

小城四十三年

小城的城区再一次扩大，更多的人搬进了小城。更多的道路继续翻修，没路的山里修上了土路，原本的土路修成了公路，原本的公路架起桥修成了高速路。

夏去秋来，仍旧有人来也有人走。小城里，有些熟悉的人不见了，也有新面孔搬来了。有些熟悉的店关门了，也有更新的店开业了。有些熟悉的灯光灭了下去，取而代之的是盖起的高楼和夜晚不灭的霓虹灯。

街上，人们的口音变多了，有时互相听不懂了。爷爷奶奶牵着不懂事的小孩，沿着街边慢慢往前走，要去给小孩买一台新的电脑。爷爷奶奶一边走一边说着过去的话，小孩听着有些嫌烦，又担心爷爷奶奶只记得过去的街道，万一走错了找不到回家的路，所以无论如何不敢松手。

小城四十五年

早春，小城风调雨顺。夏至，小城热气腾腾。入秋，小城喜迎丰收。立冬，小城等着一场初雪。

一年四季和多少年的四季一直相同，直到大雪节气，小城最后一家纺织厂在雪地中锁上了大门。几行稀疏的车辙和零散的脚印延伸出去，通向更远的看不清的雪中。纺织厂的老板拿出手机给家里打了电话，说都处理好了，钱结清了，人走了，大门关好了。今年的冬天或许有点冷，过年时得供足暖气才不会生病。电话那头安静了一会儿，然后说孩子的录取通知书来了，考上了一直想去的大学，这个年不如全家一起去孩子上学的城市过，正好迎接暖和的春天。

电话挂掉了，雪地上又多了一行轻快的脚印，通向远处亮着灯的小城中。大雪节气的大雪就这样下了起来，和多少年的大雪仍旧相同。

小城四十八年

小城里，曾经不懂事的小孩长大了。曾经的大人老去了。曾经的爷爷奶奶成了家庭聚会时熟悉又陌生的故事。集市日的一大早，天还没亮，长大的小孩带着老去的大人来到了集市上，像曾经的爷爷奶奶一样挑选着新鲜的蔬菜、肉和鲜花。扫了码，付了钱，网约车等在路边，载着一车赶集的热闹气氛，开向千百次重复升起的黎明。

晚秋，劳碌大半生的曹阿姨把家里的农活全都交给了曹灵芝打理。在鸡舍照看母鸡的曹灵芝刷手机时，惊奇地发现原来别的小城的养鸡场不需要给鸡喂白土，只有自家这些不知什么品种的野鸡口味独特，非得每天啃两口小城山上的白土，不然就赌气不生蛋。

好奇的曹灵芝挖了一桶白土，送到山边刚开没多久的农品检测站，检测报告出来时，曹灵芝震惊了，小城的人们震惊了。报告上说，小城山上的白土富含罕见的矿物质，有利身体，有利抗癌抗衰老，其珍稀胜于黄金。啄这种白土长大的母鸡，她们生下的蛋同样富含矿物质，这些蛋同样是珍稀的农品。

小城发现“黄金土”的消息成为新闻。初冬，千里之外，看到新闻的一家大农企决定在小城投资，建设一家超大规模的现代化养鸡场，预计给小城带来几百个就业岗位和丰裕的未来创收。小城与农企签约后，决定因地制宜在城中规划一条包含旅游、养老、销售各类“黄金农产品”的综合发展路线。第一家养鸡场已经动土，新一条旅游线路连接起了小城的农田和大山，第一家农品研究院选址是小城当年第一家纺织厂的旧址，“黄金土研究院”的牌子挂在了昔日的厂房上。

研究院开业当天,小城的人们都来围观。曹灵芝领着曹阿姨来到工地大门口,曹阿姨看着厂房上的牌子流下了眼泪。

“谁说你奶奶当年没找到灵芝,这就是灵芝,只是那时咱们都不认识。”曹阿姨说。

同年,李皮特参加高考。报志愿时李大叔问李皮特想学什么。李皮特说不知道,李大叔给了李皮特三个建议——要不就好好学习,毕业回家进厂,要不就出国去学技术完成爷爷的遗愿,再要不就按李皮特自己的兴趣来。

“一代人有一代人的愿望,按你自己的心意就好。”李大叔说。

李皮特想了想,选择了最后一个建议,按自己的兴趣来——也就是上大学先学外语,然后再出国学技术,最后回来完成爷爷的遗愿。

小城当代的发展记录到此结束,因为未来尚待发生。

后　记

本书的故事采用第一人称叙述，但故事中的“我”不是作者本人，而是一名虚构的经济学家角色。这一点理应说明，以免给读者带来误会。

虽然本书旨在介绍经济学知识，但作为一个故事作者，我力求在介绍知识的同时保持故事的完整性，因此书中有了灵芝，有了李皮特，有了他们生活的小城。希望这些设计能为读者带来听故事的快乐。

本书中的小城是虚构的，但任何一座小城都拥有属于她自己的历史，拥有属于她自己的故事，虚构的小城和真实的小城都是。所以我为书中这座小城记录了一段历史，也作为全书故事的结束。如果读者喜欢这个结束，我将不胜荣幸。

读者是完成作品的最后一步。衷心感谢每位读者，你们协助我完成了这本作品。如果你有什么想与我探讨，在公众号 tea_kitchen 可以找到我。

2025 年 7 月于天津

贾　卉